내게 좋은 일을 이뤄 내는 마법을 가르쳐 준
캐런 챈스Karen Chance에게

결국 원하는 것을 얻는 사람들의 비밀

옮긴이 | **김익성**

경희대학교 행정학과를 졸업하고 같은 대학원 행정학과 석사과정을 수료했다. 항공사
와 콘텐츠 개발회사에서 일하다가, 현재는 번역에이전시 엔터스코리아에서 전문 번역
가로 활동 중이다. 주요 역서로는《프레스턴, 더 나은 경제를 상상하다》등이 있다.


**결국 원하는 것을 얻는 사람들의 비밀**

1판 1쇄 발행   2023년 12월 19일
1판 4쇄 발행   2024년  1월 30일

**지은이** | 조이 챈스
**옮긴이** | 김익성
**발행인** | 홍영태
**편집인** | 김미란
**발행처** | (주)비즈니스북스
**등  록** | 제2000-000225호(2000년 2월 28일)
**주  소** | 03991 서울시 마포구 월드컵북로6길 3 이노베이스빌딩 7층
**전  화** | (02)338-9449
**팩  스** | (02)338-6543
**대표메일** | bb@businessbooks.co.kr
**홈페이지** | http://www.businessbooks.co.kr
**블로그** | http://blog.naver.com/biz_books
**페이스북** | thebizbooks
**ISBN**  979-11-6254-354-2   03190

비즈니스북스는 독자 여러분의 소중한 아이디어와 원고 투고를 기다리고 있습니다.
원고가 있으신 분은 ms1@businessbooks.co.kr로 간단한 개요와 취지, 연락처 등을 보내 주세요.

# 결국 원하는 것을 얻는 사람들의 비밀

예일대 최고 인기 강의로 배우는 영향력의 규칙

The Science
of Winning Hearts,
sparking Change, and
Making Good
Things Happen

**조이 챈스** 지음 | 김익성 옮김

비즈니스북스

## 제4장 카리스마의 유별난 특징

## 제5장 인생을 바꾸는 단순한 프레임의 마법

## 제6장  내 안의 두 살배기

아이키도 사범처럼 반대를 다루기 184 | 그들의 저항을 지켜보고 분석하라 185 | 그들에게 선택의 자유가 있음을 인정하라 187 | 부드러운 요청으로 저항을 누그러뜨리기 191 | 점잖은 초식공룡 192 | 반대를 대하는 말은 어떻게 들릴까 195 | 그들의 저항을 지켜보고 분석하라 196 | 그들의 선택의 자유를 긍정하라 197 | 부드러운 요청으로 저항을 누그러뜨리기 197 | 점잖은 초식공룡이 되자 197

## 제7장  창의적 협상

더 큰 파이에 들어갈 재료 모으기 221 | 함께 더 큰 파이를 굽기 223 | 가치를 창출하는 질문 224 | 협력을 고무하는 그 밖의 방법들 236 | 까다로운 사람들을 다루는 법 238 | 압박 수단 239 | 체면 세워 주기 제2안 242

## 제8장 어둠의 마법 방어술

## 제9장 더 크고 더 나은 꿈을 꾸자

# 제1장

# 사람들이 '그래요'라고 말하고 싶은 사람 되기

역사에서 경사스러웠던 아주 오래전 어느 날, 당신이 태어났다. 영향력 있는 존재로 말이다. 사실 살아남으려면 영향력에 기대는 수밖에 없었다. 당신은 자기를 지킬 날카로운 이빨도, 발톱도 없었다. 빠르게 달아나지도, 자기 몸을 위장하지도 못했다. 아직은 그렇게 영리해 보이지도 않았다. 하지만 자기 욕망을 표현하고 다른 인간과 관계를 맺으며 다른 사람을 설득해 자신을 돌보게 만드는 타고난 능력이 있었다. 그들은 여러 해 동안 낮에도 그리고 쉽게 잠 못 이루는 밤에도 당신을 돌봤다.

당신은 말하기를 배우자 자기 언어를 써서 훨씬 더 큰 영향력을 발휘하고 자기 뜻을 더 정확히 표현할 수 있게 됐다. 사람들에게 자신이 무엇을 원하는지, 무엇을 절대로 원하지 않는지 말했다. '싫어요!' 이내 삶에는 협상의 여지가 있음을 알게 됐고, 더 늦게 자고 싶다고, TV를 더 보겠다고, 달콤한 사탕을 좋아한다고 요구하기 시작했다. 마치 모로코 시장의 장삿속 밝고 작은 카펫 상인처럼 말이다. 영향력을 발휘하는 일은 숨쉬기처럼 저절로 이뤄졌다. 자라면서 몸이 더 튼튼해졌지만, 당신의 가장 큰 강점은 여전히 사람들을 설득해 당신이 생각하는 일을 행동으로 옮기는 힘이었다.

인간의 장점이기도 한 사람 사이의 영향력interpersonal influence은 DNA를 통해 전해진다. 영향력 덕분에 우리 인간 종은 무리를 짓고, 함께 일하고, 세계로 퍼져 나갈 수 있게 됐다. 비록 세계는 점점 더 디지털화되고 있지만, 여전히 인간이 세계를 장악하는 한 영향력은 인간의 장점일 것이다. 영향력은 당신에게 따 놓은 당상처럼 성공을 안겨 줬다. 또한 당신이 여전히 소망하는 것에 이르는 길이며, 이번 삶에서 당신이 함께 나눌 사랑이고 죽고 난 뒤에 남겨 줄 유산이다.

하지만 만사가 어디 그리 긴단히기만 할까? 설령 당신이 영향력과 관련된 모든 사실을 알아도 나이가 들어갈수록 영향력 문제는 더 꼬여만 갔다. 어린 시절 당신의 영향력이 미치는 범위는 점점 늘어났지만 다른 한편으로는 말 잘 듣고 착하게 행동하라고 배웠다. 어른들은 규범과 규칙을 지키고 부모님과 선생님 말씀을 잘 따라야 한다고 했다. '대장 행세'를 하거나 까다롭게 굴면 혼났다. 열심히 공부해서 좋은 성적을 받고 차례를 지키고 소란 떨지 말고 자리를 너무 많이 차지하지 말라고 배웠다. 다른 사람을 위해 나서는 건 좋지만 자신을 위해 그렇게 행동하는 건 잘난 척하는 짓이었다. 그러자 당신이 한때나마 누렸던 영향력은 더는 자연스럽게 느껴지지 않았고 영향력에 대한 감정도 이것저것 뒤섞여 복잡해져만 갔다.

사람들에게 더 영향력 있는 사람이 되고 싶은지 묻는다면 누구나 그렇다고 대답한다. 영향력은 힘이기 때문이다. 영향력은 우리에게 변화를 만들고 자원을 관리하며 마음과 정신을 움직일 능력을 준다. 영향력은 마치 중력처럼 작용해 우리를 관계 속으로 끌어들인다. 영향력은 행복에 이르는 길이며 뜻깊고 오래 유지되고 주변으로 빠르게 퍼져 나가는 성공에 이르는 길이기도 하다.

　하지만 영향력의 전략과 전술에 관한 질문을 받으면 사람들은 그런 것은 남을 조종하는 일이고 교활하고 강압적인 수단이라고 말한다.[1] 불쾌하고 탐욕스러운 사람들은 영향력을 둘러싼 전반적인 생각을 변질시킨다. 그들은 불쾌하고 탐욕스러운 수법을 사용해 중고차를 팔고, 광고주의 제품을 소셜미디어에서 광고한다. 그 결과 당신은 물건이 남아돌아 급할 게 없는 데도 지금 당장 사게 된다. 로버트 치알디니Robert Cialdini와 크리스 보스Chris Voss처럼 내가 좋아하는 영향력 분야의 몇몇 대가들은 '영향력의 무기'를 사용해 '상대를 쓰러뜨리라'고 권고한다.[2] 나를 비롯한 마케팅 전문가들은 고객을 표적이라 부른다. 마치 픽업 아티스트(특정 상대를 주요 표적으로 삼아 성관계나 금전적인 이득 등을 얻으려 하는 사기꾼들을 말한다. ─옮긴이)나 사기꾼이 쓸 법한 말이다. 또한 나를 비롯한 학문 연구자들은 이제껏 연구 참가자들을 대상자로, 자기네 실험을 조작으로 불러 왔다. 영향력을 발휘해 거래를 하려는 사람은 사람을 마치 물건처럼 다룬다.

　판매나 마케팅에서 표준으로 사용되는 수법들은 일상생활에서는 대체로 효과가 없다. 특히 당신의 상사나 동료나 직원이나 친구나 가족과의 관계에서는 별 효과가 없다. 관계를 구축하고 유지하려면 차를 팔 때나 쓸 법한 요령을 써서는 안 된다. 결국 사업의 성공 여부는 장기적 관계에 좌우되기 마련이다. 추천과 입소문, 고객 충성도와 직원의 고용 유지 등이 관계의 대표적인 형태들이다. 그리고 우리는 오늘뿐만 아니라 앞으로도 사람들이 기꺼운 마음으로 '그래'라고 말하길 원한다.

사람들이 '그래'라고 말하고 싶은 사람이 되면 큰 보상이 따른다. 돈이 최우선이 아닐 수도 있겠지만 돈은 다른 일을 해내는 데 보탬이 되고 영향력을 나타내는 기준이 되기도 한다. 최상위 영업직원들은 자기 회사 사장보다 더 큰돈을 번다. 로비스트들은 자기가 설득하려는 정치인보다 더 큰돈을 번다. 영향력이 더 커지면 돈 말고도 다른 형태의 이익을 얻는다. 의사가 소통에 더 능숙할수록 환자의 치료 결과가 어떻든 의료 과실로 소송을 당할 가능성이 훨씬 더 낮고,[3] 관리자가 소통하도록 훈련을 잘 받으면 더 좋은 리더로 평가된다.[4]

이 책에서 당신은 거래를 목적으로 승패기 나뉘는 상황에 필요한 영향력에서 개인 사이에 서로 주고받는 영향력으로 눈을 돌린 사람들을 보게 될 것이다. 그들은 더 좋은 친구, 더 믿음직한 조언자, 더 헌신적인 배우자나 부모가 되는 것처럼 무형의 보상을 거둬들인다. 우리는 꿈꾸고 질문하고 대변하고 담판 짓고 자책하지 않고 끈기 있게 계속해 나가야 했던 어린 시절의 불꽃을 다시 피울 수 있다. 우리는 훌륭한 아이디어를 공유하거나 말도 안 되지만 효과가 있을 듯한 뭔가를 제안할 때 밝게 빛나는 얼굴을 볼 수 있다. 꿈꿔 보기도 어려웠던 거래를 성사시킬 수 있다. 성공이 주는 안락함과 자유로움을 만끽할 수도 있다. 또 당신의 의견에 반대하던 상사나 부하직원, 자식이나 부모, 친구가 웃으며 "좋아, 그렇게 해보자."라고 말할 때 안도의 한숨을 내쉴 수도 있다.

어쩌면 이미 고객들에게 자신의 말이 먹혀들고 있다고 느낄지도 모르겠다. 하지만 한 분야에서는 다른 사람에게 쉽게 영향력을 발휘하면서도 그 밖의 다른 분야에서는 무력감을 느끼는 경우가 비일비재하다. 나는 10대 딸에게 방 좀 치우라고 말하기가 너무 힘들다는 최고경영자, 바쁜 바텐더가 자신을 봐 주기를 바라면서 이리저리 애쓰다 겸연쩍어하는 월스트리트의 증권 거래인, 정치자금을 모으기 위한 모금 전화가 너무 힘겨웠던 나머지 결국에는 직업을 바꾸고야 말았던 신인 정치인, 타인의 권리를 위해서라면 옥살이도 마다하지 않으면서 자신을 대변하려고 할 때면 목구멍이 조여드는 느낌을 받았다던 유명 활동가와도 함께 일해 봤다.

나는 친절한 사람들이 특히나 다른 사람에게 영향력을 행사하려는 시도를 달가워하지 않는 이유가 누구도 조종하고 싶지 않아서라는 사실을 안다. 게다가 영리한 사람일수록 영향력이 작동하는 방식을 잘못 이해하고 있을 가능성이 더 크다. 그러니 만약 당신이 친절한 데다 영리하기까지 하다면 최대한 영향력 있는 존재가 되려는 당신을 가로막는 이중의 골칫거리를 안고 있는 셈이다. 하지만 관점을 바꾸고 몇 가지 새로운 도구를 실제로 연습해 보면 그런 걸림돌이 서서히 없어진다는 사실을 알게 될 것이다.

여기에 우리가 살펴보게 될 10가지 오해가 있다.


**1. 밀어붙이면 영향력이 커진다.**

실은 정반대다. 영향력이 있으려면 영향을 줄 수 있어야 한다. 사람들이 마음 편히 '아니요'라고 말할 수 있어야 '그래요'라고 말하기도 쉬워진다.

## 2. 사실이 무엇인지 알면 올바른 결정을 내리기 마련이다.

마음은 우리가 생각한 대로 움직이지 않는다. 그렇기에 사실은 우리 생각보다 훨씬 더 설득력이 떨어진다. 우리는 결정이 실제로 어떻게 이뤄지는가를 살펴보고, 이를 통해 다른 사람들이 바른 선택을 내리도록 하는 더 효과적인 방법을 배우게 된다.

## 3. 사람들은 자신의 가치관과 의식적 결정에 따라 행동한다.

우리는 모두 자기 가치관과 의식적 결정에 따라 행동하기를 바란다. 하지만 우리 의도와 행동 사이에는 엄청나게 깊고 넓은 간극이 존재한다. 누군가의 마음을 바꿔 놓았다고 해서 꼭 당신이 (목표인) 그들의 행동에 영향을 미치고 있다는 뜻이 아니다.

## 4. 영향력이란 의심하는 사람은 설득하고 저항하는 사람은 내 뜻에 따르도록 만드는 힘이다.

그렇지 않다. 당신의 훌륭한 아이디어가 성공을 거둘지 여부는 열성적인 협력자들에게 달려 있다. 사람들의 저항을 극복하는 데에 노력을 기울이기보다 이런 협력자들을 찾아 힘을 실어 주고 동기를 부여하는 데 훨씬 더 큰 노력을 기울여야 한다.

## 5. 협상은 전투다.

당신은 협상을 적대적인 것으로 가정할지도 모르겠다. 하지만 대부분은 그냥 호구가 되지 않으려고 애쓰고 있을 뿐이다. 협상자의 경험이 풍부할수록 사람들이 협력하는 태도를 보일 가능성이 더 크다. 이렇게 협력하는 태도는 사람들을 더 큰 성공으로 이끈다.

### 6. 부탁이 많으면 사람들이 좋아하지 않는다.

사람들은 당신이 부탁하는 횟수보다 부탁하는 방식으로 당신을 판단한다. 당신은 물론이고 양쪽 당사자 모두 일이 풀려 나가는 방식에 만족할수록 그 일을 성공적으로 마무리할 가능성이 더욱 커진다.

### 7. 가장 영향력 있는 사람은 상대가 누구든 어떤 일이라도 하게 만들 수 있다.

영향력은 일방적으로 작동하지 않는다. 영향력은 그 사람들과 당신 모두에게 좋은 것이다.

### 8. 당신은 자신이 사기꾼도 단박에 알아볼 만큼 사람을 볼 줄 안다고 생각한다.

유감이지만 우리는 모두 거짓말을 탐지하는 데 끔찍할 정도로 형편없다. 그런데도 나는 주의를 기울여야 할 몇몇 위험 신호를 보여 줄 생각이다. 그래야 당신에게 해를 끼칠 목적으로 영향력을 행사하는 사람에게서 자신과 다른 사람들을 지켜 낼 수 있기 때문이다.

### 9. 사람들은 다른 사람의 말에 귀 기울이지 않는다.

다른 사람들의 관심을 얻으려면 더 외향적이거나, 더 나이가 많거나, 더 젊거나, 더 매력적이거나, 학벌이 더 좋거나, 경험이 더 많거나, 적절한 인종이거나, 모국어 사용자여야 한다는 말에 당신이 흔들리고 있을지도 모르겠다. 하지만 이 책을 통해 다른 사람들이 듣도록 말하는 법과 다른 사람들이 말하는 것을 듣는 법을 배울 수 있을 것이다.

**10. 당신은 권력, 돈, 사랑 아니면 남모르게 바라는 무엇이든 그것을 받을 자격이 없다.**

나는 당신이 영향력 있는 존재가 될 자격이 있다고 애써 설득할 생각이 없다. 애초에 자격이 있다는 그 말이 무슨 뜻인지도 모르겠다. 내가 정말로 아는 한 가지는 자격이 있는 사람이 아니라 영향력은 그것을 이해하고 실천하는 사람에게로 흘러간다는 점이다. 그리고 조만간 당신이 영향력을 가진 사람이 될 것이다.

관심이 있는 일에 능숙하지 않다는 것, 그래서 공부하고 연습하고 열심히 노력해야 한다는 것이 재능이 없다는 뜻으로 생각될지도 모르겠다. 하지만 요령이 늘어나면 바로 그 요령을 어떻게 키웠는지 정확히 알 테니 그 과정을 똑같이 반복하고, 나아가 다른 사람에게 가르칠 수도 있을 것이다. 나는 이를 개인적인 경험으로 알고 있다.

나는 애교가 넘치는 아이였다. 그렇다고 내 어린 시절과 사춘기가 그리 순탄했던 건 아니다. 나는 가난하지만 자유분방한 가정에서 자랐다. 아파트 침실 하나를 내 여동생과 함께 썼고 엄마는 소파에서 잠을 청했다. 엄마는 예술가였고 내가 아는 사람 가운데 가장 창의적이고 재미있는 분이셨다. 아이스크림 살 돈이 없을 때 우리는 자전거 도로를 샅샅이 뒤져 우리가 발견하도록 우주가 남겨 놓은 잔돈을 찾곤 했다. 엄마가 여름 캠프 책임자로 일할 때였다. 엄마는 우리 눈을 가린 채 깊은 숲속에 우리를 떨궈 두셨다. 우리는 돌아오는 길을 찾는 데 도움이 될 만한 나침반 하나와 지형도 한 장만 달랑 손에 쥐고 있었다. 내 여동생이든 나든 하루쯤 쉬는 날이 필요할 때면 엄마는 일을 땡땡이치고서 점쟁이 기계 모양으로 음식을 만들어 주시거나 닭장용 철망과 지점토를 써서 실물 크기만 한 공룡 등의 작품을 함께 만들어 주시곤 했다. 그뿐만 아니라 엄마는 자신의 친구들이 펑크 밴드 활동을 하는 술집이나 사람들이 위자 보드Ouija boards(1892년 파커 브라더스가 운세 게임용으로 출시한 게임용품―옮긴이) 게임을 하며 노는 파티에 우리를 데리고 가셨다.

이렇듯 집은 모험으로 가득했지만 학교에서는 외로웠다. 사람들은 내가 말하고 있는데도 나를 없는 사람 취급했다. 늘 그랬다. 내 목소리의 음색이 지구 대기의 은은한 소리와 같은 주파수로 작동하는 게 틀림없었다. 나로서는 그렇게 생각할 수밖에 없었다. 그만큼 내게는 친구를 만드는 일이 자연스러운 일이 아니었다.

영향력 있는 사람이 되기 위한 나의 여정은 연극에서 출발했다. 일단 무대 위에 서면 사람들은 배우의 말을 들어야 한다. 나는 이 사실을 깨닫고서 〈알라딘〉 오디션에 참가했다. 이 작품에 등장하는 모든 배역이 대사를 한다고 했다. 나는 콧수염에 페즈pez(오스만 제국 시대에 전파돼 주로 모로코와 터키 등의 지역에서 쓰는 원통형 모자―옮긴이) 모자를 쓴 '신발 수선공 #3'으로 발탁됐다. 내 대사는 "신발 팔아요!" 딱 한 마디였다. 빛나는 배역은 아니었지만 그만두지 않았다. 그렇게 몇 년이 흐르고 내 연기 경력은 시작했을 때만큼이나 볼품없이 끝이 났다. 한번은 잘 알려지지 않은 가라테 영화의 주연을 맡았는데 부모님마저도 보다가 잠드셨을 만큼 너무나도 지루한 영화였다. 하지만 여러 해 동안 배우로 훈련을 받고 연습하면서 나는 소통과 카리스마에 대해 중요한 깨달음을 얻었다.

나는 내가 배운 연기력을 영업에 써먹었다. 이 역시도 아주 멋진 일은 아니었다. 현관문을 두드리고 저녁 식사를 방해해서 죄송하다고 양해를 구하고는 그들에게 《골프 다이제스트》Golf Digest 정기구독권을 팔았다. 그러면서 정기구독권 영업을 하면서 무언가를 부탁하는 방법과 사람들이 부탁을 거절했을 때 견뎌 내는 법을 배웠다. 사람들의 거절에 반발하지 않고 거절의 이유를 궁금해하는 법을 배웠다.

대학 졸업 후에는 서던캘리포니아대학교University of Southern California에서 MBA 과정을 밟고 마케팅 분야로 진출했다. 처음에는 의료 기기였고 그 다음에는 장난감이었다. 그곳에서 거래 협상을 하고 시장조사 하는 방법을 배웠다. 아이들을 설득하는 법도 배웠다. 부모라면 알겠지만 아이들을 설득하기란 가라테로 검은 띠 따는 일만큼이나 어렵다. 나는 바비 인형 브랜드에서 2억 달러 규모의 사업부를 운영했다. 여기서 회사 경비로 출장을 다니면서 회사생활을 즐기기는 했으나 다른 한편으로는 답답함을 느끼기도 했다.

내 일은 고객을 설득하는 것이었다. 하지만 현명한 결정을 내리기 위해서 함께 일하는 동료들을 애써 설득하느라 내 시간의 절반을 쏟아부어야 했다. 한 장난감 라인에서 몇 달 동안 일하면서 장난감 하나를 출시하겠다는 주장을 뒷받침하기 위해 광범위한 분석을 진행한 적이 있었다. 하지만 사장은 인상을 찌푸리면서 처음부터 다시 하라고 지시했다. 자기 직감에는 제품이 잘될 것 같지 않았기 때문이다. 어떻게 대기업을 운영하는 사람이 그처럼 주먹구구식으로off-the-cuff 결정을 내릴 수 있었을까? 사람들은 어떻게 그런 결정을 바꿔 보려는 내 노력을 그리 쉽게 없던 일처럼 취급할 수 있었을까?

회사 사람들이 상황이 어찌 돌아가는 건지 궁금해할 때, 나는 학구파나 할 법한 일을 덜컥 저질러 버렸다. 박사 과정에 등록했던 것이다. 처음에는 MIT에, 그다음에는 하버드에 갔다. 나는 사람들이 '실제로' 어떻게 결정을 내리고 무엇이 '실제로' 사람들의 행동에 영향을 미치는지를 이해하기 위해 이 분야에서 가장 창의적인 행동과학자 몇 명과 협업을 진행했다.

내가 했던 연구 중 몇 가지를 살펴보면 식습관을 더 건강하게 바꾸도록 사람들을 은근슬쩍 자극하는 일이나 신용카드 빚 상환, 자원봉사, 자선단체 기부 등이 포함돼 있다. 나는 또한 왜 사람들이 서로에게 그리고 자신에게 거짓말을 하는지를 살피는 심리학의 조금 더 어두운 측면을 연구하기도 했다. 구글은 내 행동경제학의 기본 틀을 활용해 급식 지침의 토대를 마련했다. 이 지침은 전 세계의 직원 수만 명이 더 건강한 선택을 내리는 데 보탬이 됐다. 내가 행동경제학에 끌린 이유는 행동경제학의 바탕에 놓인 도덕철학 때문이다. 이 철학은 당신이 사람들을 부드럽게 자극해서 이들의 행동에 영향을 미치고자 할 때 이들을 인간으로 대하고 이들이 가진 선택의 자유를 존중하라고 말한다.

나는 예일대학교 경영대학원 교수진에 합류한 이래로 지금까지 MBA 과정에서 강의하면서 영향력에 관련된 과학과 실천에 관해 내가 알고 있는 전부를 한데 모았다. 행동경제학, 카리스마, 협상, 저항을 다루는 법, 거절을 다루는 법 등을 망라했다. 사람들은 너무도 열렬히 자신의 영향력을 키우고 싶어 해서 강의 첫날부터 서서 강의를 듣는 사람들로 넘쳐 났다. '영향력 및 설득 숙련과정'Mastering Influence and Persuasion은 학교 전체에서 수강생이 몰리는 경영대학원 최고 인기 강의가 됐다. 강의가 진행되는 10년 동안 나는 새로운 아이디어를 시험했고, 새로운 과학적 사실을 발견했다. 내가 가르치는 학생들이 자신의 성공과 실패를 되돌아본 기록들은 물론, 세계 각지에서 열렸던 워크숍에서 내가 가르쳤던 경영자들과의 토론에서도 정말 많은 것을 배웠다. 내 강의를 통해 얻은 경험이 이 책을 써야겠다는 아이디어에 불을 붙였다.

여러 해에 걸쳐 학생들이 내게 가르쳐 준 것이 있다. 이 책이 다루는 소재들을 붙들고 고민해 보면 크든 작든 삶을 변화시킬 기회를 얻게 된다는 사실이다. 누군가 자신과 다른 사람들에게 더 유리한 거래를 하려고 협상하든, 자신과 관련된 모두에게 예상치 못했던 호의와 기회를 만들어 주든, 아니면 자신의 가족이나 지역사회 심지어 전 세계에 걸쳐서 뜻깊은 변화를 불러오든 간에 영향력은 그 사람의 초능력이다.

나는 영향력에 관한 모든 사항을 가르치려 애쓰지 않을 것이다. 어차피 불가능한 일이다. 그보다 손쉽게 이룰 수 있는 목표, 즉 엄청난 영향을 주는 놀라운 통찰력과 삭은 변화와 감당힐 민한 행동에 초점을 맞추고자 한다. 실제로 연습하다 보면 처음에는 제2 또는 제3 외국어를 배울 때처럼 어색하다고 느낄 수도 있다. 처음에는 상당히 의식적으로 노력해야 하고 고상하지도 않다. 하지만 결국 새로 배운 언어는 습관이 돼 자신의 잠재의식에 단단히 뿌리를 내린다. 다른 사람에게 영향을 미치는 요령이 커지면서 누구나 자신만의 전략을 만들어 내고 결국에는 생각하지 않고도 그 전략을 활용할 수 있다. 이 수준에 이르려면 영향력의 심리학을 탄탄히 이해해야 한다. 그래서 나는 결정이 실제로 어떻게 이뤄지고, 보이지 않는 어떤 힘이 진짜로 우리 행동을 움직이는지를 설명하는 사회심리학, 행동경제학, 법학, 공중보건학, 마케팅, 신경과학 분야의 주요 연구 몇 가지를 함께 나누려 한다.

나는 마법의 질문Magic Question 이니 점잖은 초식공룡the Kindly Brontosaurus 이

니 하는 우스꽝스러운 이름이 붙은 여러 도구를 제시할 생각이다. 이름은 우스워도 일터에 변화를 불러왔고 여성들을 성매매로부터 구해 냈고 역사의 경로를 바꾼 도구들이다. 나는 무대 위에서 교감하는 법, 일자리 제안이나 연봉 인상을 편하게 협상하는 법, 당신에게 영향을 미치려고 기를 쓰고 거짓말을 하며 당신을 조종하려는 사람을 너무 늦기 전에 알아차리는 법을 보여 주려고 한다. 나는 사람들 마음속에 사는 심술궂은 두 살배기를 어떻게 다룰지 알려 주고 놀라운 기업 경영자, 활동가, 학생 몇몇을 소개하려 한다. 그 밖에 상어, 스카이다이버, 사기꾼, 제니퍼 로렌스, 칭기즈칸, 고릴라 복장을 한 독심술가 그리고 세계를 구한 남자도 소개한다. 그러는 동안 시간 왜곡과 오륜기 모양 도넛과 투명 잉크와 혁명을 만나게 될 것이다.

정수로 표시된 각 장에서는 카리스마나 저항이나 협상처럼 영향력과 관련된 큰 주제를 다루는 전략과 과학과 이야기들을 깊이 살펴본다. 반면에 절반 표시가 된 장에서는 한 가지 아이디어만을 살핀다. 자기 호기심이 이끄는 대로 각 장을 어떤 순서로 읽어도 좋다. 모든 장을 읽을 필요도 없다. 당신의 삶을 바꿔 줄 작은 것 하나만 찾으면 그것으로 충분하다.


이 책을 읽으면 영향력에 관한 지식을 더 많이 얻게 될 것이다. 하지만 진정으로 우리가 따라야 할 것은 지혜와 파급력이다. 지식이 많은 사람은 퀴즈 쇼에서 우승한다. 지혜로운 사람은 마음을 열고 건전한 의구심을 품으면서 듣는다. 그리고 나서는 이렇게 질문한다. "어떻게 이 아이디어를 더 개선할 수 있을까요?", "누가 또 이걸 알아야 하나요?" 나는 당신이 바로 이런 마음가짐으로 이 책을 다뤄 줬으면 한다.

　당신은 자신이 가지고 태어난 설득력과 영향력을 연결하고 그 힘을 강화해 당신은 물론이고 모두의 삶이 더 나아지도록 해야 한다. 영향력을 대하는 접근방식은 로켓 과학처럼 정밀한 과학은 아니지만 그래도 과학이자 사랑 이야기이기도 하다.

# '테물'을 찾아서

욕망은 영향력을 써 보라고 부채질한다. 그래서 첫 번째 질문은 이렇다. '당신이 진짜로 원하는 게 뭐지?'

몽골어인 테물temul은 창조적 열정을 의미한다. '기수가 원하는 것이 뭐든 자신이 원하는 곳으로 질주하는 말의 눈에 비친 모습'이라는 시적 표현으로 번역돼 왔다.[1] 테물은 테무진Temüjin이라는 이름의 어원이기도 하다. 테무진은 바로 칭기즈칸Genghis Khan이다.

학교에서 테무진에 대해 가르쳐 준 것이라고는 고작 그가 피에 굶주린 장수였다는 사실뿐이다. 몽골 제국이 모든 종교에 관용을 베푼 최초의 거대 문명이었다거나, 누구나 읽고 쓸 수 있는 능력을 갖추도록 장려했다거나, 최초의 국제 우편제도를 만들었다는 사실은 가르쳐 주지 않았다. 심지어 몽골 제국이 세계 역사에서 대영제국 바로 다음으로 두 번째로 큰 제국이라는 사실도 가르쳐 주지 않았다. 대영제국이 세계를 정복하고 식민지를 만드는 데 수 세기의 시간이 걸렸다. 테무진은 단 한 번의 생애에 집 없는 아이에서 막대한 영토를 다스리는 지위에 올랐다. 그가 지배한 영토는 현재 이란, 파키스탄, 아프가니스탄, 키르기스스탄, 투르크메니스탄, 우즈베키스탄, 아제르바이잔, 아르메니아, 조지아, 중국 북부와 러시아 남부에 걸친 땅을 아우른다. 내가 그를 두고 어떤 이야기를 하든 그가 엄청난 '테물'을 지니고 있었다는 사실에는 논쟁의 여지가 없다. 테물은 창조하는 힘이다.

아이들 역시 큰 테물을 지니고 있다. 딸아이인 리플리가 일곱 살 때 아이에게 무엇을 바라는지 물었더니 주저 없이 이렇게 대답했다.

"내가 원하는 건 뭐든지 발사할 수 있는 만능 총이에요."

나는 웃으며 다시 물었다. "그렇구나. 그럼 그 총에서 뭐가 발사됐으면 좋겠어?"

"첫 번째는요, 어떤 거라도 치료하는 힘이요. 그다음에는 영원히 사는 거. 다른 사람들도 영원히 살게 만들 수 있으면 좋겠어요. 그리고 지갑이요. 엄마가 지갑을 열 때 이렇게 말해요. '나 20달러가 필요해.' 그러면 20달러가 나타나요. 엄마가 원하는 만큼요. 지갑을 잃어버려도 엄마 주머니로 다시 돌아와요."

딸아이는 지갑이 없었지만 내가 종종 지갑을 찾느라고 수선을 피운 것을 관찰한 모양이다.

"그다음에는 내가 원하는 데면 어디든 갈 수 있는 순간 이동자가 되고 싶어요.《해리 포터》책으로 들어갈 수 있으면 좋겠어요."

리플리는 만능 총을 갖지는 못하겠지만 테무진처럼 무언가를 원했고 그것을 이루고자 나섰다. 딸아이는 1학년 같은 반 친구들을 모아 시를 써서 모금 행사에서 판매했다. 리플리와 친구들은 자신들이 번 돈을 세계야생생물재단World Wildlife Foundation에 기부했다. 그 보답으로 리플리와 친구들은 진홍색 마코앵무새 봉제 인형을 하나씩 받았고 애착 인형처럼 간직했다.

나는 당신이 어떤 일을 하겠다고 마음먹었는지 알지 못한다. 하지만 무언가를 하기로 마음먹었다면 이 책은 당신이 그 방향으로 솟아오를 때 당신의 속도를 더 빠르게 만들어 줄 로켓 연료가 될 수 있다.

때때로 우리는 자신이 어디로 가고 있는지 알지 못한다. 어쩌면 갈림길에 서 있을 수도 있다. 아니면 한때 열정적으로 이루려 애썼던 목표를 이미 성취했을 수도 있다. 어쩌면 당신은 자신이 원하지 않는 것에 사로잡혀 있거나 너무 많은 선택을 앞에 두고 있음을 깨닫게 될지도 모른다. 괜찮다. 여전히 당신은 올바른 곳에 있다.

그리고 당신이 원하는 게 뭔지를 알고 있다면 다음 질문은 이렇다. '확실해?'

나는 박사 과정 학생일 때 처음으로 행동 실험을 진행했다. 초창기에 발견한 것 중 가장 충격적이었던 것은 내 가설 대부분이 틀렸다는 사실이다.[2] 딱히 나만 그렇지는 않았다. 내 동료, 지도교수 그리고 다른 모든 사람의 가설도 마찬가지였다. 가장 창의적인 아이디어의 경우 실패 확률이 거의 90퍼센트에 달했다. 심지어 영향력을 가르치는 선생인 지금도 열정적인 사람들이 자기가 원하는 것을 얻었지만 결국 그것이 자기 마음이 '진정으로' 열망했던 것이 아니었음을 알게 되는 모습을 본다.

당신이 원하는 것을 아직 경험해 보지 못했다면 당신은 그것이 스스로 원하던 것인지 확신하지 못한다. 이를 이해하고 정말로 확신하려면 일단 실험해 보라. 그리고 경험하라. 당신의 가설을 검증하고 다른 사람의 가설도 검증하라. 당신이 느끼길 바라는 방식으로 느끼는 사람을 찾아 그들이 지금 하는 일을 목표로 나아가라. 아니면 완전히 다른 무엇인가를 목표로 삼아라. 나는 당신이 정말로 원하는 것을 실험하고 발견할 기회로 이 책을 활용하길 권한다.

당신이 던지는 여러 물음 중 하나가 당신을 저만큼 앞서 달려 나가게 할 것이다. 그때 당신의 가슴은 '테물'로 타오른다.

# 영향력은 우리 생각처럼
# 작동하지 않는다

미국 플로리다주 올랜도에는 자칭 '전 세계 악어들의 수도'라는 게이터랜드Gatorland가 있다. 여기서는 새끼 악어를 직접 집어 들어 만져 보거나 직원들이 악어들과 몸싸움하는 모습을 구경할 수 있다. 〈인디아나 존스〉의 촬영 장소이기도 한 이곳에서는 살아 있는 악어들이 도사리고 있는 습지 위를 집라인을 타고 건널 수도 있다. 이런 활동에 그다지 흥미가 없다면 피터 갬블Peter Gamble 같은 악어 전문가를 따라 제한구역을 찾는 것도 괜찮은 방법이다. 해변에 자리한 이 구역에서는 악어에게 직접 먹이를 주는 체험을 해볼 수 있다. 단, 악어와 방문객 사이에는 아무런 방호벽도 없다. 피터는 나와 함께 걷다가 제한구역임을 알리는 표시를 지나면서 조심스레 이렇게 말했다. "악어들이 훈련을 받긴 해요. 그렇다고 얘들이 길들진 않죠."

악어들이 서로에게도 위험한 존재임을 알아차릴 수 있었다. 프레데터는 턱 일부가 없었고, 블론디의 꼬리는 한 뭉텅이가 간데없이 날아간 상태였다. 피터가 날고기가 든 양동이를 건넸을 때 나는 이 거구들이 거세게 맞붙으리라는 생각에 바짝 긴장하면서도 흥분감을 느꼈다.

내가 던진 핏빛 날고기 한 조각은 버디가 '먹이 반응 구역', 즉 악어 코와 꼬리 사이의 최적 지점 밖 불과 십수 센티미터도 안 되는 곳에 떨어졌다. 버디는 꼼짝도 하지 않았다. 어떤 악어도 마찬가지였다. 두 번째는 더 잘 던졌다. 고기는 버디의 턱을 향해 곧장 날아갔고 고기를 낚아채기 위해 버디가 쏜살같이 움직였다. 나는 무슨 일이 일어났는지 알아차리지도 못했다. 다른 악어들은 꼼짝도 하지 않았다. 고기를 더 던져 봤다. 내 겨냥이 조금만 빗나가도 떨어진 고기는 그 자리에 그대로 있었다. 고기는 결국 새들의 먹이가 됐다.

악어는 최대한 효율성을 발휘하도록 진화했다. 몸무게가 최대 500킬로그램까지 나가지만 몸을 움직이는 데 필요한 뇌는 아주 작아서 고작해야 큰 숟가락 하나 부피에 지나지 않는다. 먹이도 많이 필요치 않아 아무것도 먹지 않은 상태로 최장 3년을 버틸 수 있다. 악어는 신체나 정신 에너지를 허투루 쓰지 않는다. 위협이 임박하거나 쉬운 기회가 찾아온 경우를 빼고는 모두 무시한다. 악어는 지난 3,700만 년 동안 자기 종이 살아남는 데 도움을 줬던 본능의 법칙에 따라 위험과 보상을 처리한다.

작디작은 악어의 뇌가 해야 할 질문은 단순하다. 나에게 해가 될까, 아니면 도움이 될까? 하기는 쉬울까? 나머지는 자동으로 조종된다. 악어가 지닌 태곳적 인지 과정과 우리 인간의 정신 사이에는 공통점이 많다. 우리는 비합리적 행동, 가령 할 일을 미루는 버릇, 충동구매, 설명하기 힘든 열정, 건전하지 않은 대상을 향한 집착 등을 숱하게 경험하지만 자신은 저항이 가장 적은 경로(이하 '최소 저항 경로')를 찾는 본능적 존재가 아니라 의식적으로 의사결정을 내리는 합리적 존재라고 생각하고 싶어 한다.

이번 장에서는 일상에서 의사결정이 실제로 어떻게 이뤄지는지를 상세히 살펴보려 한다. 영향력은 우리 생각대로 작동하지 않는다. 사람들이 우리가 그럴 것이라 여기는 대로 생각하지 않기 때문이다. 일단 행동 대부분에 사고가 반영되는 정도가 아주 미미하다는 사실을 알게 되면 간단한 방법으로 변화를 가져와 다른 사람에게 영향을 미치려는 당신의 노력은 효과를 얻을 수 있다.

## 우리는 왜 그런 행동을 할까

행동경제학은 인간의 의사결정 과정을 이해하는 데 유용하다. 비즈니스 세계에 종사하는 사람들은 대부분 행동경제학을 정의하는 일에 애를 먹는다. 연구자들조차 행동경제학이 어떤 의미인지를 두고 항상 생각이 갈린다. 그래서 과도한 일반화의 위험을 무릅쓰고 도움이 될 만한 한 가지 설명을 제시해 보고자 한다.

심리학은 주로 정신 과정에 주목하며 그런 과정이 낳은 행동에는 부수적인 관심만 기울인다. 반면 경제학은 사회적 행동, 가령 거래, 노동, 소비, 협력, 결혼, 폭력 등에 관심을 기울이며 그 행동 이면에 놓인 정신 과정은 거의 고려하지 않는다. 여기서는 합리적 이기심이 거의 모든 것을 설명한다고 가정된다.

행동경제학은 심리학과 경제학 사이의 비공식적 결합에서 태어난 결과물로 사회적 행동을 낳는 정신 과정을 연구한다. 행동경제학은 합리적 이기심이 중요치 않다고 이야기하지는 않는다. 하지만 우리 생각만큼 그렇게 중요하지는 않다고 본다. 어떤 일이 자신에게 가장 이익이 될 거라 믿어 그 일을 선택했으면서도 끝까지 그 일에 자신의 시간과 노력을 쏟아붓지 못한다. 보답받지 못하리라는 것을 알면서도 낯선 사람을 돕는다. 무엇을 더 좋아하는지는 자기 기분이나 자기 손에 쥔 다른 대안, 심지어 날씨 따위의 온갖 것에 좌우된다. 행동경제학자는 이 모든 행동을 궁금해한다.

행동경제학의 주요 공헌 가운데 하나를 꼽자면 이제는 꽤 널리 알려진 이중 인지처리이론dual process theory of cognition이 있다. 두 인지 과정에는 시스템 1과 시스템 2라는 다소 밋밋한 이름이 붙어 있다. 이 아이디어를 설명하면서 이것이 영향력을 행사하는 사람influencer으로서 당신에게 어떤 의미가 있을지에 주목해 보고자 한다. 이를 통해 두 인지 과정의 일반적 개념에 익숙한 사람이라도 곰곰이 생각해 볼 만한 몇몇 참신한 아이디어를 얻게 될 것이다.

의사결정은 대부분 습관처럼 이뤄지며 비교적 노력이 들지 않는다. 이것이 시스템 1이다. 악어처럼 시스템 1은 대부분 의식적 자각 아래 숨어서 환경이 위협일지 기회일지 감시한다. 시스템 1은 본능과 습관의 힘으로 움직이며 항상 곧바로 행동할 수 있도록 준비한다. 다가가고 회피하고 싸우고 물고 보살피고 친구가 된다. 아니면 가장 흔한 방식으로 먹이 반응 구역 밖에 놓인 고기처럼 무시한다. 시스템 1은 무의식적이고 자동적이다.

반면 시스템 2는 마치 주장을 경청하고 증거를 따지면서 한 번에 하나씩 사건을 신중히 판단하는 판사처럼 의식적이고 이성적이다. 우리가 자신을 이성적이라고 단언하는 것은 바로 시스템 2의 작동 메커니즘을 가장 잘 알고 있기 때문이다. 시스템 2는 집중을 요구하기 때문에 우리는 되도록 시스템 2를 요청하는 사태를 피함으로써 한정된 인지적 자원을 아끼려 한다. 시스템 2는 가장 어렵고 중요한 사건에 대비해 마련해 둔 일종의 전문가다. 1911년에 철학자 앨프리드 화이트헤드Alfred North Whitehead는 이렇게 썼다. "'의식적' 사고라는 작업은 흡사 전투에 참여한 기병의 돌격과 같다. 숫자는 엄격하게 제한돼 있고 팔팔한 말이 필요하며 결정적인 순간에만 실행해야 한다."[1]

노벨상 수상자인 대니얼 카너먼Daniel Kahneman은 《생각에 관한 생각》에서 시스템 1은 '빠르고' 시스템 2는 '느리다'라고 설명한다.[2] 하지만 시스템 1과 시스템 2만이 유일한 이중 처리이론은 아니다. 사고 대 감정, 이성 대 직관, 좌뇌와 우뇌 같은 다른 이중 처리이론도 있으며 사실상 모두 연관돼 있다. 시스템 1과 시스템 2라고 총칭하는 것은 이 이론이 다른 모든 이중 처리이론의 공통점을 강조하면서 각 이론들을 망라한다는 뜻이기 때문이다. 나는 시스템 1과 시스템 2라는 용어가 상당히 애매하다고 여겨 왔다. 그래서 이제부터는 이들을 각각 악어Gator 모드와 판사Judge 모드라고 부르고 때에 따라서 악어 뇌Gator brain라는 말을 악어 모드와 같은 뜻으로 쓰려고 한다. 영향력의 관점에서 볼 때 이중 처리이론은 두 과정이 어떻게 작동하고 어떻게 상호작용 하는지에 초점을 맞춘다는 점에서 유용하다.

악어 모드는 빠르게 이뤄지고 또 무시해도 좋을 정도의 주의만 기울이면 되는 모든 인지 과정을 전담한다. 여기에는 감정, 순간적 판단, 패턴 인식 그리고 읽기처럼 연습하면 쉬워지거나 습관이 될 모든 행동이 포함된다. 마늘을 다지거나, 직장에서 차를 몰아 집에 가거나, 큰 소리에 깜짝 놀라거나, 친구를 보고 웃거나, 오자誤字를 찾아내거나, 간단한 곱셈을 하거나, 알림음이 울리면 스마트폰을 집어 들거나, 마음에서 우러난 포옹을 하거나, 아니면 좋아하는 노래를 따라 부를 때 당신은 악어 모드의 지배를 받는다.

판사 모드는 집중과 노력이 필요한 모든 인지 과정을 전담한다. 여기에는 계획 세우기, 계산하기, 전략 짜기, 해석하기, 실수 방지하기, 복잡한 지시에 따르기 그리고 어떤 것이든 당신이 아직 능숙하지 못한 일을 해내기가 포함된다. 회의를 주관하거나, 정치에 관해 논쟁을 벌이거나, 보험을 비교하거나, 빗속에서 러시아워의 교통 혼잡을 헤쳐 나가거나, 아니면 욕실 바닥에 타일이 얼마나 필요할지를 계산할 때 당신은 판사 모드의 지배를 받는다. 판사 모드에서는 동시에 여러 작업이 불가능하다.

신중하게 생각할 만한 가치가 없거나 그게 불가능하면 결정은 악어 모드의 감정, 습관, 선호, 직감 그리고 심리적 지름길로 넘겨진다. 중요한 결정을 내리고 곰곰이 생각할 만한 여력이 있으면 우리는 악어 모드와 판사 모드로부터 받은 피드백을 통합해 자기 직감과 견줘 보고 선택지를 신중히 고려한다.

같은 행동이라도 어떤 사람에게는 악어 모드의 영역에 해당하지만 다른 사람에게는 판사 모드의 영역에 해당하기도 한다. 직업이 스키선수라면 위험천만한 최고난도 슬로프를 빠르게 타고 내려오면서 별달리

의식적인 노력을 기울이지 않아도 벼랑과 나무를 피하고 몰입한 상태에서 햇살과 흥분감을 만끽할 수 있다. 이는 악어 모드의 영역이다. 하지만 야트막한 초보자용 슬로프 위에 선 스키 초보자는 자신의 스키가 삼각형을 이루면서 몸이 가려는 방향을 계속 유지하도록 애쓰는 데 온 신경을 집중해야 한다. 이는 판사 모드의 영역이다.

각각의 모드가 어떻게 작동하는지를 더 확실하게 이해하려면 지금부터 악어 모드와 판사 모드를 직접 경험해 보도록 하자. 몇 분의 시간과 스마트폰의 스톱워치면 모든 준비는 끝난다. 목표는 아래 단어들을 소리 내어 읽으면서 그동안 걸린 시간을 재는 것이다. 단, 단어들을 되도록 빠르고 정확하게 소리 내어 읽어야 한다. 글꼴은 무시하고 단어 자체에 집중하기를 바란다. 스톱워치가 준비됐으면, 시작!

| 회색 | 검정색 | 흰색 | 흰색 | 검정색 |
|---|---|---|---|---|
| 회색 | 검정색 | 회색 | 검정색 | 흰색 |
| 검정색 | 회색 | 검정색 | 검정색 | 회색 |
| 흰색 | 흰색 | 회색 | 흰색 | 회색 |
| 회색 | 검정색 | 흰색 | 흰색 | 검정색 |

잘했다. 먼저 시간이 얼마큼 걸렸는지 적어 두자. 그리고 다시 시간을 재는데 이번에는 단어들로 돌아가 단어 자체가 아니라 인쇄된 각 단어의 글꼴 '색깔'을 소리 내어 읽어 보자. 단어가 아니라 '색깔'이다. 다시 한번 스톱워치를 사용해 과제를 수행하되, 되도록 빠르고 정확히 소리 내어 읽어 보자.

훌륭하다. 이번에는 무엇에 신경을 썼는가? 두 번째 과제가 더 오래 걸렸는가? 일종의 내적 갈등 때문에 속도가 느려진 것을 느꼈는가? 사람들 대부분이 색깔을 말하는 과제에서 단어를 읽는 과제보다 두 배의 시간이 걸렸다. 과제 자체가 더 복잡하지는 않은데 말이다. 두 번째 과제에 시간이 더 걸린 것은 단어를 읽고 나서 방향을 바꿔 색깔에 집중하는 일이 어려웠기 때문이라고 생각할지도 모르겠다. 틀린 생각은 아니다. 하지만 더 많은 일이 일어나고 있다.

읽기는 상당히 많은 연습을 쌓은 기능이라 이미 악어 모드에 넘겨져 있다. 평생에 걸쳐 전문적으로 책을 읽어 온 사람이라면 올림픽 스키 종목 출전 선수가 스키를 타는 것만큼이나 자연스럽게 읽기 행동을 해낸다. 정확한 색깔 이름을 대는 일 역시 간단한 과제이기는 마찬가지다. 그렇다고 해도 단어 자체와 다른 색깔을 지칭하는 식의 읽기 과제를 매일 연습하지는 않았을 테니 판사 모드의 집중력이 필요하다. 하지만 악어 모드는 결코 투입을 멈추지 않는다. 투입을 멈추는 것은 악어 모드의 본질이 아니다. 나아가 악어 모드는 매우 빨라서 늘 가장 먼저 대응한다. 단어와 상관없이 그 색깔을 식별하려면 판사 모드가 악어 모드의 투입을 중단시킬 필요가 있고 여기에는 노력과 시간이 든다.

인지과학자 존 리들리 스트룹John Ridley Stroop은 1930년대에 악어 모드와 판사 모드 같은 인지 시스템의 충돌 현상을 조사했다. 스트룹은 사람들이 색깔을 식별하는 것보다 단어 '빨강'을 더 빠르게 읽을 수 있음을 알아냈다.[3] 우리가 방금 마친 과제에는 스트룹의 이름을 딴 명칭이 붙어 있다. 두 번째 과제를 완수하는 동안 수행하는 속도가 더 빨라졌다는 사실을 알아차렸는가? 우리가 스트룹 검사Stroop Test를 받는다면 이내 능숙하게 색깔의 이름을 대고 정신적 지체를 겪지 않을 것이다.[4] 악어 모드가 이 작업을 넘겨받았을 테니까 말이다.

스트룹 검사로 경험한 것은 악어 모드(시스템 1)가 첫 번째 응답자라는 사실이다. '항상' 그렇다. 판사 모드(시스템 2)는 사후 판단자인데 과제가 매우 어렵고 까다로우며 우리에게 정신적 여력이 있을 때만 '때때로' 개입한다. 악어 모드는 판사 모드의 투입 없이도 결정을 내릴 수 있지만 판사 모드는 악어 모드의 투입이 없으면 결정을 내리지 못한다. 이런 비대칭이야말로 영향력을 이해하는 열쇠 가운데 하나다.

## 모든 오해의 근원

악어 모드에 해당하는 활동은 대부분 의식적 자각 수준에서 이뤄진다. 따라서 우리는 대부분 이성적인 자기 정신에 그 책임이 있다고 결론짓는다. 인간이 지구상의 다른 종과 구별되는 큰 차이는 추론 능력을 지니고 있다는 점이다. 우리는 너무도 흔하게 추론 능력을 사용한다. 우리는 자신이든 다른 사람이든 누군가의 행동을 바꾸고 싶다면 설득력 있는 주장을 세울 필요가 있다고 가정한다. '마음을 얻어라, 그러면 행동이 따라온다.' 틀림없어 보이는 주장이지만 과녁에서 완전히 빗나가 있다. 즉 지극히 정상적이지만 완전히 오해라는 말이다.

일부 연구자들은 악어 모드가 우리의 결정과 행동 가운데 95퍼센트를 홀로 책임진다고 추정한다. 구체적인 수치야 측정하기 어렵겠지만 악어 모드는 우리의 결정과 행동 대부분에 관여하고 있다. 우리가 일상에서 아주 자주 내리는 결정, 그러니까 신체의 모든 움직임, 음식에 관한 모든 선택, 거부하거나 받아들이는 모든 유혹, 입으로 내뱉는 모든 말과 관련된 결정이 얼마나 많은지를 감안하면 이들 각각을 의식적으로 신중히 생각해서 결정을 내리기란 불가능할 것이다. 하지만 우리가 이 세계에 반응하고 서로에게 반응하는 데 악어 모드가 그렇게 지대한 역할을 한다는 사실을 선뜻 받아들이기란 쉽지 않다.

사회심리학자 존 바그John Bargh와 타냐 차트랜드Tanya Chartrand가 쓰고 있듯이 "자유의지와 자기 결정의 존재를 믿고 싶은 욕망이 자연스러운 것이라는 점을 생각해 보면 일상의 대부분이 자동적이고 무의식적인 정신 과정을 통해 움직인다는 사실을 견디기 어려울지도 모르겠다. 하지만 의식적 통제가 그 일을 감당하기란 … 불가능해 보인다. 셜록 홈스가 왓슨 박사에게 입버릇처럼 말했듯 불가능한 것을 하나씩 없애고 나면 아무리 개연성이 없더라도 뭐가 남아 있든 그게 진실이다."[5]

내가 사람들에게 악어 모드가 우선한다는 사실을 가르칠 때마다 내 생각을 완강히 거부하는 사람들이 꼭 있다. 그들은 "그래요. 평균적인 사람들이라면 악어 모드에 휘둘리겠죠. 하지만 우리 가운데 몇몇은 판사 모드 아닐까요?"라거나 "하지만 저는 수에 밝은 사람인데요. 정말로요."라고 말한다. 당신은 사람들이 논리와 데이터를 활용해 당신을 설득하기를 원할 수도 있고, 자신이 스프레드시트와 계산기를 활용해 직접 중요한 결정을 내릴 수도 있다. 나도 그렇다. 하지만 그렇다고 해서 우리가 악어 모드에 영향을 받지 않는다는 말은 아니다. 이는 그저 우리가 악어 모드에 지나치게 영향을 받지 않았으면 하고 '바란다'는 의미에 지나지 않는다. 이는 지능 문제가 아니다. 의사건, 변호사건, 교수건 간에 모두 다른 사람들만큼 편향돼 있고 진짜 판사들 또한 마찬가지다.

이스라엘 법정에서 내려진 가석방 판결을 다룬 연구에서 연구자인 샤이 댄지거Shai Danziger, 조너선 레바브Jonathan Levav, 리오라 아브나임-페소 Liora Avnaim-Pesso는 판결 과정에서 한 가지 기묘한 패턴이 있음을 알아냈다.[6] 만약 당신이 그날 예정된 세 차례의 공판 시간 중 첫 공판 시간의 시작 부분에 재판을 받는다면 가석방 판결을 받고 석방될 가능성이 65퍼센트에 이른다. 반면 첫 공판 시간의 끝부분에 재판을 받는다면 석방될 가능성이 거의 0퍼센트로 곤두박질친다. 판사가 잠시 휴식을 취한 다음에는 석방률이 다시 65퍼센트로 치솟는다. 판사는 재판 순서에 전혀 관여하지 않았고 재판 순서는 수감자의 변호사가 도착하는 순서에 따라 정해졌다. 범행이 얼마나 심각하든, 수감자가 복역 기간이 얼마든, 이전에 복역한 이력이 있든 없든, 그 어떤 것도 이런 패턴을 설명하지 못했다. 수감자의 국적이나 성별도 마찬가지였다.

연구자들은 판사들이 피곤하면 더 쉽고 이미 정해진 선택지 쪽으로 편향된다는 결론을 내렸다. 활기찬 기분을 느끼는 공판 시작 부분에서 판사들은 각 사건의 세부 사항에 집중할 수 있다. 이를 통해 자신들이 그렇게 하도록 정해진 대로 충분한 의식적 주의를 기울여 세심하게 증거를 판단할 수 있었다. 하지만 시간이 흐르면서 판결의 피로감과 허기가 악영향을 미치고 지름길과 본능에 의지하는 악어 모드가 끼어들어 느슨해진 고삐를 틀어쥔다.

수감자에 대한 우리의 본능적 반응은 어떨까? 수감자는 위험하다. 그렇기에 그들이 수감돼 있는 것이다. 일단 악어 모드로 접어들면 본능적 반응은 이미 내려진 선택지를 확정한다. 그리고 가석방을 기각한다는 판결이 잇따른다. 한 번이라도 산더미처럼 쌓인 답안지를 채점하거나 이력서를 검토해 본 적이 있다면 이런 일이 얼마나 사람을 피곤하게 만들 뿐만 아니라 시작할 때처럼 마무리도 똑같이 공정하기가 얼마나 어려운지를 알 것이다.

모든 오해의 근원은 우리는 자신을 합리적 존재로 그리지만 운전석에 앉아 우리를 좌우하는 것은 악어 모드라는 사실이다. 악어 모드는 항상 맨 먼저 모습을 드러내며 판사 모드가 피곤해질 때 돌아가는 미리 설정된 기본값이기도 하다. 악어 모드는 우리의 생각보다 영향력이 훨씬 더 크다.

## 악어 모드의 단편적 판단

우리가 즉각적으로 드러내는 정서적 반응, 곧 본능적 반응은 우리의 판단을 끌어당기는 강력한 힘을 발휘한다. 특히 다른 사람을 판단할 때 두드러진다. 엄청난 양의 연구로 이 효과를 처음 개척한 사람은 이제는 고인이 된 사회심리학자 날리니 앰바디Nalini Ambady와 그의 동료 연구자 로버트 로젠탈Robert Rosenthal이었다. 앰바디와 로젠탈은 단편 판단thin slices이라는 용어를 사용해 우리가 다른 사람의 인상을 형성하는 데 쓰는 시간이 때로는 1초도 걸리지 않을 만큼 의외로 짧다는 사실을 설명했다.

단편 판단을 다룬 연구에서 제일 먼저 눈에 띄는 점은 악어 모드가 재빠르게 반응해 형성한 인상이 사회적 판단과 그런 인상에서 비롯된 유의미한 결과를 얼마나 정확히 예측할 수 있을까 하는 것이다. 연구진은 대학생들에게 한 교수가 강의하는 모습을 담은 6초짜리 무성 영상을 보여 주고 나서 이를 토대로 교수의 강의 능력을 평가해 달라고 요청했다. 그 결과 대학생들은 교수의 연말 평가 수준을 예리하게 예측했다.[7] 대학생들은 지역 담당 영업직원 표본의 목소리만 담은 20초짜리 음성파일을 듣고서 가장 높은 평가를 받은 영업직원을 찾아낼 수 있었다.[8] 앰바디가 외과의와 자기 환자의 대화 내용을 알아듣기 힘들게 변조한 10초짜리 음성파일을 실험 참가자들에게 제시했을 때는 어땠을까? 그들은 단순히 외과의의 목소리만 듣고서도 그들 중 과거 의료과실을 범한 사람이 누군지를 예측할 수 있었다.[9] 단편 판단의 대상이 몸짓 언어든, 목소리의 어조든, 아니면 얼굴이든, 모두 중요한 정보를 전달했고 놀랄 만큼 정확한 예측을 내놓았다.[10]

신경과학자 알렉산더 토도로프Alexander Todorov는 정보에 노출되는 시간을 그보다 더 짧게 나눴다. 토도로프는 연구 참가자들에게 낯선 얼굴들이 담긴 사진 한 장을 단 1초간 보여 주고 나서 그 가운데 더 유능해 보이는 사람을 골라 달라고 요청했다. 참가자들은 사진 속 인물이 미 의회선거에 출마했던 후보자들이라는 사실을 알지 못했다. 하지만 그들은 놀랍게도 순간적으로 판단해 70퍼센트의 정확도로 어느 후보가 승리했는지를 예측했다.[11] 현직 의원인지 소속 정당이 어디인지 따위는 중요치 않았다.

이 연구는 영향력에 엄청난 함의를 지닌다. 우선 우리가 서로를 어떻게 인식하는지 그리고 서로에 대해 어떤 결정을 내리는지에 관한 한, 이 연구는 악어 모드가 지극히 중요한 역할을 한다는 사실을 강조하는 한편 어느 정도는 이를 정당화한다. 악어 모드는 순간적으로 판단하며 일단 이런 판단을 하면 바꾸지 않는다.[12] 여러 연구가 지적한 바로 더 많은 시간을 들여 깊이 생각한다고 해서 단편 판단을 통한 사회적 예측의 정확성이 높아지지는 않는다. 더군다나 몇몇 연구는 연구 참가자들에게 실제로 더 많은 시간을 줬더니 오히려 이들의 예측 정확성이 낮아졌다는 사실을 밝혀냈다.[13]

우리는 누구에게 표를 줄 것인지, 소송을 제기할 것인지와 같은 중대한 결정을 내리면서 본능적 반응이나 다름없는 것에 기댄다. 우리가 자신에게 다르게 이야기하고 있더라도 그렇다. 따라서 다른 사람의 행동을 이해하거나 예측하거나 영향을 주는 일은 이들에 대한 악어 모드의 순간적 판단에서 시작하기 마련이다. 항상 그렇다.

## 개똥 모양 초콜릿을 먹지 못하는 이유

악어 뇌와 판사 뇌는 해부학적 영역이 아니라 이론적인 구성물이다. 하지만 이른바 과학 덕후라면 이런 구분이 자신이 머릿속에 그리고 있는 뇌 영역과 느슨하게나마 상관관계를 가지고 있다는 사실을 흥미롭게 여길지도 모르겠다. 악어 뇌는 운동을 조절하는 소뇌cerebellum와 감정 처리를 도맡는 변연계limbic system처럼 원시적인 뇌 영역과 더 큰 관계가 있다. 판사 뇌는 추론이 일어나는 신피질neocortex과 더 큰 관계가 있다. 그리고 더욱 흥미로운 점은 악어 뇌 영역이 판사 뇌 영역에 미치는 영향이 그 반대의 경우보다 더 크다는 사실이다. 변연계에서 신피질로 메시지를 보내는 신경 섬유가 그 반대 방향으로 메시지를 보내는 신경 섬유보다 훨씬 더 많다.[14] 해부학적으로 봐도 악어 뇌는 헤비급이다.

전에 이런 문제를 생각해 본 적이 없어도 우리는 경험을 통해 의식적으로 노력을 기울인다고 해서 본능적 반응에 영향을 줄 수 있는 건 아니라는 사실을 안다. 악어 뇌는 요청을 받지 않는다. 추론을 통해 사랑에 빠지거나 아이스크림을 싫어하거나 파스닙parsnip(당근처럼 생긴 미나리과 채소로 단맛이 강해 '설탕 당근'으로 불리기도 한다.—옮긴이)을 즐길 수는 없다. 본능적 반응을 멈출 수는 있지만 쉽지 않다. 혐오감 연구자인 폴 로진Paul Rozin은 성인들을 대상으로 개똥 모양 초콜릿 한 조각을 먹어 줄 수 있는지 물었는데 40퍼센트가 먹지 못했다(하지만 유아들에게는 악어 뇌의 갈등이 없었기에 똥 모양 초콜릿을 즐겁게 먹었다).[15]

이렇게 한쪽으로 치우친 상호작용이 지닌 한 가지 중요한 측면은 악어 뇌가 필터 구실을 함으로써 무엇이 판사 뇌의 의식적 자각에 도달할지를 결정한다는 사실이다. 이는 판사 뇌가 지쳤을 때 악어 뇌에 주도권을 넘겨줄 뿐만 아니라 판사 뇌가 어떤 사건과 어떤 증거를 우선해서 고려할지를 바로 악어 뇌가 결정한다는 뜻이다. 악어 뇌가 독무대처럼 작동하는 상황이 아니거나 영향력의 경로가 악어 뇌에서 판사 뇌로 흐르는 상황에서조차 증거는 이미 주의와 동기부여라는 두 개의 악어 뇌 필터를 지난다.

### 선별적 주의

시각으로 상세하게 처리하려면 큰 대가를 치러야 한다. 신경과학자 스티븐 매크닉Stephen Macknik과 수사나 마르티네스-콘데Susana Martinez-Conde는 "우리 눈은 망막의 0.1퍼센트를 차지하는 시선 한가운데 열쇠 구멍

크기의 원 안에 들어올 때만 아주 상세한 부분을 분간할 수 있다. 주변 시각장visual filed은 대부분 충격적일 만큼 조악하다."고 말했다.[16] 그렇다면 왜 이 세계의 많은 부분은 초점이 맞는 것처럼 보일까? 악어 뇌가 대상들을 추측해 개연성 높은 이미지들로 그 틈을 채워 넣기 때문이다. 악어 뇌는 비슷한 방식으로 모든 것을 추측해 일상의 특별한 것 없는 반응들이 직감, 본능, 습관에 의지하게 만든다. 판사 뇌는 예기치 않은 일, 즉 예기치 않은 위협(뒤에서 울리는 경찰 사이렌)이나 예기치 않은 기회(매력적인 낯선 사람)나 심지어 예기치 않게 친숙해진 것(당신이 구매한 탓에 어디서나 눈에 띄는 스바루 아웃백 자동차)에 대비해 인식의 자원을 아껴둔다.

악어 뇌는 우리가 정보를 구하는 방식에 영향을 미쳐 정보를 걸러 낸다. 대표적이고 가장 중요한 방식이 바로 확증 편향confirmation bias이다. 우리는 무의식적으로 자신이 현재 믿고 있는 것, 자신이 믿고 싶은 것, 또는 자신이 찾으리라 기대하는 것을 지지해 주는 정보를 탐색한다. 인터넷 검색은 우리가 현실 세계에서 정보를 찾는 방식을 그대로 비춰 보여준다. 내가 "동종요법homeopathic remedies(환자의 병적 상태와 유사한 증상을 보이는 약제를 극소량 투약해 환자의 자연치유 능력을 높이는 치료법.—옮긴이)이 두통에 도움이 될까?"라는 질문을 검색하면 검색 결과의 첫 페이지는 만족스러운 결과를 보여 준다. 카이저 퍼머넌트Kaiser Permanente(1945년에 미국 캘리포니아 오클랜드를 기반으로 설립된 미국 통합 관리 의료 컨소시엄—옮긴이)의 기사 한 편과 〈더 타임스 오브 인디아〉The Times of India의 기사 한 편을 포함해 검색 결과 열개는 동종요법이 두통에 정말로 도움이 된다는 내 암묵적 가설을 확증한다. 아주 좋다. 하지만 내가 "동종요법은 그저 위약효과placebo effect(가짜 약이지만 복용하고 있다는 심리적 효과 따위로 환자 상태가 실제로 좋아지는 현상.―옮긴이)일 뿐인가?"라는 질문을 검색하면 첫 페이지에 미국 국립 보건원National Institutes of Health의 기사 한 편과 〈힌두스탄 타임스〉Hindustan Times의 기사 한 편을 포함해 열 개의 검색 결과가 나온다. 이번에는 완전히 정반대되는 내 가설, 즉 동종요법은 그저 위약 효과에 지나지 않는다는 가설 또한 옳다는 사실을 확증한다.

우리에게는 자신이 옳다는 사실을 확증해 주는 정보를 찾는 경향이 있다. 하지만 다른 한편으로는 우리가 틀렸음을 증명하거나 우리를 불편하게 만드는 정보를 피하려는 경향도 있다. 머핀에 붙어 있는 영양 성분표를 볼 때는 열량을 읽기 전에 얼른 눈을 돌려 버린다. 또 마음 한구석 어딘가에서는 집안 내력인 유전병 검사를 받아야 한다는 사실을 알고 있지만 검사를 차일피일 미루기도 한다.

고의적 무지를 다룬 대단히 흥미로운 일련의 연구에서 의사결정 연구자인 크리스틴 에리치Kristine Ehrich와 줄리 어윈Julie Irwin은 실험 참가자 두 집단에 같은 제품을 제공하면서 각각 다른 제품 정보를 제시했다. 참가자 절반은 해당 제품이 아동 노동이나 지속 가능한 원재료 조달 같은 윤리성 문제를 어떻게 다뤘는지를 들었고, 나머지 절반에게는 윤리적 정보를 요청할 수 있는 선택권이 주어졌다. 즉 이들은 윤리적 정보를 얻거나 그렇지 않거나를 선택할 수 있었다. 두 연구자는 실험 참가자들이 관심을 가질 만한 윤리적 문제의 정보를 제공했을 때 해당 윤리적 문제를 고려해 구매 결정을 내렸다는 사실을 알아냈다. 하지만 윤리적 문제에 관심을 기울임으로써 당시 자신들이 도덕적으로 고려했어야 할 정보를 탐색할 가능성은 '더 낮아졌다'.[17]

한번 추측해 보라. 어떤 참가자들이 윤리적 정보를 탐색할 가능성이

'가장 낮았을까?' 참가자들이 좋아했던 아름다운 책상 같은 제품은 열대우림지대에서 수확됐을 수도, 아닐 수도 있는 목재로 만들어졌다. 이렇게 사람들이 윤리를 위반한 사실을 알지 못하는 한 이들에게 윤리 위반에 대한 책임을 묻거나 이들 자신에게 책임을 물을 수 없다. 판사 뇌는 우리가 하고 싶은 것을 하고 믿고 싶은 것을 믿는 데 도움이 될 정보를 선별한다. 그리고 이런 욕망은 악어 뇌에서 나온다.

때로는 이렇게 선별적으로 정보에 접근하는 방식이 자기기만self-deception으로까지 확장되기도 한다. 내 동료들과 함께 나는 사람들에게 자신을 속일 이유와 기회만 주면 할 수 있는 한 오랫동안 그렇게 한다는 사실을 알게 됐다.[18] 세부 사항은 연구마다 다르지만 기본 골자는 이렇다. 한 무리의 사람들을 연구실로 불러 IQ 테스트를 받거나 일반상식 퀴즈를 풀게 한 뒤 스스로 채점하도록 했다. 참가자 절반은 테스트를 받는 동안 해답에 접근할 수 있다. 이 참가자들이 좋은 점수를 받을 것이라는 사실은 새삼스럽지 않다. 많은 참가자가 부정행위를 하니까 말이다. 정말 놀라운 일은 다음에 벌어진다.

이제 실험 참가자 모두에게 첫 번째와 비슷한 난이도의 두 번째 테스트를 제시하면서 이들에게 자기 점수를 예측해 달라고 요청한다. 부정행위를 한 참가자들은 이번에는 해답이 없음을 알 수 있고 모든 참가자는 문제가 첫 번째 테스트만큼 어렵다는 사실을 알 수 있다. 부정행위를 한 참가자들은 이번에는 잘하지 못하리라고 알아차려야 한다. 하지만 첫 번째 시험에서 높은 점수를 얻는 데 도움이 됐던 것이 바로 해답 때문이었다는 사실을 믿고 싶지 않아 한다. 이들은 자신이 받은 높은 점수 덕에 자신이 똑똑하다고 생각한다. 이런 작은 자기기만은 매우 강력해서 기꺼이 자기 성적에 내깃돈을 건다.

두 번째 테스트에서 동일한 참가자들이 기대보다 더 나쁜 성적을 받아 돈을 잃으면 현실 파악 덕에 정신을 차리고 현실로 돌아오리라 생각할지도 모르겠다. 하지만 그렇지 않다. 우리는 자신의 자기기만에서 벗어나려면 이들에게 연속으로 세 번의 현실 파악, 즉 이들이 부정행위를 할 수 없는 연속적인 테스트가 세 번 필요하다는 사실을 알게 됐다. 그런데 우리가 이들에게 부정행위를 다시 허용한다면 어떻게 될까? 이들은 자신들을 기만하는 방식으로 곧장 빠져든다. 자기기만은 빠지기는 쉬워도 밖으로 꺼내 올리기는 어려운 함정이다.

### 편향 추론

나는 방금 우리의 의식적 자각에 전해지는 일부 정보가 어떻게 편향될 수 있는지를 설명했다. 판사 뇌의 정보 처리 역시 편향적이라는 사실이 드러났다. 이는 추론 자체가 영향력 과정이기 때문이다. 사건에 대한 마음속 논쟁은 계속 벌어지고 있다.

아래의 양육권 판결을 살펴보자. 이 사례는 공공정책 연구자인 엘다 샤퍼Eldar Shafir의 연구에서 가져왔다. 친구 한 명과 같이 실험해 보기를 바

| 부모 A | 부모 B |
|---|---|
| 평균적인 소득 | 평균보다 높은 소득 |
| 평균적인 건강 상태 | 사소한 건강상의 문제 |
| 평균적인 노동 시간 | 잦은 업무 관련 출장 |
| 아이와 적정한 정도의 관계 | 아이와 매우 친밀한 관계 |
| 비교적 안정적인 사회생활 | 극도로 활동적인 사회생활 |

란다. 두 사람 각자가 판사 역할을 맡는다. 한 사람은 부모 중 어느 쪽에 아이의 단독 양육권을 '부여'해야 하는지를 정한다. 다른 한 사람은 부모 중 어느 쪽에 아이의 단독 양육권을 '거부'해야 하는지를 정한다. 다음 표에 열거된 부모의 특징이 결정을 내리는 두 사람이 알고 있는 전부다. 논의는 나중에 하고 우선 본인의 결정을 내려 보라.

사람들 대부분이 양육권을 부여하는 사람은 부모 B다. 또한 사람들 대부분이 양육권을 거부하는 사람은 … 역시 부모 B다.[19] 왜일까? 악어 뇌가 우리에게 특별히 좋은 것을 선택하거나 아니면 특별히 나쁜 것을 거부함으로써 위험을 회피하도록 부추기기 때문이다. 부모 중 어느 쪽을 '선택'해야 하는지에 따라 정보가 처리되면 우리는 가장 좋은 특성을 찾고 부모 B가 아이와 매우 친밀한 관계라는 점에 주목한다. 반면 부모 중 어느 쪽을 '거부'해야 하는지에 따라 정보가 처리되면 우리는 가장 나쁜 특성을 찾고 부모 B가 업무 관련 출장이 잦다는 점에 주목한다.

이러한 선택-대-거부 편향은 채용 과정에서도 중요한 역할을 한다. 이력서를 걸러 내면서 무의식적으로는 떨어뜨리기(거부)를 바란다. 더 공들여 생각해 본다는 것은 시간이 더 들어가고 번거로워진다는 뜻이기 때문이다. 하지만 지원자를 면접할 때는 무의식적으로 뽑기(선택)를 바란다. 제대로 된 지원자를 찾아낸다는 것은 우리가 맡은 일을 완수했다는 뜻이기 때문이다. 따라서 악어 뇌의 선호는 판사 뇌가 정보를 처리하는 방법에 영향을 미친다. 이와 같은 인지 편향cognitive bias은 인종차별이나 성차별 또는 동성애 혐오와 같은 사회적 편견과 흡사하다. 대부분 자신의 편견이 틀렸음을 알고 있더라도 편견을 갖지 않겠다 마음먹는다고 해서 쉽게 없어지지 않는다. 이런 편향들이 우리를 잘못된 방향으로 이끌어 가지 않도록 행동에 방호책을 마련할 수 있기는 하다. 하지만 그것도 우리가 편향이 작동한다는 사실을 알 때나 가능한 일이다. 우리 대부분은 이 사실을 알지 못한다.

편향 추론biased reasoning은 판사 뇌가 악어 뇌의 본능적 직감을 합리화하기 시작할 때 활성화될 수 있다. 게다가 판사 뇌는 아주 능숙하게 처리한다. 가석방 청문회에서 지치고 배고픈 판사는 십중팔구 수감자의 얼굴을 쳐다보지도 않고 이렇게 말한다. "구금. 이 친구 느낌이 좋지 않아요." 이 판사는 증거를 청취하고, 이 수감자가 사회에 지속적인 위협을 가한다는 직관을 지지하는 이유를 선택한다. '죄질은 어떻지?' '폭력 전과는 있나?' '이 수감자가 잘못에 대한 책임을 인정하지 않으려 들까?' 어떤 이유든 간에 이 수감자를 애초 구금시켰던 온갖 이유가 다시 꾸며질 수 있다. 악어 뇌는 판사 뇌에 중력처럼 끌어당기는 힘을 행사하며 이 힘에 저항하려면 상당한 에너지가 소모된다.

나는 우리가 야생동물보호에 관한 질문을 생각하면서 악어 뇌가 판사 뇌에 행사하는 끌어당기는 힘을 경험해 봤으면 한다. 야생동물보호가 얼마나 중요한지, 이를 위해 어떤 조치를 해야 하는지, 또 할 수 있는 일이 있다면 우리가 개인적으로 어떤 일을 해야 하는지 결정하는 일은 판사 뇌에서 전형적으로 일어나는 과정이다. 하지만 판사 뇌의 모든 과정이 그렇듯 악어 뇌, 즉 우리의 경험이나 선호 그리고 제시된 정보에 대한 우리 반응에 영향을 받는다. 악어 뇌나 판사 뇌 둘 다 우리가 의식적이든 아니든 무슨 '생각'을 하고 무슨 '행동'을 하는지를 전담하지만 우리가 어떤 '감정'을 느끼는지는 오로지 악어 뇌의 몫이다.

벵골 호랑이 사진을 보라. 픽셀 하나는 살아 있는 벵골 호랑이 한 마

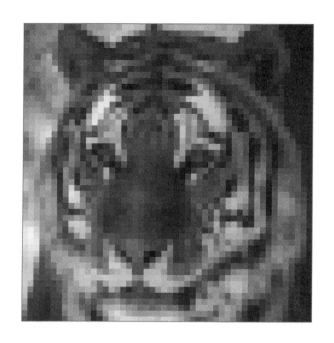

리를 나타낸다.[20] 모두 해서 대략 2,500마리쯤 된다.

세간의 평가에 따르면 이 이미지는 2,500이라는 숫자가 주는 느낌과 이 숫자가 담고 있는 비극을 성공적으로 전하고 있다고 한다(이 사진을 천연색으로 보면 훨씬 더 강렬한 감정을 느낄 수 있다). 이런 정서적 반응은 악어 뇌가 호랑이라는 종을 친숙하게 여긴다는 사실, 즉 호랑이가 코끼리, 기린, 얼룩말과 함께 그 이름을 알고 나서부터 쭉 우리와 어린 시절을 함께했던 카리스마 넘치는 몸집 큰 동물이라는 사실에 더욱 큰 영향을 받는다. 이 얼마나 슬픈 사진인가. 뭐든 해봐야 해!

이제 여기에 보호 프로그램이 두 개 있다. 이들 중 어느 하나에 자금을 지원할지 정해야 하는 상황을 떠올려 보라. 벵골 호랑이 보호 프로그램이 있고, 또 인도차이나 호랑이 보호 프로그램도 있다. 여기 인도차이

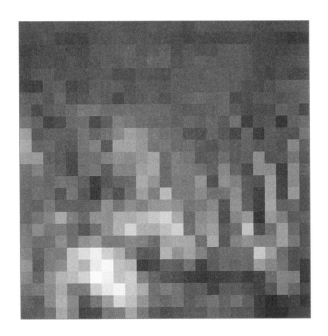

나 호랑이 사진이 있다. 마찬가지로 픽셀 하나가 살아 있는 인도차이나 호랑이 한 마리를 나타내고 대략 600마리 정도가 있다.

이번에는 내 말을 곧이곧대로 받아들여야 했기 때문에 이 이미지가 호랑이라는 사실을 알려 준 것은 바로 판사 뇌다. 하지만 픽셀을 들여다 본다고 벵골 호랑이 사진을 봤을 때처럼 호랑이의 존재나 그 상실의 비극을 '느끼지' 않는다.

어느 프로그램에 자금을 지원할지 생각하면서 우리는 벵골 호랑이 보호 프로그램에 자금을 지원하는 쪽으로 마음이 훨씬 더 기우는 것을 '느끼며'(악어 뇌) 자신의 선호를 정당화하는 이유(판사 뇌)를 찾는다. 인도차이나 호랑이보다 벵골 호랑이가 더 많이 알려져 있으니 늘 벵골 호랑이 수가 더 많을 것이다. 벵골 호랑이는 상징적인 동물이니까 이 호랑이를 보호하는 일이 다른 보호 활동에 쓰일 돈을 모금하는 데 도움이 될 것이다. 인도차나 호랑이가 고작 600여 마리밖에 남지 않았다면 어떻게 해도 멸종할 운명일 테니 안타깝지만 우리가 아직 구할 수 있는 종에 힘을 모아야겠다고 말이다.

판사 뇌였더라면 더 많은 손길이 필요하지만 아마 실제로는 더 적은 도움만을 받는 인도차나 호랑이 편에 서서 설득력 있는 주장을 펼칠 수도 있었을 것이다. 하지만 악어 뇌는 그렇게 하기를 원치 않았다. 판사 뇌가 증거를 고려해 결론에 이르는 합당한 이유를 대려고 애쓰면서 악어 뇌의 인식이나 판단, 선호나 감정을 무시하기란 불가능하다. 악어 뇌는 판사 뇌가 어떤 사실에 집중하고 어떤 대안을 고려하며 어떤 결정이 현명하거나 공정하다고 여기는지에 영향을 미친다. 이는 악어 뇌가 더 우위에 있음을 뜻한다. 그야말로 끝판왕이다. 사전적인 이유를 사후적인 합리화와 구분하기 어려울 수 있다는 뜻이기도 하다.

당신이 초콜릿케이크와 과일샐러드 중 하나를 먹어야 한다고 가정해보자. 생각할 필요도 없이 쉽게 결정할 수 있다면 악어 뇌가 결정을 떠맡는다. 만약 확실하지 않다면 판사 뇌가 끼어든다. 이제 변호인들이 자기 입장을 주장한다.

'재판장님, 바지가 너무 꽉 끼는군요. 게다가 아침으로 이미 도넛 한 개를 먹었습니다.'

'이의 있습니다, 재판장님. 오늘 아침 이후에 진짜로 달리기를 했습니다. 그리고 제가 알기로 이 케이크는 집에서 만든 겁니다.'

'그 주장에 이의 있습니다. 새로 온 당신 상사가 바로 여기 있어요. 그냥 조금만 자제해 주세요.'

판사 뇌가 의사봉을 두드리고 판결을 내릴 때까지 비슷한 주장은 계속된다.

이성과 논리는 주장의 유형이다. 다시 말해 이런 이성과 논리가 영향력을 행사하려 한다. '초콜릿케이크 대 과일샐러드' 경우에서처럼 채택된 이성의 능력은 모든 주장의 어느 편이라도 들 수 있다. 우리에게 양쪽을 모두 주장하는 판사 뇌가 있지만 가능한 모든 사실이 악어 뇌의 편향으로 왜곡되는 탓에 그 일부만 고려된다. 선호와 선입견, 고정 관념과 심리적 지름길이 작동하면서 그러한 사실을 평가하는 과정은 어김없이 편향된다. 매번 그렇다. 판사 뇌는 편향되지 않도록 애쓴다는 말이 우리가 할 수 있는 최선이다.

좋은 의도에도 판사 뇌는 허풍선이다. 판사 뇌는 무의식적인 악어 뇌의 행동에 합리적인 설명을 제시하도록 타고났기에 그 해답을 모를 때는 그냥 해답을 꾸며 낸다. 이 말이 상식에서 벗어난 것처럼 들린다면 몇 가지 뇌 실험의 별난 결과를 살펴보자.

드물기는 하지만 중증 간질의 일부 사례에서 발작이 한쪽 뇌에서 다른 쪽 뇌로 전파되는 것을 막기 위해서 뇌량corpus callosum, 즉 뇌의 우반구와 좌반구를 연결하는 주된 연결선을 외과 수술을 통해 절제한다. 이 연결이 끊기면 반대쪽 눈에만 보이도록 제시된 이미지를 통해서 한쪽 반구에 제시된 단어나 사물이나 사진은 다른 쪽 반구에는 의식적으로 등록되지 않는다. 하지만 밝혀진 바로는 이렇게 정보가 완전히 부재하더라도 판사 뇌가 합리화하는 능력에는 아무 장애도 일으키지 않는다. 허풍선이가 입장한다.

뇌과학자인 마이클 가자니가Micahel Gazzaniga는 이런 환자들을 연구하면서 환자들에게 뇌의 우반구가 지시하고 실행한 행동을 설명해 달라고 요청했다. 하지만 언어는 의식적인 판사 뇌의 활동으로 뇌의 좌반구에 의지해 이뤄진다. 따라서 그런 행동은 설명하기 불가능해야 마땅했으나 가자니가는 이렇게 말한다. "좌반구는 상황에 들어맞는 대답을 꾸며 냈다."[21] 한 사례에서 가자니가는 환자의 우반구에 '웃음'이라는 단어를, 좌반구에는 '얼굴'이라는 단어를 순간적으로 보여 주고 나서 환자에게 자기가 본 것을 그려 달라고 부탁했다.

가자니가는 "환자의 오른손은 웃는 얼굴을 그렸다"라고 기억했다. "내가 '왜 그렇게 그렸어요?'라고 물었다. 그 환자는 이렇게 대답했다. '대체 뭘 원하시는 거죠? 슬픈 얼굴이요? 슬픈 얼굴을 원하는 사람도 있나요?'" 사건에 대한 설명을 찾거나, 압도적으로 쏟아져 들어오는 정보를 우선순위에 따라 분류하거나, 세계를 이해하기 위해 서사를 구성할 때 우리는 통역사를 사용한다고 가자니가는 말한다. 달리 말하면 우리 뇌는 우리 행동에 대한 설명을 꾸며 내도록 타고났다. 심지어 우리가 그렇게 행동하는 이유를 전혀 모를 때에도 그렇다.

대부분 우리는 거꾸로 영향력에 접근하고 있다. 우리는 사람들의 행동을 바꾸려면 그들의 마음을 바꿔야 한다고 생각한다. 이런 생각이 참인 경우는 가끔이고 극히 드물다. 논리적이고 합리적인 주장에 토대를 둔 호소들은 우리의 생각보다 설득력이 훨씬 더 떨어진다. 또한 우리는 사람들의 의식적인 관심이 극히 부족한 때에도 이런 관심을 당연한 것으로 여기는 실수를 저지른다.

악어 뇌와 판사 뇌 간의 관계를 다루는 과학 문헌에서는 우리가 주안점을 옮겨 영향력을 행사하려는 노력을, 무엇보다도 먼저 악어 뇌에 적용하도록 해야 한다는 설득력 있는 주장을 다룬다. 이는 사람들이 어떻게 결정을 내린다고 우리가 생각하는지가 아니라 사람들이 실제로 어떻게 결정을 내리는지를 설명한다. 누군가의 관심을 사로잡고 그들이 쉽게 '그래'라고 이야기하도록 만든 후에도 여전히 합리적 주장을 꾸며낼 필요가 있을지도 모르겠다. 하지만 당신은 이미 그렇게 하는 방법을 알고 있으며 당신이 그 기술을 갈고닦는 데 도움이 될 책이 많이 있다. 이 책에서 우리의 목표는 악어 뇌한테 말을 걸어 다른 사람에게 영향을 미치는 방법을 배우는 것이다. 왜냐하면 그것이 바로 우리가 열심히 노력하지만 늘 기대에 미치지 못하는 영역이기 때문이다.

# 최소 저항 경로

1980년대에 들어서면시 연구자들은 과일과 채소를 더 많이 먹을수록 사망의 2대 원인인 암과 심장 질환을 줄일 수 있다는 사실을 발견했다. 국제보건기구World Health Organization 는 하루에 과일과 채소를 최소 400그램 또는 약 다섯 차례에 걸쳐 섭취하라고 권고했다. 이 권고사항을 더 많은 대중에게 알리기 위해서 미국 국립암센터National Cancer Institute 는 건강증진을 위한 농산물 재단Produce for Better Health Foundation 과 손잡고 '하루 다섯 번' 캠페인을 벌였다. 이 캠페인은 1991년에 미국 전역에서 시작돼 텔레비전 광고, 뉴스 기사, 포스터 등에 수백만 달러를 쏟아부었다. 여러 연구에 나타난 결과에 따르면 1995년까지 대중 사이에서 하루 다섯 차례 과일과 채소를 먹을 필요가 있다는 인식은 8퍼센트에서 32퍼센트로 4배 증가했다. '하루 다섯 번' 캠페인은 엄청난 성공을 거뒀다 여겨졌고 이어 전 세계 32개국에서 채택됐다.

하지만 연구가 계속되면서 김빠지는 결과들이 속속 나타났다. 대중의 인식은 극적으로 높아졌지만 정작 자기 행동을 바꾸지는 않았던 것이다.[1] 몇몇 사람들이 행동을 바꾸기는 했지만 공중보건 담당 관료들이 바랐던 만큼은 아니었다. 1990년과 2000년간 미국에서는 실제로 과일과 채소 소비가 14퍼센트 줄었다. 영국에서 나타난 결과 또한 실망스럽기는 마찬가지였다.[2]

밝혀진 바에 따르면 '하루 다섯 번' 캠페인은 캠페인의 메시지를 전달하는 데에는 성공했으나 결과를 만들어 내는 데는 실패한 공중보건 홍보 캠페인 가운데 하나였을 뿐이다. 포 브론슨Po Bronson과 애슐리 메리먼Ashley Merryman이 2009년에 펴낸 《양육쇼크》NurtureShock에서 밝혔듯이 "연방정부는 각급 학교에서 진행되는 영양 교육 프로그램에 매년 10억 달러 이상을 지출한다. 최근 맥매스터대학교에서 이런 프로그램 57개를 검토 연구했는데 53개는 효과가 전혀 없었고 그나마 양호하다는 4개 프로그램의 결과 역시 변변찮아서 언급할 만한 가치가 거의 없다."[3]

대체 무슨 일이 벌어지고 있는 걸까? '하루 다섯 번' 같은 메시지는 기억하기 쉽고 간단하다. 이런 면에서 이 메시지는 악어 뇌 친화적이다. 이 캠페인의 성공을 계량적으로 평가하는 자체 지표로 보면 캠페인이 분명히 대중의 인식을 끌어 올렸다. 당시에는 캠페인이 큰 성공을 거뒀다고 세간에서 칭송이 자자했다. 보통 캠페인이 사람의 마음을 바꾸는 게 엄청나게 힘들고 너무나도 드문 일인데도 이 캠페인은 사람들의 마음을 바꿔 놓은 것처럼 보였기 때문이다. 하지만 이들이 행동을 바꾸기를 원했다면 엉뚱한 과녁에 대고 총질을 해댄 꼴이었다. 악어 뇌는 신속하다. 하지만 게으르기도 하다. 바로 악어 뇌가 지닌 효율성의 비밀이다.

편안함을 좇는 악어 뇌의 임계치를 충족시키지 못하면 아무리 대단한 아이디어라도 먹이 반응 구역 바깥에 떨어져 있는 것이나 마찬가지다.

이런 관점에서 우리는 '하루 다섯 번' 캠페인이 시작부터 실패할 운명이었음을 알 수 있다. 캠페인 기획자들은 사람들이 배가 고프거나 주의가 산만해지거나 서두를 때 자신들의 메시지를 기억해 주기를 기대했다. 배고픔이 판사 뇌의 결심을 약화할 만한 상황에서도 사람들이 유혹에 확실히 저항하기를 기대했다. 또한 사람들이 그저 과일과 채소를 더 먹어야 마땅하다는 사실을 깨달음으로써 몸에 깊이 밴 습관을 깨뜨릴 수 있으리라고 가정했다. 하지만 과일과 채소를 더 많이 먹으려면 노력을 해야 한다. 식료품점에 가서 과일이나 채소를 골라야 할 뿐만 아니라 시간과 노력을 들여 과일이나 채소를 준비해야 한다. 게다가 제6장에서 살펴보겠지만 사람들에게 좋은 것이라고 권하면 그들은 자신이 청하지도 않은 조언을 따르고 싶지 않아 할 수도 있다.

행동에 영향을 미치는 기본 원칙 중 하나는 '사람들은 최소 저항 경로를 택하는 경향이 있다'는 것이다. 용이성은 단일 변수로서는 행동을 예측하는 최고의 변수다. 동기, 의도, 가격, 품질이나 만족감, 그 어떤 것보다 강력한 변수다. 널리 알려지지는 않았지만 용이성을 측정하는 마케팅 지표로 고객 노력 점수Customer Effort Score라는 게 있다. 이는 결국 '그게 얼마나 쉬웠는가'라는 간단한 질문으로 요약할 수 있다.

질문의 답에 따라 고객들이 기꺼이 재구매하거나 기업과의 사업을 확대하거나 다른 사람들에게 기업을 추천하는 행동의 3분의 1을 이해할 수 있다.[4] 3분의 1이라면 대수롭지 않게 들릴지도 모르겠지만 실제로는 엄청나게 큰 수치다. 고객 충성도를 평가할 때 고객 노력 점수의 예측력은 고객 만족도보다 12퍼센트나 높은 수준을 나타낸다.

용이성이 높으면 사람들이 행복해하지만, 노력이 필요하면 사람들을 정말 열받게 만들 수 있다. 고객 응대 전화 7만 5천 건을 분석한 한 연구에서 연구자들은 제품 사용에 어려움을 느낀다고 응답한 고객의 81퍼센트는 친구에게 불만을 털어놓거나 나쁜 상품평을 올리려 했다고 이야기했다. 반면 제품 사용이 쉬웠다고 응답한 고객은 단 1퍼센트만이 부정적인 행동을 하려 했다. 이로써 사람들의 생각은 용이성에 영향을 받는다는 사실을 알아냈다.

일단 이런 생각에 마음을 열면 자신의 행동을 비롯해 어디서나 자신의 생각을 뒷받침하는 증거를 찾기 시작할 것이다. 타겟Target(미국 소매 유통업체 중 매출 규모 8위의 유통 체인—옮긴이)에 가기보다는 원하는 물건을 찾기 쉽고, 구매한 물건을 빠르게 받기 쉽고, 구매한 물건에 문제가 있어도 반품하기 쉽다는 이유로 아마존에서 쇼핑할 것이다. 택시를 부르기보다는 전화번호를 찾지 않아도 된다는 이유로 승차 공유 앱을 사용할 것이다. 주소를 몰라도 되고, 지갑을 찾으려고 핸드백을 뒤지지 않아도 된다는 이유도 있겠다.

또 차량 구매자 가운데 약 10퍼센트 정도가 더 이상 차를 소유하지 않겠다는 결정을 내린다. 차를 소유하는 것보다 승차 공유 서비스가 더 쉽고 편하기 때문이다.[5] 보험이나 정비, 번잡한 도시에서 주차 공간을 찾느라 골치 썩을 일도 없다. 사랑을 찾고자 할 땐 쉽고 간편하게 화면을 밀기만 하면 그만인 데이팅 앱을 이용할 것이다. 종래의 데이팅 사이트에서는 서로 충돌하는 사항을 복잡하게 따져 봐야 한다. '나이나 유머 감각보다는 흡연 여부가 중요한데 여기에 얼마나 가중치를 둬야 할까,

상대방이 얼마나 멀리 떨어져 살고 있을까?' 이런 문제는 어렵다. 악어 뇌가 아무 생각 없이 화면을 왼쪽이나 오른쪽으로 밀어 넘기도록 하는 게 훨씬 더 쉽고 편하다.

사람들이 당신과 더 많은 사업을 하고 싶게 하려면 일을 되도록 쉽게 만들어라. 도미노피자의 2015년 애니웨어AnyWare 캠페인은 피자를 최대한 쉽게 주문할 수 있도록 했다. 회사는 주문자의 주소, 신용카드 정보 그리고 제일 좋아하는 피자를 알고 있기에 주문자에게 이렇게 응대했다. "따로 주문하실 필요 없어요. 그냥 피자 이모티콘으로 문자를 보내거나 트윗해 주세요." 얼마 지나지 않아 당신이 가장 좋아하는 피자가 문 앞에 배달된다. 이 캠페인으로 도미노피자의 매출은 전년도 대비 10퍼센트 증가했고 2018년에는 피자헛을 뛰어넘어 세계에서 가장 큰 피자 회사가 됐다.

사람들에게 영향력을 행사해 그들이 무엇인가를 하게 만들려면 사람들이 그 일을 해야 한다는 사실을 기억하도록 돕기만 하면 된다. 판사 뇌는 이미 항상 바쁘다. 따라서 우리는 뭔가를 기억하는 누군가에게 기대서는 안 된다. 그게 우리 자신이라도 다르지 않다. 최근에 나는 내가 키우는 고양이 데이브를 데리고 비행기를 탄 적이 있다. 그런데 데이브를 운반용 캐리어에서 꺼내 줘야 한다는 사실을 깜빡하고 그대로 보안 검색대 컨베이어 벨트 위에 캐리어를 올려놓았다. 데이브는 그대로 엑스레이 기계를 통과했고 교통안전청TSA 직원이 당황해서 어쩔 줄 몰라 하는 모습을 보고 나서야 나는 데이브가 아직 그 안에 있다는 사실을 알아차렸다. 나는 데이브를 너무나도 사랑한다. 하지만 사랑은 중요치 않았다. 물론 데이브를 캐리어에서 꺼내 줄 계획이었지만 이번에도 역시 내 의도 따위는 중요치 않았다.

데이브는 무사했다. 나는 신발과 노트북을 소지품 담는 통에 넣었다. 교통안전청 직원이 그렇게 하라고 다시 알려 줬기 때문이었다. 하지만 나는 소동을 일으켰고 내 뒤에 서 있던 승객이 이렇게 말하는 것을 들었다. "오, 세상에나. 이 여자가 한 짓 좀 봐요. 믿겨지나요?" 악어 뇌가 벌이는 기행을 이해하면 믿기 쉬워진다.

돈이 가장 적게 들면서도 가장 효과적인 넛지nudge(원래는 '팔꿈치로 슬쩍 찌르다.' '주의를 환기시키다'라는 뜻이지만 행동경제학에서는 타인의 선택을 유도하는 '부드러운 개입'을 말한다. ―옮긴이)의 기술은 약속을 상기시키는 간단한 알림이다. 문자 메시지 알림은 환자가 의사와의 진료 약속을 지키는 비율을 높이고,[6] 대출금 상환을 촉진하며,[7] 복약 이행률을 개선하고,[8] 백신 접종률을 높이며,[9] 학생들이 과제를 정시에 제출하는 데 도움을 준다.[10] 이런 알림은 또한 법정에 출두하지 않는 사태를 감소시킨다. 종종 법정 불출석 때문에 구속영장이 청구되거나 징벌적 배상이 인정된다. 뉴욕시에서 실시된 대규모 현장 연구에서 연구자들은 경범죄로 고발된 사람들에게 문자 메시지로 알림을 보내 법원에 출두할 것을 다시 한번 알렸다. 간단한 개입만으로도 법정 출두율이 30퍼센트에서 38퍼센트로 상승했다. 법정에 출두한 사람들의 경우 사건의 3분의 2가 기각됐고 단 한 번의 실험으로 체포영장 발급 건수가 7,800건 감소하는 결과를 보였다.[11] 때로는 디자인을 바꾸면 사태를 더욱 쉽게 기억시킬 수 있다. 안전띠 착용을 상기시키는 알림음은 무수한 목숨을 구했다. 경구피임약 한 달 치에 들어 있는 일주일 치 위약은 일상적 복용 습관을 강화함으로써 원치 않는 수많은 생명의 탄생을 막았다. 게다가 숫자로는 나타낼 수 없는 안도감을 줬다.

용이성이 우리가 하는 많은 일을 설명하듯이 노력은 우리가 하지 않는 많은 일을 설명한다. 바쁘고 피곤한데 운동을 하거나, 과자를 먹고 싶은 마음이 드는데 그 과자를 무시하거나, 스마트폰을 내려놓고 잠을 자기 위해 불을 끄거나. 이런 행동을 기대한다면 그게 과연 합리적일까? 완전히 소진된 상태, 즉 지치고 바쁘고 스트레스를 받고 배고픈 상태에서는 판사 뇌가 악어 뇌를 이기리라 기대할 수 없다. 이런 상황이라면 아무도 자제력을 발휘하지 못한다. 이미 봤듯이 진짜 판사들도 그렇게 하지 못한다.

악어 뇌 연구에서 우리는 자신이 따르기 쉽게 혹은 그럴 수밖에 없도록 만들면 성공할 가능성이 훨씬 더 클 수 있다는 사실을 알게 된다. 우리는 절친의 기대를 저버리고 싶지 않기 때문에 절친과 같이 운동하겠다고 약속한다. 과자를 불투명한 그릇에 보관하기도 한다. 과자는 여전히 거기 있겠지만 찬장을 열 때 금방 눈에 띄지는 않는다. 그리고 나는 가끔 스마트폰에서 소셜미디어를 잠근다. 잠근 사실을 잊었을 수도 있다. 어쨌든 트위터 계정을 다시 열고 잠금을 푸는 절차는 1분도 채 걸리지 않으나 불편하다고 느낀다. 따라서 효과가 있다.

이런 느낌들이 중요하다. 고객 노력 점수는 실제 노력이 아니라 지각된 노력을 측정하며 이런 노력은 적어도 실제 노력만큼 중요하다. 연구자들은 사람들이 더 자주 운동하겠다는 의사를 끝까지 지키도록 흥미진진한 내용의 오디오북 여러 권을 체육관에 비치했다.[12] 다음에 무슨 일이 벌어졌는지를 알려면 사람들은 체육관으로 다시 돌아올 수밖에 없었다. 체육관에 가서 운동하려면 정말 적지 않은 노력이 필요하다. 하지만 악어 뇌가 사람들을 잡아당기는 것이 아니라 슬쩍 밀었을 때 사람들은 체육관에 가서 운동하는 일을 쉽게 느낀다.

다른 사람에게 영향력을 행사해 정말 큰일로 느껴지는 뭔가를 하도록 할 때 작은 것부터 시작하면 도움이 된다. 나는 스카이다이빙을 하면서 이 사실을 배웠다. 내가 2인 동반 강하를 하려고 신용카드를 긁자 내 악어 뇌가 판사 뇌에게 애원했다.

'나 죽을 거 같아!'

'너 안 죽어. 여기 온 건 네가 선택한 거잖아. 게다가 큰돈을 썼고.'

'네가 나를 죽음으로 내몰고 있잖아!'

'유치하게 굴긴. 이건 비즈니스야. 고객이 죽으면 비즈니스도 없다고.'

'이 살인자!'

나는 부드러운 면 소재의 낙하복을 옷 위에 겹쳐 입고 안전교육 비디오를 시청했다. 그러자 강사 겸 강하 동반자가 다가와 자신을 소개한 후 나를 비행기로 데려갔다. 알렉스는 떡 벌어진 체격의 퇴역 군인으로 반백의 머리에 활짝 웃는 인상이었다. 그의 웃는 얼굴을 보니 안심이 되는 느낌이었다. 알렉스에게는 차분한 자기 확신이 있었다. 그는 아마도 오랜 기간 명상을 해왔거나 신을 발견한 사람처럼 보였다.

하지만 알렉스는 지난 50년 동안 3,200미터 상공에 떠 있는 비행기에서 걸어 나와 땅을 향해 몸을 던지는 일을 해왔다. 그것도 거듭해서 말이다. 스카이다이빙 선수이기도 한 알렉스는 100원짜리 동전 크기의 목표에 내리는 정밀 착륙 전문가였다. 알렉스는 여러 개의 메달도 가지고 있었다. 믿을 만한 사람 손에 맡겨졌다는 사실을 알게 되자 마음이 한결

차분해졌다.

하지만 풀밭을 가로질러 소형 비행기로 다가가는 동안 내가 뛰어내릴수 있을지 아니면 조종사와 함께 그대로 돌아올지가 궁금해졌다. 나는영웅일까? 아니면 겁쟁이일까? 자유낙하는 순간적인 두려움을 극복하고 용기를 낸 이후에는 돌이킬 방법이 전혀 없다. 비행기가 강하 고도에다다랐을 때 나는 알렉스의 질문에 대답했다. "예, 딸 하나예요(딸을 다시볼 수 있을까?)." 나는 스카이다이빙을 하면 내 몸이 바나나가 되는 거라는 사실을 알았을까? "그저 이걸 해내야 한다는 사실만 기억하면 됩니다." 알렉스는 마치 바나나처럼 자기 손을 뒤로 구부렸다. "엉덩이는 앞으로 빼고, 팔은 뒤로, 머리는 들고. 바나나." 바나나, 바나나, 바나나. 나는 내 몸을 바나나처럼 만들 수 있었다. 그나저나 내가 뛰어내릴 수 있을까?

알렉스가 다른 질문을 했다. 예라고 답했다. 이제 나는 알렉스의 지시에 완전히 집중하기로 했다. 알렉스는 나에게 이렇게 말했다. "여기 앉고, 이걸 당기고, 저걸 잡고, 엉덩이를 조금씩 밀어 움직이고, 우리 둘을함께 단단히 고정하면서 팔 들고, 숨 들이쉬고, 오른발은 여기, 왼발은거기, 오른손으로 문틀 잡고." 그다음에 우리는 어찌어찌 공중을 낙하하고 있었다. 웃음이 나왔다. 나는 바나나였다. 우리 중 한 사람이 줄을 당겨 낙하산을 펴자 속도가 느려졌다. 눈물이 터져 나왔다. "괜찮아요?" 알렉스가 내 귀에 대고 소리쳤다. 나는 고개를 끄덕였다. 우리 아래에 굽이치며 펼쳐진 지구는 내가 이제껏 보아 왔던 그 어떤 것보다도 아름다웠다.

한 걸음 한 걸음 알렉스는 마지막 결정을 향해 나를 이끌어 줬다. 하지만 비행기 밖으로 뛰어내리는 일이 대단한 선택처럼 느껴지지 않았다. 아니, 선택이라고 느껴지지도 않았다. 그냥 일어났을 뿐이었다. 그리고 작은 발걸음을 하나하나 내디뎌 마지막 걸음으로 점점 더 가까이 다가가면서 두려운 마음은 전혀 들지 않았다. 나의 악어 뇌는 작은 발걸음을 내디딜 때마다 아무 문제도 없었다. 비행기에서 뛰어내리지 못했을지도 모르지만 나는 엉덩이를 조금씩 밀어 움직일 수 있었다. 나는 엉덩이를 앞으로 뺄 수 있었다. 나는 바나나가 될 수 있었다. 이렇게 작은 순간들로 하나씩 쪼개 보니 어려움을 전혀 느낄 수 없었다.

당신의 좋은 아이디어가 결국 누군가에게 그저 믿음을 갖고 도약해 보라고 요청하는 것이라면 알렉스처럼 한 번에 한 걸음씩 목표를 향해 서서히 그들을 이끌어 가면 된다.

어쩌면 당신에게 어떤 앱에 관한 좋은 아이디어가 있을 수도 있다. 이 분야에서 경험을 쌓은 누군가가 기꺼이 당신을 만나 주려 할까? 그에게 조언을 구할 수 있을까? 그들이 당신의 아이디어에 관심을 보일 만한 다른 누군가를 흔쾌히 추천해 주려 할까? 그 사람들의 말을 따르기만 하면 되는 걸까? 자기네 조언에 따라 행동했으니 일이 어떻게 진행되는지 그들이 듣고 싶어 할까? 그들이 더 깊이 관여하고 싶어 할까?

모든 여행은 작은 발걸음 하나로 시작한다. 어떻게 하면 당신을 포함한 모든 사람이 첫걸음을 어렵지 않게 느끼도록 만들 수 있을까? 어떻게 하면 다음 걸음, 그다음 걸음, 또 그다음 걸음에서도 똑같이 할 수 있을까?

제3장

# 세상을 구한 한 마디,
## '아니요'

이 세상을 구한 한 마디는 '아니요'였다. 러시아어니까 정확히는 네트nyet였겠다.[1]

　모스크바주 소재 비밀 지휘소 세르푸호프-15Serpukhov-15에 사이렌이 요란스럽게 울리면서 화면에 '발사'라는 문구가 깜빡거렸다. 1983년 9월 26일 자정을 막 넘긴 시간이었다. 오코Oko로 불리는 조기 경보 시스템이 미국의 미닛맨Minuteman 대륙간 탄도 미사일 다섯 기를 탐지했고 이 미사일들은 핵탄두를 탑재한 채 불을 뿜으며 소련을 향해 날아오고 있었다. 당직 장교였던 스타니슬라프 페트로프Stanislav Petrov의 임무는 즉시 전화기를 들고 최고 지휘부에 미사일 공격을 알리는 일이었다. 최고 지휘부는 단 몇 분이면 미사일들이 목표를 타격하기 전에 어떻게 대응할지 결정할 것이고 당시 소련의 원칙은 전면적 핵 보복이었다. 제3차 세계대전이 발발할 수도 있는 순간이었다.

하지만 '오코' 시스템 개발에 관여하고 있던 IT 전문가 페트로프의 악어 뇌는 뭔가 앞뒤가 맞지 않는다고 느꼈고 페트로프에겐 생각할 시간이 필요했다. 당시 오코 시스템은 최근에 배치된 것이었다. 경보가 잘못된 경보일 가능성은 얼마나 됐을까? 시스템은 경보의 신뢰성을 높다고 보고했지만 위성 책임자는 눈으로 직접 확인할 만한 정보를 확보하지 못한 상태였다. 구름 낀 하늘 때문일지도 몰랐다. 하지만 페트로프는 왜 더 많은 미사일이 보이지 않는지 계속 자신에게 질문했다. 페트로프는 미국에서 시도할 최초의 타격은 차후 보복할 엄두도 내지 못하도록 소련을 완전히 지워 버리는 것이 목표라는 말을 여러 차례 들은 바 있다. 그렇다면 다섯 기가 아니라 수백 수천 기의 미사일이 날아왔어야 마땅했다.

때는 냉전이 정점에 이른 시기였기에 긴장감이 높았다. 소련 공군이 대한항공 007편 민항기를 첩보기로 오인해 격추시켜 승객 전원이 사망한 사건이 불과 몇 주 전에 발생했다. 그 오류는 비극적이었다. 이번 사건에서 오류가 발생한다면 그것은 상상도 하지 못할 일이었다. 페트로프는 경보가 정말 공격을 의미하는지 아니면 잘못된 경보인지 확신할수 없었다. 페트로프는 자신이 받은 명령을 생각했고 자신이 명령을 따랐을 때 벌어질 사태를 생각하고서는 상관에게 '아닙니다'nyet라고 보고했다.

23분이 지난 후 미사일 타격은 없었고 페트로프는 안도감에 무너지듯 주저앉았다. 페트로프는 나중에 자기 동료 중 누구라도 그날 통제실 근무를 섰다면 틀림없이 경보기를 작동시켜 결국 대학살이 벌어졌으리라고 말했다. 직접적인 공격으로 2억 명, 곧 미국과 소련 인구의 40퍼센트가 사망했을 것으로 추산됐다. 게다가 핵겨울로 전 세계 농업이 완전히 파괴되면 20억 명이 굶주릴 수도 있는 일이었다.

# '아니요' 챌린지

당신의 결정에 세상이 균형을 이루지 못할 수도 있지만 '아니요'라는 말이 당신을 구할 수는 있다. '아니요'라고 말하길 꺼리면 그 일에 지나치게 마음을 쓰는 상태에서 벗어나지 못한다. '아니요'라는 말을 듣는 게 힘들다면 지나치게 몸을 사리고 질문하기를 두려워하는 상태, 즉 작은 일에 완전히 기진맥진해진 상태에서 벗어나지 못한다. '아니요'라고 말하려는 노력을 시작할 때까지 우리는 대부분 눈앞의 상황이 문제인지도 깨닫지 못한다.

그래서 '아니요'가 우리의 출발점이다.

2018년 가을, 나는 하고 싶지 않은 일을 두고 '아니요'라고 말하는 데 꽤 익숙해졌다. 하지만 전문가로서 내 관심 분야가 넓어지면서 새로운 도전에 뛰어들고 있었다. 나는 정말 신나게 세계 각지로 날아가 강연했지만 도리어 버겁다는 느낌과 스트레스를 받는 상태에 묶여 있었다. 내 상담가인 맨디 킨Mandy Keene은 상황을 이렇게 파악했다. "조이, 당신은 어떤 일이든 어떤 사람에게든 '그래요'라고 말하고 싶은 거네. 열정, 그건 칭찬받아 마땅한 일이지. 하지만 그 열정이 당신을 탈진시키고 있어." 그래서 나는 다가오는 11월 한 달 내내 '아니요'를 기본 답변으로 삼겠다고 결심했다. 그리고 나만의 특별한 11월, 즉 '노'벰버NOvember가 시작됐다.

강연 초청에도 아니요! 커피 모임에도 아니요! 살롱에서 고가의 상품을 구매하는 일에도 아니요! 무례한 사람에게도 아니요! 친절한 사람에게도 아니요! 조언을 구하는 낯선 사람에게도 아니요! 돈 좀 달라는 가족에게도 아니요! 글쓰기 워크숍에도 아니요! 나이 든 호랑이 동료에게도 아니요! '아니요'라고 말하기 가장 힘들었던 순간은 앞발이 하나인 밴디트라는 이름의 고양이를 입양하겠냐는 요청을 받았을 때였다. 물론 '노'벰버 기간 중에 몇 가지 일에는 '그래요'라고 말했다. 하지만 이전까지는 이 답변을 진지하게 생각해 보지 않았다. 11월이 지나면서 스트레스는 더 적어졌으나 내 결정, 내 시간 그리고 내 삶을 더 잘 통제하고 있다고 느끼기 시작했다. 시간이 흘러 '노'벰버에 익숙해지자 힘이 돌아왔다고 느낀 나는 계속해서 '아니요'를 따라가기로 마음먹었다. 그래야 더욱 신경을 써서 '그래요'라고 말할 수 있다고 느꼈다.

한 달간의 모험은 내가 강의 첫날 MBA 학생들에게 제시했던 24시간 '아니요' 챌린지24-Hour 'No' Challenge의 확장판이었다. 사람들은 친절한 사람일수록 더욱 예의 바름을 사회 규범으로 내면화한다. 하지만 예의 바름 때문에 우리는 대단히 난감한 지경에 이르게 된다. 누군가가 부탁이나 초대를 하면 우리는 그것을 받아들이지 않는 걸 실례로 여기고는 되도록 '그래요'라고 말하려고 애를 쓴다. 하지만 정작 우리 자신이 어려움을 겪을 때 도움을 청하는 일은 다른 사람을 성가시게 하는 무례한 행동으로 생각한다. 왜 그런지 모르겠지만 우리는 다른 사람을 넉넉하게 대하는 동시에 다른 사람에게 손 벌리지 말라고 배웠다. 바로 그 가르침이 우리를 얼마나 지치게 만드는지 생각해 보지도 않고 말이다.

나는 당신이 '아니요' 챌린지를 받아들여 자기 삶에 더 많은 여지를 만들어 내길 바란다. 한 달 내내 할 필요는 없다. 그냥 24시간 동안 모든 요청과 초대에 '아니요'라고 말하면 된다. 야근하자는 요청에 '아니요', 피곤한데 강의 끝나고 맥주 한잔하자는 요청에 '아니요', 전문가인 당신에게 무료로 조언을 해달라는 요청에 '아니요', 당신이 후원하는 비영리 단체 이사진에 참여해 달라는 요청에 '아니요', 당신이 픽업트럭을 소유하고 있다는 이유로 친구가 가구 옮기는 일을 도와 달라는 부탁에 '아니요', 계속해서 당신이 떠안는 감정 노동에 '아니요', 자기 결혼식에서 노래를 불러 달라는 친구에게 '아니요'라고 말하라. 정성을 들여 요리하다가 당신에게 얼른 가게에 가서 신선한 바질 좀 사다 달라고 부탁하는 배우자에게도 '아니요'라고 말하라. 모든 사람과 모든 요구에 '아니요'라고 대답하고 나서 무슨 일이 벌어지는지 주의 깊게 살펴보라. 어떤 기분이 드는가? 다른 사람들이 어떻게 반응하는가? 진심으로 '그래요'라고 말하고 싶은 대상은 무엇인가? 걱정하지 마라. 혹여 그게 잘못된 결정이라는 확신이 들면 언제든 마음을 바꾸면 그만이다. 하지만 불편함을 느끼지 않는 영역과 힘을 모두 확장하려면 반드시 '아니요'에서 시작해야 한다.*

단, '아니요' 챌린지를 은밀한 즐거움에 '아니요'라고 말할 기회로 받아들이지 말길 바란다. '아니요' 챌린지는 회개가 필요한 사순절Lent 의

---

* 분명히 말하지만 나는 당신의 삶을 망치고 싶지 않다. 만약 오늘이 당신이 꿈꾸던 직장에서 제안을 받은 날이라면 '아니요'라고 말하지 않길 바란다. 당신이 예전부터 당신의 파트너와 결혼하기를 쭉 희망해 왔고 오늘이 청혼하는 날이라면 '아니요'라고 말하지 않길 바란다.

식이 아니다. 하지만 당신과 가까운 사람이라도, 당신이 하고 싶은 일이라도, 작은 일이라도 '아니요'라고 말하기를 실행하라. '아니요' 챌린지는 자신을 친절히 대하는 것과 자신에게 이 세계에서 더 많은 여지를 허용해 주는 시도다. 또한 악어 뇌가 보이는 본능적 반응이 순응을 기본으로 얼마나 흔히 이뤄지는지를 알 수 있는 실험이다. 순응은 보통 그 순간 가장 선택하기 쉬운 방법에 불과하다.

'아니요'라고 말할 때는 자신이 반드시 설명해야 하는 이상으로 자신을 설명하려 들지 않아야 한다. '아니요'는 완결된 문장이다. '아니요, 괜찮아요'가 완결된 예의 바른 문장이다. 다정하지만 분명하고 단호한 태도를 유지하라. 누군가에게 '아니요'라고 말할 때 확신이 없어 보이면 그들은 집요하게 거듭 요청할 테고 '아니요'라고 말하기가 훨씬 더 어려워질 수 있다. 설명이 필요하다면 '아니요' 챌린지를 설명해도 되고 아까 말한 대로 마음을 바꿀 수도 있다. 하지만 분명히 '아니요'에서 시작해야 한다. 챌린지를 받아들인 사람들은 대부분 그 결과에 놀란다. 생각만큼 결과가 나쁘지 않고 사람들이 당신을 미워하지도 않기 때문이다. '아니요' 챌린지가 아주 흥겨운 일이라고 여길 수도 있다. 게다가 힘을 주는 일이고, 실용적인 일이며, 일상생활에서 반복할 만한 가치가 있는 일이라고 여길 수도 있다.

'아니요' 챌린지는 간단하지만 그렇다고 마냥 쉽지만은 않다. '아니요, 괜찮습니다' 이상의 말로 대꾸해야 할 때도 있다. 분명하지만 다정하게 대해야 하는 몇 가지 상황과 시나리오를 살펴보자.

- 친절하지만 처음 보는 사람이 당신에게 조언을 부탁하거나 같

이 커피나 한잔하자고 한다.

→ "감사합니다. 저도 이 초대에 응할 시간이 있으면 좋을 텐데 제 일정 때문에 어렵겠네요."

- 지인이 사교 행사에 당신을 초대하고 당신은 가능하다면 참석할 생각이다.

→ "초대해 주셔서 감사해요. 다음에 같이 갈 수 있으면 정말 좋을 것 같아요."

- 친구가 어떤 사람에게 돈을 빌려 주거나 그 사람의 사업에 투자해 달라고 부탁한다.

→ "미안하지만 돈은 돈이고 우정은 우정이야." 이것이 정해 놓은 원칙의 일부라면 거절을 하기도 쉽고, 거절 당할 때도 견디기 더 쉽다. 이 원칙을 일관성 있게 적용할 필요가 있겠지만 말이다.

- 어느 영업직원이 당신이 원하지 않는 뭔가를 팔려고 애를 쓴다.

→ "감사합니다만 관심 없어요." 당신의 거절에도 상대가 집요하게 계속 권한다면 이렇게 바꿔 말할 수 있다. "제 대답은 '안 삽니다'이고 이 대답이 바뀔 일은 없어요." 다정함은 의무사항이 아니다.

- 누군가가 연애 감정을 표현하지만 당신은 그런 감정을 느끼지

않는다.

→ "내 직감이 아니래요." 만약 상대가 왜 그런지 이유를 묻는다면 이렇게 대답할 수 있다. "촉이에요. 그리고 저는 항상 그 소리에 귀를 기울여요."

직장에서 '아니요'라고 말할 때 특별한 문제가 발생할 수 있다. 직접 보고를 해야 하는 관계에서는 특히 그렇다. 하지만 대안을 제시하면서 말한다면 언제나 '아니요'라고 말할 수 있다.

- 직원 한 명이 연봉 인상이나 승진을 요청하지만 당신은 그 직원이 그만한 준비가 돼 있지 않다고 생각한다.
  → "아직은 시기상조라고 생각되네만 그 목표를 이루려면 무엇이 필요할지 만나서 논의해 보세."

- 당신의 상사가 그렇지 않아도 눈코 뜰 새 없이 바쁜 당신에게 일을 맡긴다.
  → "그 일을 할 수 있으면 좋겠습니다만 이미 프로젝트 두 개가 밀려 있습니다. 그렇다면 제가 하는 일의 우선순위를 다시 정해야 할까요?"

아니면 아래와 같은 사례처럼 자비를 구할 때는 꾸밈없이 솔직한 태도를 보일 수도 있다.

- 관리에 아주 능숙하다는 이유로 상사가 당신에게 엄청나게 크지만 따분한 프로젝트를 앞장서서 이끌라고 요청한다.
    - → "칭찬은 감사합니다만 그 일은 저에게 끔찍한 악몽일 것 같습니다. 영혼이 쪼그라드는 느낌입니다. 다른 대안은 없을까요?"

'그래요'라고 말하는 상황을 피하고자 악의 없는 거짓말을 하려는 유혹을 느낄 수도 있다. 하지만 보통은 거짓말 대신에 그냥 말을 적게 함으로써 더 나은 결과를 얻는다. 당신은 누구에게도 설명할 책임이 없다. E. B.로 통했던 엘윈 브룩스 화이트 Elwyn Brooks White는 〈뉴요커〉The New Yorker 의 스타 언론인으로 훗날《샬롯의 거미줄》이나《스튜어트 리틀》같은 어린이 책을 써서 여러 차례 상을 받았다. 화이트는 사회 불안 장애를 앓고 있었기 때문에 초청을 대부분 거절했지만 그의 정신 건강에 신경 쓰는 사람은 아무도 없었다. 알려진 바로는 화이트가 방문객을 피하려고 창문을 통해 밖으로 나가서 비상계단을 타고 내려간 적도 있다고 한다. 게다가 화이트는 이런 식으로 편지를 쓴 것으로 유명하다.

친애하는 애덤스 씨,
아이젠하워 예술 과학 위원회 참여를 권해 주신 귀하의 편지 잘 받았습니다. 밝히기 힘든 이유로 거절해야겠습니다.
E. B. 화이트 올림[2]

# 경계

애덤 그랜트Adam Grant는 베스트셀러 《기브 앤 테이크》Give and Take에서 사람을 세 가지 유형, 즉 기버givers, 테이커takers, 매처matchers로 구분하고 성공한 사람 대부분이 기버일 가능성이 크다는 연구 결과를 소개한다.[3] 너그러움이 더 많은 소득, 더 좋은 성적, 더 높은 생산성, 더 잦은 승진과 관련이 있다는 사실에 놀랐을 수도 있고 기운이 날 수도 있다. 내가 그랬다. 하지만 그저 남들에게 더 많이 주어야 한다고만 지레짐작해 버리면 한 가지 중요한 사실을 놓치게 된다. 그랜트의 연구는 성공할 가능성이 가장 적은 사람도 역시 기버라는 사실을 보여 준다. 기버는 번아웃을 겪고, 직장에서 뒤처지거나 심지어 폭력 범죄의 희생자나 소송에서 피해자가 될 가능성이 더 크다.

성공의 사다리 맨 위에 있는 기버와 맨 아래 있는 기버에게는 중대한 차이가 있다. 그들이 서로 다른 방식으로 경계를 다룬다는 점이다. 그랜트는 이렇게 언급한다. "성공한 기버는 언제나 모든 사람을 돕고 모든 부탁을 들어 주려 애쓴다. 대신에 자신의 너그러움을 다른 기버와 매처를 위해 따로 떼어 두고 그들이 시간에 구애되지 않고 자기네 일을 해내도록 하며 그들에게 활력을 불어넣어 주고 특별한 공헌을 하는 방식으로 돕는다."[4]

기버가 '아니요'라고 말하는 법을 배우지 못하면 아낌없이 퍼주다가 바닥까지 탈탈 털리고 기회주의자들의 손쉬운 먹잇감으로 전락하고 만다. 그들은 좋은 게 좋은 거라고 여기면서 우려가 있더라도 집단의 화합을 위해 입을 다문다. 만약 완전히 탈진 상태에 빠지면 그들은 '아니요'

라고 말해서 부담을 줄이는 것이 아니라 해야 할 일 목록에 명상이나 감사 일기 쓰기를 추가해서 부담을 떠안는다.

부모나 선생님, 교수나 직장 상사로부터 '잘했어'라는 말로 보상을 받을 때 우리는 갈채, 감사를 전하는 말이나 글, 만점이 주는 도파민 분출에 목말라한다. 하지만 사람을 기쁘게 하는 습관은 고질적인 부족 상태로 이어질 수 있다. 누구나 시간이 부족하고 잠이 부족하고 돈이 부족하고 명확하게 생각할 여력이 부족하다. 심지어 스트레스와 탈진은 일시적으로 IQ를 떨어뜨리고 불쾌한 기억으로 기울어져 좋은 결정을 내리기 어렵게 만든다.[5] 이런 결과는 비단 우리 자신에게만 국한되지 않는다. 여러 연구가 보여 준 바에 따르면 정신을 차리지 못할 정도로 바쁘다고 생각하는 관리자가 운영하는 팀이 성과도 가장 나빴고 이윤도 가장 적었다.[6]

내가 가르치는 학생들은 '아니요'라고 말하기가 꺼려지는 상황을 돌이켜 보면서 주로 다른 사람의 감정을 우려했다. 하지만 그렇게 하지 말아야 하는 때에도 계속해서 '그래요'라고 말하는 다른 이유가 있다. 놓치거나 제외될까 하는 두려움fear of missing out, FOMO 또는 고립 공포감이 가장 큰 이유다. 배타적인 기회나 시간제한이 있는 기회가 주어졌을 때 우리는 심한 FOMO를 한 차례 겪을 수도 있다. 내가 이런 식으로 시간은 시간대로 돈은 돈대로 허비했던 적이 있고, 모르긴 해도 앞으로도 계속 그리리라고 말하려니 민망할 노릇이다.

상호주의 또한 변하지 않는다. 우리가 '그래요'라고 말하면 상대방은 거래의 관점에서 우리에게 신세를 지는 셈이다. 그리고 우리 대다수는 정말로 기꺼이 남을 도우려 한다. 삶이 순탄할 때 우리는 그 대가로 선

행을 베풀려고 한다. 삶이 우리에게 나쁜 패를 건넨다면 과거 우리가 그
랬듯이 고통으로부터 다른 사람을 지키려 든다. 친절함으로 존경을 받
으려고 다른 사람들이 부탁해 주기를 기다린다면 우리는 너그러움을
공정하게 나누어 주고 있는 것이 아니다.

'아니요' 챌린지는 자기 스스로 떠안은 부담 가운데 피할 수 있는 것
이 무엇인지를 이해할 때 도움이 된다. 또 기회비용을 관리할 때도 도움
이 된다. 지금 '그래요'라고 말하면 언제 '아니요'라고 말해야 할까? 지
금 '아니요'라고 말하면 언제 '그래요'라고 말할 수 있을까?

너그러움을 중심으로 경계를 정하지 않으면 친절함은 자신의 힘을
서서히 빼앗아 가고 영향력을 약화한다. 쾌활한 겉모습으로 자신의 탈
진 상태를 가리고 걸핏하면 자신을 몰아세우는 사람이 되지 않도록 주
의해야 한다. 자신의 내면에 다른 사람을 기쁘게 하는 범위가 딱 정해져
있다는 사실을 무시해서도 안 된다.

## 거절을 거쳐 회복력으로

'아니요'라고 말하기가 더 편해지면 마찬가지로 '아니요'라는 말을 듣기
도 더 편해진다. 우리 내면의 관점에서 보면 대부분 거절은 부탁하는 사
람과는 관련이 거의 없다. 그보다는 오히려 우리 자신과 많은 관련이 있
다. 가장 기본적인 수준에서 '아니요'라고 말하면 자신의 욕구를 수습하
는 데 도움이 된다. 다른 사람에게 '아니요'라고 말하는 것에도 숨은 이
점이 있는데 다른 사람도 나에게 '아니요'라고 말할 수 있음을 은연중에

알려준다는 점이다.

이제 모두가 성인이고 직설적이고 솔직한 방식으로 소통이 이뤄지는 공유 공간으로 들어가 보자. 내가 가르치는 학생 한 명은 이렇게 말했다. "사람들이 뭔가를 부탁할 때 그 사람들이 저를 압박하는 게 아니라는 사실을 알았어요. 그저 부탁하는 거더라고요. 제가 그 부탁을 들어주지 못할 수도 있다는 걸 사람들도 알고 그런 상황을 받아들이죠. 저는 뭔가를 부탁할 때면 으레 목숨이 오가는 상황처럼 여기곤 했어요. 하지만 이제는 전혀 그렇지 않다는 걸 알 수 있어요."

여러 이점에도 불구하고 실제로 '아니요'라고 말하면 고통을 일으킬 수 있다. 하지만 우리는 사람들이 고통을 느끼지 않길 바란다. 우리 모두에게는 언젠가 거절을 당했을 때 느꼈던 끔찍한 기억들이 있다. 그만큼 거절은 고통스럽다. 그저 은유적인 표현이 아니라 실재하는 고통이다. 나오미 아이젠버거Naomi Eisenberger는 사람들이 거절하는 행위를 신체적 고통처럼 처리한다고 생각했다. 그래서 사람들이 어떤 상황에서 배제됐을 때 각자의 머릿속에서 어떤 일이 벌어지는지를 보기 위해 약간 짓궂은 실험을 했다.[7] 실험 참가자는 기능적 자기공명영상fMRI 장치라는 긴 튜브 안에 누워서 다른 두 참가자와 간단한 공 받기 비디오 게임을 해야 한다(다른 두 참가자는 실제로 아이젠버거 연구팀의 일원이라고 짐작한다).

일단 우호적인 분위기에서 3인 공 받기 게임이 마무리되자 다른 두 참가자가 피실험자에게 더는 공을 던지지 않고 자기들끼리만 공을 던졌다. 피실험자는 다시 이 게임에 끼어들고자 애써 보지만 아무 소용이 없다. 피실험자는 대체 무슨 일이 벌어지고 있는지 의아해한다. '왜 내가 게임에서 제외된 걸까?' 이런 일이 벌어지는 동안 기능적 자기공명 영상 기록장치에는 피실험자의 뇌가 실험 중에 느끼는 감정을 신체적 고통이 등록되는 영역과 똑같은 영역, 즉 전측 대상회피질anterior cingulate cortex과 오른쪽 복측 전전두피질right ventral prefrontal cortex에 등록하고 있다는 결과가 나타난다. 우리의 두뇌는 게임에서 배제되면 말 그대로 뺨을 한 대 맞은 것처럼 느낀다. 즉 거절은 코르티솔cortisol(부신피질에서 생성되는 호르몬으로 혈당을 높이고, 면역 시스템을 저하하며, 탄수화물과 단백질 및 지방의 대사를 돕는다.─옮긴이) 수준과 맥박 그리고 혈압의 급격한 상승 같은 신경생물학적 스트레스 반응을 만들어 내는 가장 쉽고도 믿을 만한 방법이다.

우리 몸은 신체적 위험처럼 거절에 반응한다. 과거에 거절이 곧 우리 인간 종을 신체적 위험에 치히도록 만들었기 때문이다. 초기 호모 사피엔스에게는 부족에서 추방당하는 일이 죽는 것과 다르지 않았기에 어떤 대가를 치르더라도 거절만은 피해야 했다. 다른 사람을 친절하게 대하는 법을 배우는 일은 뇌의 가장 강력하고도 잊히지 않는 도구인 고통을 통해 강화되는 생존 메커니즘이다. 임박한 재난을 알리는 강력한 사전 경고를 통해 사태가 선을 넘기 전에 바로잡는 조치를 실행할 수 있듯이 말이다.

하지만 근육에 스트레스를 줘서 힘을 키우듯 우리는 거절을 마주하는 과정에서 용기를 기를 수 있다. 나는 대학생 시절 여름철 아르바이트로 까다롭기로 소문난 방문판매 일자리를 택했다. 나는 콜로라도주 덴버 교외 지역에서 드라이클리닝 쿠폰을 판매하는 스튜던트 그룹Student Group 이라는 작은 기업에서 일했다. 회사를 운영하는 중년 외판원 잭은 자기

밴에 우리를 태워 여기저기 돌아다니다가 하이파이브 한 번 하고 우리를 내려 줬다. 몇 시간 후에 잭은 우리를 다시 모아서 사전에 정해 둔 집결 장소로 데려왔다. 우리 목표는 해가 지기 전까지 되도록 많은 문을 두드리는 것이었다.

현장 첫날 전날밤에는 도저히 잠을 이룰 수 없었다. 나는 인생을 살면서 결코 나 자신을 수줍음이 많은 사람이라고 생각하지 않았다. 그러나 막상 생판 모르는 사람의 집 문을 두드리고 돈을 요구해야 한다고 생각하니 너무 두려웠다. 잭은 내게 한 시간에 판촉 열 건을 해야 한다고 말했다. "가능한 한 많이 팔라고!" 반면 내가 세운 개인 판매 목표는 겸손했다. 부끄럽고 창피하다고 죽지는 않는다.

밴이 나를 내려 주고 떠나자 나는 첫 번째 현관까지 뚜벅뚜벅 걸어 올라가 문을 두드렸다. 뒷머리를 하나로 묶은 친근한 인상의 부인이 문을 열어 줬다. 나는 "안녕하세요?"라고 인사하며 잭이 내게 가르쳐 준 영업용 대사를 풀어 놓기 시작했다. "저는 조이라고 해요. 스튜던트 그룹 소속이고요. 저희는 학생 모임으로 대학교 등록금에 충당할 돈을 모금하고 있어요." 내가 쿠폰북에 관해 이야기하는 동안 부인은 정중하게 내 말을 들어줬고 다 듣고 나서는 "아니요, 괜찮아요."라고 말했다. 그 부인은 정말로 세탁소를 이용하지 않았기 때문이다. 잭은 거절을 당하면 우리 대학 기금에 기부를 요청하는 식으로 응대하라고 지시했다. 부인은 저녁을 준비하러 가 봐야 한다며 정중히 거절했다. 이윽고 부인이 문을 닫았다.

나는 잠시 현관 앞에 서 있다가 숨을 깊이 들이쉬었다. 나는 방금 생판 모르는 낯선 사람에게 돈을 요구했고 '아니요'라는 말을 들었으며 내면전에서 그 부인이 문을 닫는 모습을 지켜봤다. 그게 다였다. 다음 집을 향해 걸어가다가 안도감이 밀려오는 것을 느꼈다. '나는 죽지 않았다. 성공이다!' 게다가 대화 자체는 따뜻하고 무례하지 않았다. 심지어 즐겁기까지 했다. 나는 내가 가진 가장 큰 두려움 가운데 하나와 마주했고 살아남아서 웃고 있었다. 이제 나도 방문판매 거절 클럽의 정회원이 됐지만 패배자라는 생각보다는 자신감이 차오르는 것을 느꼈다. 심지어 그날 밤 나는 몇 건의 판매를 성사시켰고 어느 정도 주머니를 채울 만큼의 현금을 쉽게 벌 수 있었다.

방문판매에서 살아남은 경험은 내게 가장 큰 가르침 하나를 선물했다. 그 가르침 하나를 이제는 학생들이 내 강의에서 얻어가고 있다. '아니요'라고 말해도 죽지 않는다. '아니요'라는 말을 들을까 두려워하는 마음을 내려놓으면 뭔가를 부탁할 수 있는 자유를 얻는다. 이 가르침을 내면화하면서 나는 더욱더 다양한 상황에서 상대에게 부탁했고 내가 불편함을 느끼지 않는 영역을 넓혀 나갔다. 선거운동을 위해 문을 두드리기도 했다. 자선단체 후원을 위해 생면부지의 사람들에게 전화를 돌리기도 했다. 심지어는 매력적인 사람에게 다가가 말을 걸고 데이트를 신청하기도 했다. 모든 활동에서 부정적인 반응이 일반적이었다. 하지만 크게 잃을 게 없는 상황에서 '아니요'라는 말을 듣는 훈련을 하다 보니 더 중요한 부탁을 해야 할 순간이 왔을 때 훨씬 더 편안한 마음을 가질 수 있었다. 작은 거절은 온몸을 마비시키는 거절의 두려움에 대비한 예방접종이 될 수 있다.

지아 장Jia Jiang이 듀크대학교에서 MBA 과정을 졸업했을 때 장은 기업가가 되고 싶었다. 하지만 우리 대부분이 그렇듯이 그 역시 '아니요'

라는 말을 듣기 두려워 머뭇거리고 있었다. 이런 두려움을 정면으로 마주하고자 그는 100일 거절 요법100 Days of Rejection Therapy이라는 이름의 영상 블로그를 시작했다. 그는 매일 생면부지의 낯선 사람에게 다가가 말을 걸고 그 자리에서 약간 정신 나간 부탁을 하면 어떤 일이 벌어지는지를 영상으로 기록했다. 가령 코스트코에서 구내 방송하기, 애버크롬비 앤 피치 매장에서 살아 있는 마네킹 되기, 동물보호협회인 휴메인 소사이어티Humane Society에서 강아지 한 마리 빌리기 등이다. 나는 그가 거절당하는 영상을 너무나 좋아해서 내가 가르치는 학생들에게 장의 거절 영상을 그대로 따라 해보라고 말한다. 거절을 당했을 때 그는 그 순간을 견뎌 내기도 하고 상처를 받기도 하지만 가장 곤란한 상황에서도 기쁨과 장난기가 나타날 수 있음을 증명했다.

내가 가장 좋아하는 거절당하기 시도는 텍사스주 오스틴의 한 크리스피 크림 도넛 매장에서 벌어졌다. 그는 매장에 걸어 들어가 거절당할 마음의 준비를 하고서는 올림픽 상징인 오륜 모양 도넛을 주문했다.[8] 계산대에 서 있던 금발 여성이 안경을 추어올리면서 이렇게 물었다. "언제까지 필요하죠?"

"음, 15분 후에요." 그는 거절을 당하려고 정말 애를 쓰고 있었다. 하지만 재키라는 이름의 크리스피 크림 직원은 그에게 왜 그 요구가 불가능한지를 말해 주기보다 그 요구를 들어줄 방법을 생각해 내려고 애쓰기 시작했다. "오륜기 색깔이 어떻게 되는지 다시 한번 말씀해 주시겠어요?" 15분 후 재키는 장에게 아주 특별한 도넛 창작물을 내놓았다. 손으로 잘라낸 한 무리의 도넛은 오륜기와 적당히 닮은꼴이었다. 장이 지갑을 꺼내 돈을 내려고 하자 재키는 이렇게 말했다. "이건 제가 쏠게요."

아무리 내가 이런 상황을 여러 차례 봤다고 해도 생판 낯선 타인의 부탁에 어떤 노고도 마다하지 않는 모습은 여전히 놀랍다. 장은 정신 나간 부탁을 하면서도 자신의 부탁이 이뤄지기 힘들고 정해진 방침에 맞서기 어렵다는 문제에 사로잡혀 있었다. 재키는 아니라고 말할 수 있었지만 (회사가 만들지도 않는 오륜기 모양의 도넛을 요구할 권리는 그 누구에게도 없다) 이 도전을 즐겁게 받아들였다.

장의 챌린지가 마음에 든다면 이를 따라 해봐도 좋고 아니면 자신만의 챌린지를 만들어도 좋다. 때로는 아무리 애를 써도 기대 이상으로 자주 거절당하는 데 실패할 것이다. 하지만 이렇게 실패를 하다 보면 점점 더 자신에게 실패를 다룰 능력이 있음을 알게 된다. 우리에게는 일종의 스트레스 면역 체계가 있고[9] 심각한 해를 입지 않은 채 반복적으로 두려움을 대면하면 스트레스에 대비한 예방접종이 될 수 있다.

한 연구에서는 포식동물에게 노출된 개활지처럼 보이도록 만든 커다란 상자에 쥐들을 넣어 실험을 했다. 먼저 쥐들은 자신의 장(腸)에 대한 통제력을 상실하며 공포에 온몸이 얼어붙어 스트레스 호르몬이 마구 샘솟는다. 쥐들은 몸을 움직일 수 있어도 그저 벽면을 따라 살금살금 움직인다. 하지만 매일같이 상자 속에 집어넣어 두면 쥐들은 이내 스트레스에 길들여진다. 몸이 얼어붙거나 배변하는 행동을 더 이상 하지 않고 상자 한가운데 새 장난감을 넣어 주면 다가와서 장난감을 확인해 보기도 한다. 쥐들의 신체는 여전히 스트레스 호르몬을 분비하고 있지만 스트레스 자체는 관리 가능한 수준에 머문다.

스카이다이빙도 똑같다. 뛰어내리기 전에 초보 스카이다이버는 두려움에 사로잡히고 스트레스 호르몬을 분출한다. 앞서 알렉스가 내 관심을 돌려 작은 발걸음에 초점을 맞추기 전 분명히 내 스트레스 호르몬은 급등했다. 하지만 강하를 세 번만 하면 스카이다이버의 스트레스 호르몬 수준은 교통체증에 걸려 있을 때의 스트레스 수준에도 미치지 못한다. 엘리트 운동선수들처럼 이른바 강화된 개인을 대상으로 한 여러 연구에서도 비슷한 현상을 볼 수 있다. 이들의 신체가 스트레스 호르몬을 한 차례 강하게 분비하고 나면 이들은 스트레스 요인에 적응한다. 물론 호르몬 분비가 강하고 빠르게 이뤄지지만 사라질 때도 마찬가지로 빠르게 사라진다. 연구 결과는 주식 거래처럼 스트레스를 많이 받는 직군에서 일하는 사람들이 어떻게 매일같이 계속해서 자기 일로 되돌아가는지를 설명할 때도 적용된다. 속이 뒤틀릴 정도로 시장이 급락하는 날도 그저 직장에서의 또 다른 하루가 펼쳐질 뿐이다.

우리가 '아니요'를 인간 관계에 대한 거절로 받아들이면 '아니요'는 듣기 고통스럽고 말하기도 어렵다. "인간적으로 넌 아니야. 영원히." 같은 말을 하고 싶은 사람은 거의 없고 이런 말을 듣고 싶은 사람도 분명 없다. 영향력 행사에 익숙한 사람들은 대부분 다른 말을 듣지 않는 한 '아니요'를 그저 "이것에 대해서 지금은 아니요."라고 들어야 한다는 사실을 알고 있다. 성공적인 영업직원들은 '아니요'라는 말을 듣고 나서도 예닐곱 번 정도 다시 연락할 것이다.[10] 이 말을 듣고 "그렇게까지 비굴해지고 싶진 않아!"라고 말할지도 모르겠다. 그들이 정말 비굴했다면 성공하지 못했을 것이다. 당신이 만났던 비굴한 영업직원들은 누구에게도 기꺼이 예닐곱 번씩 이야기하려 들지 않았을 것이다.

최고의 영업직원은 인맥 구축의 달인들이다. 고객들은 계속해서 그들과 사업하길 바란다. 당신이 '아니요'라고 말하면 그들은 나중에 다시 연락해도 좋을지 허락을 구한다. 당신이 그들의 요청에 '아니요'라고 말하면 그들은 당신에게 더는 폐를 끼치지 않을 것이다. 그들은 존중의 마음을 담아 당신을 대하는 사람들이다. 당신이 이번에는 '그래요'라고 말하는 일이 온당치 않지만 그래도 당신이 기꺼운 마음으로 교류하고 싶어지는 사람들이다. 달인의 경지에 이른 영업직원과의 교류는 일이라고 느껴지지 않는다. 이런 교류는 그냥 가까운 친구 사이의 대화처럼 느껴진다. 그리고 실제로 그렇다.

나를 지아 장과 연결해 준 사람은 데이비스 응우옌Davis Nguyen이라는 이름의 학부생이었다. 그는 말수가 적고 친절한 사람이었다. 또 가진 게 없다는 것이 어떤 느낌인지를 잘 알고 있었기에 영향력을 아주 진지하게 받아들였다. 그는 자기 어머니가 말도 통하지 않는 나라에서 음식을 구걸하는 모습을 지켜보고는 장차 부자가 돼서 가족을 부양하겠다고 결심했다. 더불어 재미는 있지만 우스꽝스러운 부탁을 해서 거절당하기를 연습하기보다 자신의 큰 꿈을 좇아서 거절을 당하겠다고 마음먹었다.

응우옌은 자신이 영웅으로 생각하는 사람 가운데 매일 다른 사람을 골라 그 사람에게 연락하는 일에 도전했다. 그는 그들의 일에서 스스로 높이 평가하는 점을 이야기하면서 이렇게 물었다. "도와드릴까요?" 그는 사람들이 이렇게 말하리라 예상했다. "당신, 정말 짜증스러운 사람이네요. 부탁인데 이메일 좀 그만 보내요." 하지만 아무도 그렇게 답하지 않았다. 지아 장은 자신의 블로그에 초대 손님 자격으로 글을 올리면 어떻겠냐는 응우옌의 제안을 받아들였다. 또 다른 한 작가도 응우옌의 초청에 '그래요'라고 답했다.

사람들은 대부분 전혀 반응을 보이지 않거나 아니면 정중하게 "아니요, 괜찮습니다."라고 대답했다. 응우옌은 거절당하는 일이 점점 더 편해졌다. 하지만 그가 존경하는 사람 가운데 한 명인 수전 케인Susan Cain에게 연락할 때는 지나칠 정도로 걱정을 많이 했다. 케인은 내향성의 힘을 다룬 책《콰이어트》를 써서 장장 7년 동안 〈뉴욕 타임스〉 베스트셀러 목록에 이름을 올리고 가장 많은 조회수를 기록한 TED 강연자가 되고 나서도 여전히 소탈하고 겸손했다.[11] 진정한 역할 모델이었다.

케인이 내향적인 사람들을 대상으로 사람들 앞에서 말하기 온라인 과정을 개발할 생각이라는 소식을 듣고 응우옌은 때가 왔다고 판단했다. 성사될 가능성은 말도 안 되게 적었다. 하지만 그는 혼자서 '순둥이들을 위한 말하기'Speak for the Meeks라는 대중 앞에서 말하기 워크숍을 개발했고 어쩌면 케인이 그 자신에게 도움을 구할 수도 있었다. 응우옌은 케인에게 연락해 그녀가 개발하는 과정의 큰 틀을 세우고 개발하고 홍보하는 등 진행에 필요한 것이라면 무엇이든 돈을 받지 않고 도움을 주겠다고 제안했다.

대답을 듣기까지는 한 달이 걸렸다. 응우옌은 장시간 통화 후 한 차례 케인을 방문했다. 케인은 그해 여름 동안 응우옌을 자원봉사 인턴으로 채용하는 데 동의했다. 응우옌은 그 일에 자신을 던졌고 부자가 됐다. 그해 여름이 끝나갈 무렵 케인은 응우옌이 그간 해왔던 일의 대가를 지급해 그를 놀라게 했다. 또 그에게 다음 여름에도 다시 돌아와 달라고 부탁했다. 두 사람의 협업은 계속됐고 케인은 자신의 팟캐스트 첫 회에서 응우옌을 인터뷰하기도 했다.

케인은 응우옌의 멘토가 됐고 그에게 졸업 후 정직원으로서 자신과 함께 일하자고 제안했다. 꿈이 이뤄졌다. 응우옌은 케인을 좋아하고 그녀와 함께 일하는 것도 좋아한다. 하지만 응우옌이 무슨 말을 했는지 아는가? "아니요, 괜찮습니다." 응우옌에게는 꿈꾸던 일자리 제안이 또 하나 있었다. 케인은 응우옌에게 그 제안을 받아들이라고 격려해 줬다. 그리고 두 사람은 여전히 가까운 친구 사이다.

24시간 '아니요' 챌린지나 거절당하려고 애쓰기에 '아니요'라고 말하고 싶은 마음이 들지도 모른다. 그것도 분명 괜찮다. 이 책에 담긴 아이디어 중 무엇이라도 괜찮으니 '아니요'라고 말하라. 당신이 당신의 주인이다. 어쩌면 너 어려운 도전이 필요할 수도 있다. 당신의 자유에는 훨씬 더 크고 더 주도적인 '아니요'가 필요할지도 모르겠다. 전에 했던 약속에 '아니요'라고 말하거나 전에 했던 어떤 승낙에 '아니요'라고 말해야 할 수도 있다. 기억하라. 마음을 바꿔도 좋고 지금까지 틀렸어도 좋다. '내 말이 내 보증수표'라는 말이 족쇄가 돼 당신이 지루하게 노력을 해야 하고 우울해진다면 이 말을 믿을 필요가 없다. 어쩌면 당신은 활력을 빨아먹는 존재, 즉 일이나 관계 그리고 지키기에 너무 피곤한 비밀 따위에 '아니요'라고 말해야 할지도 모른다. 어쩌면 당신은 한 조각의 죄책감이나 수치심, 정의에 '아니요'라고 말할 수도 있다. 또 어쩌면 당신은 사회 규범이나 자신만의 훌륭한 생각에서 벗어날 수도 있다. 어떤 아이디어 하나가 당신에게 떠올랐다고 해서 반드시 대학교에 진학해 아이디어를 실행해야 할 의무도 없다. 당신이 '아니요'라고 말할 때 당신은 자신의 삶을 살아가는 방법을 결정하는 인간의 근본적인 권리를 강력히 주장하는 것이다.

처음 보는 변화의 연금술은 당신을 움직이게 만든다. 상대방의 어떤 부탁에 '아니요'라고 말하면 당신은 더욱 순순히 그 말을 들을 수 있다. 실제로 그런 일이 일어나면 어려운 형편이 빚어낸 날카로움이나 거절을 당할까 하는 두려움이 사라진다. 그러고 나면 상대방의 부탁은 편안한 초대가 된다. 이제 당신이 무언가를 상대방에게 부탁하면 그들은 더욱 쉽게 '그래요'라고 말할 것이다. 당신이 자신의 한계를 명확히 확인하고 마음 편하게 기준을 세우면 자신감을 전하고 신뢰감을 얻을 수 있다. 이제 당신과 관련된 모든 당사자가 더 편안하고 더 자유롭고 더 열린 마음으로 서로의 영향력이 이익이 된다고 느낄 것이다.

# 그냥 부탁하세요

나는 워크숍을 시작하면서 지갑에서 20달러짜리 지폐 한 장을 꺼내 든다.

"이 시간에는 여러분에게 20달러를 그냥 드리려고 해요. 제가 20달러를 주도록 저를 설득해 보실 분이 있나요? 진짜 돈이고 실제 상황이에요." 여기저기서 웃음이 나지막이 터져 나오더니 한 지원자가 손을 든다. 나는 그쪽으로 걸어가서 기다린다.

지원자는 어색한 웃음을 띠고선 가벼운 이야기를 몇 마디 한다. 그러고 나서는 왜 자신이 20달러를 가져야 하는지 설명한다. 그는 휴대전화 충전기가 필요하고, 유니세프UNICEF에 기부할 예정이고, 내게 꽃을 사줄 생각이란다.

(만약 내가 지원자에게 대답을 한다면) "그러시리라 믿어요."라고 대답한다. 그리고 우리는 기다린다. 지금 지원자는 무엇을 해야 할지 확신하지 못한다. 그는 나를 설득하려 애쓰지만 나는 여전히 돈을 쥐고 있다. 결

국 나는 다른 참석자에게로 몸을 돌린다. "이분이 아직 하지 않은 게 뭘까요?"

"부탁하지 않았어요."

지원자들은 상대방에게 부탁하지도 않았으면서 자신이 얼마나 자주 돈을 달라고 했는지를 생각하면 놀랄지도 모르겠다. 그리고 나는 지원자들이 마침내 "제게 20달러를 주시겠어요?"라거나 "그 돈을 제가 가져도 될까요?"라고 말할 때까지 돈을 건네지 않는다.

자신이 더 영향력 있는 존재가 되고자 할 때 '아니요'라고 말하는 것과 더불어 할 수 있는 가장 쉬운 일은 그냥 부탁하는 것이다. 더 자주 부탁하고, 더 직설적으로 부탁하고, 더 많은 것을 부탁하라. 자신이 원하는 것을 부탁하는 사람들이 더 좋은 성적,[1] 더 큰 연봉 인상과 승진, 더 큰 취업 기회[2] 그리고 심지어 더 큰 성적 극치감을 얻는다.[3] 이는 너무 뻔한 사실일지도 모르겠지만 너무나 많은 사람이 모르는 사실이기도 하다.

사람들은 대부분 더 자주 부탁하기를 시작하고 나서야 자신들이 얼마나 부탁을 하지 않고 지내는지를 깨닫는다. MBA 과정이 끝나고 학생들과 모여 그동안 배운 내용 중에서 가장 큰 가르침이 무엇이었는지 이야기를 나눠 보면 '그냥 부탁하세요'Just ask가 가장 흔하게 나온다. 완전한 깨달음은 실천에서 나온다. 어떻게 부탁할지 확실히 모르겠다면 그냥 다른 사람에게 진지하게 부탁하라. 사람들에게 영향력을 미치는 방법을 물으면 사람들은 대체로 이 방법을 알려 줄 것이다. 정말 간단하고도 놀라운 기술이다.

우리 대부분이 부탁하기를 꺼리는 까닭은 우리가 근본적으로 부탁의 심리학을 오해하고 우리가 성공할 가능성을 과소평가하는 탓이다. 일련의 실험에서 직원들은 마감 시간 연장을 요청하기보다 일을 대강 마무리할 가능성이 더 컸다. 연장 근무를 요청하면 관리자들이 자신을 무능하다고 생각할까 두려웠기 때문이다. 하지만 관리자들은 거꾸로 생각했다. 그들은 마감 연장 요청을 능력과 동기부여를 보여 주는 청신호로 여겼다.[4]

또 다른 일련의 실험에서 프랭크 플린Frank Flynn과 버네사 본스Vanessa Bohns는 실험 참가자들에게 낯선 사람에게 다가가서 이러저러한 부탁을 해보라고 지시했다. 10페이지 분량의 설문지를 작성하는 일에서부터 캠퍼스 반대편에 있어 찾기 힘든 건물까지 자기들을 데려다 주는 일까지 어떤 것이라도 괜찮았다. 더불어 사람들에게 부탁하기에 앞서 몇 사람을 거쳐야 '그래요'라는 소리를 들을 수 있을지 예측해 달라고 요청했다. 놀랍게도 그들은 낯선 사람들이 기꺼이 도움을 주려 했다는 사실을 깨달았다. 평균적으로 낯선 사람들이 도움을 베풀 가능성은 실험 참가자들이 기대했던 것보다 두 배에서 세 배나 컸다.[5]

크리스피 크림 매장에서 거절 요법을 실험한 지아 장처럼 부탁하는 사람은 상대방이 '그래요'라고 답하면 곤란해질 거라고 생각하는 경향이 있다. 하지만 부탁을 받는 사람들은 '아니요'라고 말하기가 얼마나 어려운지에 집중하는 경향이 있다. 부탁하는 사람은 도움을 베푸는 행동의 비용에 초점을 맞춤으로써 자신의 행동에 뒤따르는 잠재적 이익을 간과한다. 신경과학자들은 너그러움이 뇌의 보상회로reward circuitry를 자극해[6] 헬퍼스 하이a helper's high(남을 도우면 느끼게 되는 기분이 최고조에 이른 상태를 의미하는 정신의학 용어—옮긴이)가 주는 도파민 급등 현상을 유발할 수 있음을 발견했다. 우리가 이미 알고 있는 느낌이다. 우리가 누군가를 거들어 주면 그들은 고마워하고 우리는 뿌듯한 기분을 느낀다. 여러 연구가 보여 주는 바에 따르면 자발적 참여자가 비자발적 참여자보다 더 행복하고 건강하다.[7] 또한 사람들은 자기 자신보다 다른 사람에게 돈 쓰는 것을 더 기분 좋게 느끼는 경향이 있다.[8]

너그러움과 행복의 연계는 마음속 깊은 곳에서 흐르고 어릴 때부터 시작된다. 한 실험에서 연구자들은 금붕어 과자를 받거나 과자를 나눠 준 어린아이들 사이에서 나타나는 기쁨의 표현을 기록으로 남겼다. 아이들은 맛있는 과자를 받고 즐거워했고, 연구자가 주는 금붕어 과자를 친구들에게 건넬 때 훨씬 더 행복해했다. 무엇보다 가장 크게 기뻐했던 순간은 자기 몫의 금붕어 과자를 나눠줄 때였다.[9] 우리는 이러한 너그러움의 이익을 당연시할 수 없다. 그 이익이 항상 비용을 능가하는 것도 아니다. 하지만 그 이익이 충분히 구체적이어서 우리가 부탁하지 않으면 우리만의 기쁨이 아니라 이 세상 전체의 잠재적 기쁨을 제한하는 셈이다. 누군가의 호감을 얻고 싶어서 부탁하기를 망설인다면 상대가 당신에게 '그래요'라고 말하면서 좋은 기분을 느낄 기회를 주지 않고 있다는 사실을 생각하라. 게다가 당신이 생각하는 것보다 더 많은 사람이 '그래요'라고 말하고 싶어 한다는 사실을 생각하라.

20달러짜리 지폐의 사례로 살펴봤듯이 더 직설적으로 부탁해야 할 때도 있다. 때로는 우리가 부탁이라고 생각하는 것이 사실 힌트를 주는 것에 더 가깝기 때문이다. 직설적인 정도를 판단하는 규범은 젠더나 업종이나 문화에 따라 다양하며 관계의 친밀도를 판단하는 기준은 상황의 역학관계에 좌우된다. 불쑥 끼어들어 너무 직설적으로 부탁한다면 무례한 사람 취급을 받을 수 있다. 하지만 너무 돌려 말하면 당신의 바람이나 꿈을 그냥 지나치게 된다. 상대방의 마음을 읽을 수 있는 사람은 없다. 사실상 상대방의 마음을 읽을 시도조차 하지 않는다. 사람들의 마음은 대체로 자신의 바람과 꿈에 초점이 맞춰져 있다.

그렇다면 얼마나 직설적이어야 할까? 우선은 약간 직설적으로 부탁하는 데에서 시작한다. 상대방이 반응하지 않는다면 조금 더 직설적으로 말할 수 있다. 아니면 "…를 어떻게 생각하세요?"처럼 내가 '부드러운 부탁'soft ask이라고 부르는 가설적 질문을 사용할 수도 있다. 제6장에서 상세히 살펴보겠지만 다른 사람이 스스로 어떻게 느끼는지를 당신에게 이야기한 다음에야 당신은 부탁을 계속해도 좋을지를 알게 된다.

십중팔구 당신은 '충분히' 부탁하지도 않을 것이다. 정말 '터무니없는 부탁'을 해 보면 어떨까? 당신은 다른 누군가가 무엇을 터무니없다고 생각하는지를 선혀 모를 뿐만 아니라, 알고 보니 그 대답이 '아니요'인데도 터무니없는 부탁이 당신에게 유리하게 풀려 나갈 수 있다.[10]

저명한 대인간 영향력 연구자 가운데 한 사람인 로버트 치알디니는 1975년에 '동물원에 간 소년범' 연구로 알려진 한 가지 실험을 진행했다.[11] 치알디니의 연구 조교들이 애리조나주립대학교 캠퍼스 행인들에게 다가가 시의 소년범 프로그램에 속한 아이들이 두 시간 동안 동물원을 방문할 예정인데 아이들을 인솔하는 자원봉사 의향이 있는지 물었다. 질문을 받은 사람들 가운데 17퍼센트가 그 자리에서 동의했다(나는 이들이 얼마나 선한 사람들인지 늘 놀라곤 한다). 연구 조교들은 다른 행인들에게 최소 2년 동안 일주일에 두 시간씩 소년범 센터에서 자원봉사를 해줄 수 있냐는 터무니없는 요청을 했다. 그러자 한 사람도 빠짐없이 모두 거절했다. 그러고 나서 다시 그들에게 동물원 방문을 인솔해 줄지 물

었다. 처음에 터무니없는 부탁을 받았던 사람들이 동물원 방문 인솔에 '그래요'라고 대답할 가능성은 단순히 두 시간짜리 동물원 방문 인솔에 관한 질문만을 받았던 사람보다 세 배 높았다.[*]

사람들이 큰 부탁에 '아니요'라고 말한 다음 작은 부탁에 '그래요'라고 답할 가능성이 크다는 사실에는 '상대적 크기'와 '호혜성'이라는 두 가지 이유가 연관돼 있다. 10대 문제아 집단을 인솔하면서 동물원을 찾는 일이 상당히 진지하게 신경 써야 하는 일이기는 하지만 앞으로 2년 동안 이들과 일주일에 두 시간을 함께 보내는 일과 비교하면 아무것도 아니다. 이것은 상대적 크기에 관한 문제다. 당신이 터무니없는 부탁을

---

[*]  2020년에 올리버 겐쇼Oliver Genschow가 쾰른대학교University of Cologne에서 동물원에 간 소년법 연구를 그대로 다시 수행해 비슷한 결과를 얻었다. 하지만 이번 실험에서는 2년간 자원봉사를 해달라는 터무니없는 부탁에 사람들의 9퍼센트가 '예'라고 답했고 다시 한번 사람들이 엄청나게 선하다는 사실을 확인해 줬다.

거둬들이고 더 작은 무언가로 옮겨 가면 상대방은 당신의 반응을 보고 당신이 양보한 것으로 여기면서 이를 되갚고 싶어 한다. 협상을 다룬 연구들에서는 사람들이 상대방에게서 양보를 얻어 내면 더 기분이 좋아진다는 사실을 밝혀냈다. 사람들은 양보한 당신을 더 좋아하고 협상에서 양보를 얻어 낸 자신들을 보며 더 좋은 기분을 느낀다.

당신이 묻지 않으면 사람들이 무엇에 동의해 줄지 전혀 알지 못한다. 당신은 상대방에게 양보할 여지를 만들려고 엄청난 부탁을 할 수 있지만 결국 다른 사람이 '그래요'라고 말하는 모습을 볼 뿐이다. 내가 가르치는 학생들도 거절을 당하려고 애썼지만 자신이 생각했던 시간에서 약 3분의 1도 안 되는 시간 만에 자신들이 부탁한 것을 얻었다.

당신이 누구에게 부탁할지를 결정해야 한다면 남성에게 부탁하라. 우리는 여성에게 부탁하거나 도움을 청하기가 더 쉽기 때문에[12] 여성은 당연히 여기고 남성은 과소평가한다. 샤킬 오닐Shaquille O'Neal은 뭔가를 후하게 주기로 유명하다. 오닐은 지미 키멀Jimmy Kimmel(미국의 코미디언이자 ABC의 간판 진행자—옮긴이)에게 이렇게 말했다. "식당에 가면 팁을 후하게 주는 편이죠. 사람들에게 내가 감사해한다는 걸 보여 주고 싶거든요. 그래서 직원들이 제 테이블에 다가오면 이렇게 말하죠. '내가 주문한 음식이 빨리 나오면 그만큼 당신 팁이 커질 거예요.' 그러고 나서 우리가 떠날 준비를 마치면 직원들에게 묻죠. '얼마를 원해요?'"

식당 직원이 요구했던 금액 중에서 가장 큰 액수는 얼마였을까? 4천 달러였다. 오닐이 직원의 대답에 뭐라고 말했을까? "좋아요, 문제없어요."

# 제4장

# 카리스마의
# 유별난 특징

## 카리스마의 쌍둥이 역설

사람들에게 어떤 영향력 기술을 키우고 싶은지 물어보면 가장 흔한 대답은 단연코 카리스마다. 이 말을 정의해 달라고 부탁하면 사람들이 당신을 주목한다는 의미라거나 당신의 존재감이 크다는 의미라고들 이야기한다. 하지만 우리는 왜 카리스마 넘치는 사람들에게 주목할까? 그들이 대체 뭘 하길래 그런 걸까? 사전에 실린 카리스마의 정의는 '다른 사람의 헌신을 불러일으킬 만큼 사람을 휘어잡는 흡인력 또는 매력'이지만 영향력을 위한 도구로 보자면 이 정의는 너무도 모호하다. 그렇다. 카리스마는 사람들이 당신에게 주목하도록 만든다. 하지만 어떤 식으로 주목을 받아도 괜찮다는 말은 아니다. 우리는 속옷 바람으로 사무실을 뛰어 지나가는 사내에게 카리스마 있다고 말하진 않는다. 기를 쓰고 자신에게 관심을 집중시키려는 사람들은 그냥 짜증만 불러일으킬 뿐이다.

### 카리스마 있는 존재가 되려고 애쓰면 역효과가 따른다

우리 대부분은 관심을 받고자 많은 시간을 할애하거나 의식적으로 애쓰지 않는다. 하지만 자신에게 집중하다 보면 무의식적으로 카리스마에 반하는 함정에 빠지게 된다. 잠시만 내 말에 맞장구를 쳐주고 연습을 해보라.

다음 각 행에서 어느 집단이 '나'라는 말을 더 자주 쓸지 추측해 보라.

지도자, 아니면 추종자?

나이 든 사람, 아니면 젊은 사람?

부유한 사람, 아니면 가난한 사람?

행복한 사람, 아니면 우울한 사람?

화가 난 사람, 아니면 두려워하는 사람?

좋은 학생, 아니면 나쁜 학생?

남자, 아니면 여자?

공식적이거나 비공식적인 대화와 발언 그리고 이메일과 여타 텍스트들을 분석해 보면 오른쪽에 나열된 집단에 속하는 사람들이 '나'를 비롯한 1인칭 대명사를 더 자주 쓰고 그 빈도도 훨씬 높았다고 한다.[1] 사회심리학자인 제임스 페니베이커James Pennebaker는《단어의 사생활》이라는 유쾌한 제목의 책에서 자신의 연구를 설명하고 있다. 페니베이커는 권력이 적거나 지위가 낮다고 느끼는 사람들이 자기 지시적인 언어를 더 많이 사용한다는 사실을 알아냈다. 때로 이 차이는 실제 현실에 기반을 두기도 한다. 즉 추종자는 지도자에게 명령을 받아야 하고 가난한 사람은 부자보다 강하지 않다. 하지만 더 정확히 말하면 무의식적인 언어의 패턴은 개인이 권력을 가지고 있다는 느낌에서 아니면 그런 느낌이 없다는 데서 비롯된다.

아카데미상 수상 연설을 분석해 보면 배우들이 감독들보다 1인칭 대명사를 더 빈번하게 사용했다.[2] 아카데미상을 받은 배우라면 전혀 지위가 낮지 않지만 감독이 여전히 그들의 상사다. 대명사 사용과 지위 사이의 관계가 영어에만 나타나는 독특한 현상은 아니다. 페니베이커는 하급 이라크 장교가 자기보다 상급의 동료에게 아랍어로 쓴 편지에서도 똑같은 패턴을 발견했다.[3] 권력이나 지위나 행위 능력이 부족하면 '나는', '나를', '내', '내 것' 같은 말을 써서 자신만의 경험에 초점을 맞추는 경향이 있다.

누군가 관심의 초점을 자기에게 맞추고 있다면 이들이 자기도취적이거나 자기를 과장하는 방식으로 말하고 있다고 가정할 수 있다. 하지만 실은 정반대인 경우가 흔하다. 일관되게 자기에게 초점을 맞추는 일은 보통 불안정하다는 느낌에서 일어난다. 자신이 취약하다고 느끼면 어쩔 수 없이 자기 관심을 내면으로 향하도록 할 수밖에 없다. 짐작하건대 당신은 자신이 1인칭 대명사를 빈번하게 사용한다는 사실이 자신의 심리 상태를 보여 주는 실마리라는 점을 모를 것이다.

가령 고통을 겪거나 아프거나 배가 너무 고프거나 추웠던 때처럼 신체적으로 취약했던 때를 돌이켜 보라. 당신의 의식적 관심(판사 뇌)이 자신만의 경험에 집중한 것은 필사적으로 벗어나려는 상황에 자신이 붙잡혀 있었기 때문이다. 당신의 마음은 이렇게 말하고 있었다. '나 좀 도와줘', '나 몸이 안 좋아', '나 팔이 아파.' 자신이 처한 곤란한 상황이 마음의 대부분을 차지해 버리면 자신의 무의식적인(악어 뇌) 대명사 사용에 반영될 수밖에 없다. 이런 자기 초점은 불안과 우울증 같은 감정적 고통에도 적용된다.

페니베이커는 동료 연구자들과 함께 우울증을 앓고 있는 학생들이 쓴 과제물에서 어떤 대명사를 선택하는지를 분석했고[4] 이 학생들이 '나'라는 말을 많이 사용했다는 사실을 알아냈다. 학생들의 자기 지시적 언어는 고정된 성격 특성에서 나타난 것이 아니라 그저 그들의 심리 상태를 반영할 뿐이었다. 물론 이런 심리 상태는 언제든 바뀔 수 있다. 같은 연구에서 페니베이커는 과거에 우울증을 앓았으나 이제는 우울증에서 벗어난 학생들이 '나'라는 말을 더 적게 사용한다는 사실도 밝혀냈다. 자신이 신체적으로나 정서적으로 취약하다고 느낄 때는 자기만의 생각에서 벗어나기 어렵다. 이럴 때면 다른 누군가에게 온전히 마음을 쏟기 어렵고 카리스마를 발휘하기도 어렵다.

1인칭 대명사 외에도 관심의 부메랑, 즉 초점을 우리 자신에게 되돌리는 구실을 하는 단어가 있다. 복종을 통해 관계를 맺으려는 언어의 대표적인 예로 감소어diminisher 역시 같은 구실을 한다. 자신을 낮추는 표현은 개가 몸을 뒤집어 배나 목을 보여 주는 행동과 다를 바 없다. 사람들은 권력이나 지위가 불평등한 상황에서 감소어를 사용하는 경향이 있다. 자신이 낮은 쪽에 있는 상황, 고로 스스로 느끼기에 자신의 안전이나 안녕이 호감을 얻느냐에 달려 있을지 모르는 상황에서 감소어를 더 자주 사용한다. 지위가 더 높은 사람들은 다른 사람들이 자신을 어떻게 생각하는지에 관심을 둘 필요가 없다. 다른 사람의 생각에 신경을 쓰는 사람이 일부 있기도 하지만 단순히 오만하다거나 통제하려 한다는 인상을 심어 주지 않기 위해서일 따름이다.

대화에서 낮추는 말은 어떻게 들릴까? '그냥 궁금해서요', '혹시 ~ 하지 않을까 생각했어요', '바보 같은 질문 하나 해도 될까요?' 그리고 '죄송하지만~.' 사람들은 감소어를 쓸 때도 '나'를 많이 사용한다. 감소어는 '약간', '어느 정도', '~ 인 듯하다', '일반적으로', '다소간', '~ 할 수도 있다'에서 그렇듯이 조심스러움과 분명치 않음을 표현한다. 문장 끝을 올려 말하는 업스피크upspeak에서도 감소어를 들어 봤을 것이다. 이런 복종적이고 친근한 억양은 평서문을 의문문처럼 바꿔 놓는다. '제 말이 무슨 뜻인지 아시지요?'You know what I mean?

사람들이 감소어에서 남발하는 말이 바로 "죄송합니다"이다. 미국 코미디언 에이미 슈머Amy Schumer는 죄송하다는 말을 자주 쓰는 현상을 비꼬려고 촌극 한 편을 만들었다. 모두 여성으로 이뤄진 세계적인 전문가 패널이 있다. 그런데 구성원들이 계속해서 온갖 일에 사과해 대는 바람에 정작 자신들의 작업을 설명하지 못하고 있다. 마이크에서 잡음이 크게 나서 죄송하고, 말하는 도중에 끼어들어서 죄송하고, 헛기침해서 죄송하고, 상대방이 잘못 발음한 자신의 이름을 바로잡아서 죄송하고, 소수에 알레르기가 있어서 생수를 요청하는 유난스런 스타라서 죄송하다고 연신 말한다. 사과 행진은 패널 가운데 한 사람이 상대가 실수로 아주 뜨거운 커피를 쏟는 바람에 자기 다리에 화상을 입었다고 사과하는 데서 끝난다. '죄송합니다' 촌극을 보고 있으면 웃긴 동시에 마음이 불편해진다. 우리 대부분이 그 말을 할 수 있기 때문이다.

자신을 낮춰 말한다고 해서 그 사람을 싫어할 사람은 아무도 없다. 하지만 또 그렇게 말한다고 그 사람을 좋아할 사람 역시 없다. 자신을 낮추는 표현은 부메랑처럼 계속 상대의 관심을 자기에게 곧바로 되돌려 놓는다. 감소어는 듣기에는 거북하고 끼어들기에는 쉽고 아주 흔하디흔하다. 페니베이커는 심지어 언어와 권력 문제에 정통한 자신도 윗사람들에게 이메일을 보낼 때는 자신을 낮추고 있었음을 고백한다.

페니베이커는 텍사스대학교에서 자기와 같은 과에 소속된 몇 사람에게 사무실을 옮겨 달라는 이메일을 보낼 때 자신을 낮추고 있다는 사실을 알아차렸다. 사회적 지위가 더 높은 한 동료 교수에게 사정을 설명하면서 페니베이커는 이렇게 썼다. "저는 이런 사태를 피하려고 애써 왔지만 제가 생각하기에 교수님께서 사무실을 흔쾌히 양보해 주실 수 있을지 제가 여쭤봐야 할 것 같습니다." 한 문장에 들어 있는 세 개의 '저/제'가 발휘하는 낮춤 효과를 느낄 수 있다. 그리고 이렇게 글을 쓰거나 말하는 사람의 이야기에 귀를 기울이기가 얼마나 어려운지를 충분히 이해할 수 있다. 두 사람 사이의 소통에는 추가적인 해독이 필요할 정도다. 페니베이커가 불편해한다는 사실은 확실하게 이해되지만 정작 그가 하고 싶은 말은 무엇일까? 지금 뭔가를 부탁하고 있는 걸까? 아니면 언젠가 뭔가를 부탁할 수도 있다고 말하는 걸까?

사람들은 말하거나 글을 쓸 때뿐만 아니라 들을 때도 역시 자기에게 초점을 맞추는 경향이 있다. 대부분 그렇다. 내 마음은 '내가 언제 그런 걸 경험해 봤지?'에서 '다음에 무슨 말을 하지?'로 급히 옮아가지만 들으려 '애써도' 그다지 큰 도움이 되지 않는다. 내가 더 열심히 애를 쓰면 내 마음은 '내가 듣고 있다는 걸 증명하려면 어떻게 해야 하지?', '저 사람들은 내가 어떻게 대답해 주기를 바라는 걸까?', '내가 공감하고 있다는 사실을 어떻게 보여 주지?' 아니면 '내가 어떻게 도와줄까?'로 급히 옮아간다. 온통 '내가' 천지다.

심지어 동정심이 동기가 된 때조차 '나는 그들에게 내가 좋은 청취자라는 사실을 보여 주고 싶다. 왜냐면 나는 그들에게 마음을 쓰고 있으니까'라는 식으로 생각한다. 여전히 대부분 '나'에 관한 것이다. 코미디언인 민디 케일링Mindy Kaling은 이런 현상으로 재미난 장면을 연출했다. 케일링은 파티에서 누군가를 만나는 일이 어떤 기분인지를 설명하면서 마지못해 그들에게 집중하려고 애쓰는 상황을 이야기한다. "나는 그 사람들이 재미있다고 생각하지 않아요. 이런 상황이 쭉 이어지길 바라지 않고요. 하지만 최악은 그 사람들이 내가 자신들을 따분하다고 생각하고 있다거나 어떻게든 이 대화에서 벗어나고 싶어 한다고 여기는 거죠. … 그러다가 그중 한 사람이 파티를 떠나면서 자기 배우자에게 이렇게 말해요. 민디 케일링이 나한테 너무 집착해. 그런데 사실 그 여자는 나를 붙들고 두 시간 동안 떠들어 댔거든요."

다른 사람의 말을 경청하는 동안 의식적 마음(판사 뇌)은 '그 사람들이 어떤 느낌으로 어떤 생각을 하고 있지?'라고 물을 수 있겠지만 무의식적 마음(악어 뇌)은 '그 사람들이 나에 대해서 어떤 느낌으로 어떤 생각을 하고 있지?'라고 물을 수 있다. 이렇게 곤란한 상황을 뛰어넘으려면 깊이 경청하는 법 몇 가지를 살펴야 한다. 이에 대해서는 제6장과 제6과½장에서 더 많은 내용을 살펴볼 것이다.

자신의 어휘에서 낮춤 표현을 줄이고 싶다면 낮춤 표현 대부분은 건너뛸 수 있다는 사실을 명심하라. 그냥 말하라. 페니베이커는 똑같은 사

| 낮추는 말 | "내가 틀렸을 수도 있지만…"<br>"조금 … 같기도 하고"<br>"이건 그냥 아이디어일 뿐이야." |
|---|---|
| 문제 | 사실이나 미래에 대한 불확실성이라면 괜찮지만 자신을 표현하는 방식이 불확실하면 사람들이 무시한다. 당신은 항상 틀릴 수 있고 사람들은 그 사실을 이미 알고 있다. |
| 해결책 | 사람들이 질문에 관여하게 하라.<br>"…하는 게 가능할까?"<br>"만약 … 한다면 어떻게 될까?"<br>아니면 호기심을 유발하라.<br>"여기 끝내주는 아이디어가 있어." |

| 낮추는 말 | "…를 알려주고 싶었다."<br>"…한지 그냥 궁금했다."<br>"혹시라도 … 거라고 생각했다." |
|---|---|
| 문제 | 관심이 자신이나 과거에 맞춰져 있고 어수선한 말로 가득 차 있다. 이러면 귀를 기울여 듣기가 힘들다. |
| 해결책 | 초점을 상대방과 미래로 옮기면 어수선한 말이 점차 사라질 것이다.<br>"…해줄 수 있는지 궁금했다." 대신에 "…해주실 수 있나요?"라고 말하라. |

| 낮추는 말 | "늦어서 죄송합니다."<br>"말씀 중간에 죄송합니다만."<br>"유감입니다." |
|---|---|
| 문제 | "죄송합니다"라는 말은 지금 당신 기분이 별로라는 뜻이다. 그래서 당신이 상대방의 감정에 초점을 맞추려 했으니 상대방도 당신의 감정에 초점을 맞춰 달라고 부탁하고 있다. |
| 해결책 | "참고 기다려 주셔서 감사합니다."<br>"중간에 끼어든 점, 양해를 구합니다."<br>"저런, 어떻게 해요!" |

무실 이사 메시지를 지위가 낮은 대학원생에게 전하면서 자신을 낮춰야 할 필요를 느끼지 못했다. 그는 그냥 이렇게 썼다. "자네가 사무실을 옮겨 줄 생각이 있나?" 케일링 역시 파티에서 자신이 단도직입적이고

카리스마 있게 행동할 수 있었음을 안다. "그냥 이렇게 말할 수 있어요. 음, 만나서 반가웠어요. 저는 가서 다른 사람들과 어울려 보려고요."

언어 사용에 필요한 중심점은 더 깊은 변화를 반영한다. 우리는 자기에게 초점을 맞추는 행동이 카리스마에 반하는 행동이라는 사실을 이미 보았다. 자신에게 관심을 쏟느라 너무나도 바쁜 당신과 대체 누가 관계를 맺을 수 있을까? 해결책은 간단하지만 쉽지 않다. 당신의 초점을 다른 사람에게로 옮겨라. 만약 당신이 그렇게 하면 어떻게 보일지 다음 사례를 살펴보라.

### 다른 사람들에게 관심을 주면 그 사람들의 관심이 따라온다

당신이 관심을 다른 사람에게 집중하면 그들은 당신이 자신을 보고 이해하고 있다고 느낀다. 당신이 그들에게 온전히 마음을 쏟으면 그들은 눈치를 챈다. 이는 뚜렷한 차이를 낳는다. 마음 내려놓기를 설파하는 영적인 가르침에 따르면 자아의 해체, 즉 자기 마음의 올가미에서 벗어나는 일에 집중해야 한다. 무대에서 존재감을 뽐내던 위대한 스승들도 같은 원칙을 사용한다. 나는 마틴 버먼Martin Berman에게 이러한 가르침을 받았다. 전업 배우였던 버먼은 기적 같은 연기를 할 수 있었다. 버먼은 누구나 오스카상을 받을 만한 연기를 하도록 지도했다. 그저 한 장면의 대본을 읽는 것이면 충분했다. 그가 자신의 학생들에게 가르친 비밀은 단순했다. '항상 마음에 새겨라. 무대에서 가장 중요한 사람은 다른 연기자일 뿐이다.'

카리스마가 넘쳤던 사람들은 다른 사람에게 집중하는 순간 당신이 세상에서 가장 중요한 사람처럼 느낄 수 있다고 말했다. 샌 퀜틴San Quentin

주립교도소에 수감돼 있던 찰스 맨슨Charles Manson(미국의 사이비 종교집단인 맨슨 패밀리의 두목이자 중범죄자—옮긴이)과 일대일로 만났던 한 방문자도 비슷한 말을 했다. "언변이 아주 뛰어난 사람들을 만나면 그들은 당신에게 엄청난 관심을 보인다." 맨슨을 만난 방문자는 그가 마치 방 안에 있는 유일한 다른 사람은 자기뿐인 것처럼 느끼게 했다고 말했다.[5] 실제로 방문자는 그 사람 한 명뿐이었다. 하지만 당신은 내 말이 무슨 뜻인지 알 거라고 생각한다.

### 다른 사람으로 초점 옮기기

질문은 초점을 자신에게서 다른 사람에게로 옮기는 손쉬운 방법이다. 당신은 낮춤 표현을 질문으로 바꾸거나 다른 사람들에게 그들 자신에 대해서 질문할 수 있다. 우리는 모두 사람들이 자기 자신에 대해 말하기 좋아한다는 사실을 알고 있다. 하지만 우리가 자기 자신에 대해 말하기를 너무 좋아한 나머지 중요하지 않은 정보를 생면부지의 사람과 공유하기 위해 실제로 돈을 내려 한다는 사실도 알고 있는가? 자기 노출을 연구하는 뇌과학자 다이애나 타미르Diana Tamir는 우리가 자기 이야기를 하면 돈과 섹스, 초콜릿을 먹을 때와 동일한 뇌 영역이 활성화된다는 사실을 발견했다.[6] 그런 이유로 우리는 자신에게 질문하는 사람을 좋아한다. 일련의 연구에서는 사람들에게 돈을 받고 다른 사람에 관한 질문에 답변하거나 아니면 돈을 받지 않고 자기 자신에 관한 질문에 답변하는 것 중 하나를 선택하도록 했다. 질문의 주제는 하찮았지만 사람들은 자신에 관한 질문에 답변하는 경험을 즐거워하며 자신이 벌 수도 있는 돈의 20퍼센트 정도를 포기했다. 그들은 사람들에게 자기가 스노보드 타기를 좋아하고 피자에 토핑으로 올라간 버섯을 아주 싫어한다는 사실을 알리는 쪽을 선택했다.

사람들은 자기에 대해 말하기를 즐거워하는 탓에 말할 기회를 주는 사람들에게 고마워한다. 앨리슨 우드 브룩스Alison Wood Brooks는 동료들과 함께 사람들이 서로를 알아 갈 때 질문을 더 많이 하는 사람이 더 큰 호감을 얻고,[7] 스피드데이트speed date(독신 남녀들이 애인을 찾을 수 있도록 여러 사람을 돌아가며 잠깐씩 만나 보게 하는 행사—옮긴이) 참석자 가운데 질문을 더 많이 하는 참석자가 두 번째 데이트에 성공할 가능성이 훨씬 크다는 사실을 알아냈다. 질문자들은 앞의 질문에 이어지는 후속 질문을 할 때 훨씬 더 큰 호감을 얻는다. 연속된 질문은 곧 깊은 관심의 표현으로 인식되기 때문이다. 나는 남의 말을 엿듣기 좋아하는 사람들이 질문자를 그렇게 좋아하지 않는다는 사실에 주목할 만한 가치가 있다고 생각한다(답변자들만 질문자들을 좋아한다).

질문자와 답변자 사이의 친화성은 실제 친밀감으로 이어졌을까? 아서 아론Arthur Aron과 일레인 아론Elaine Aron은 여러 쌍의 참가자들이 상대에게 36개의 질문을 교대로 질의하는 연구를 수행했다. 해당 연구에서는 '누구를 저녁 식사 손님으로 초대하시겠어요?'처럼 간단한 물음으로 시작해 '마지막으로 울었던 때가 언제인가요?'처럼 더 개인적인 질문이 순차적으로 이어졌다.[8] 마침내 실험 막바지에 이르자 각 참가자는 아무런 질문도 하지 않은 채 자기 대화 상대 자체에 관심을 집중했다. 참가자들은 아무 말 없이 4분 동안 서로를 바라봤다. 이를 데 없이 순수한 관심이었다. 심지어 참가자들 중 한 쌍은 결혼까지 했다고 한다.

여기서는 더 깊이 들어가지 않아도 좋다. 자기 관심을 바깥에 집중해야 한다는 사실을 스스로 상기시키려면 그저 사람들의 이름을 더 자주 부르는 것만으로 충분하다. 그러면 우리 무의식적 마음에 유용한 단서가 생긴다. '중요한 건 내가 아니라 다른 사람들이야.' 물론 우리 역시 동일한 방식으로 다른 사람의 관심을 끌어들인다. 무엇보다 다른 사람이 자기 이름을 불러 주면 자신을 깨워 각성시킨다. 데일 카네기는 이제는 이 분야의 결정판이 된 《인간관계론》을 썼던 1938년에 이미 다른 사람의 이름을 활용하라고 조언했다. 그 이후로 뇌과학은 우리 이름에는 뇌의 자기 지시적 부분을 활성화하는 특별한 신호가 있다는 사실을 확인해 줬다.[9] '나야, 나. 그 사람이 내게 관심을 보이고 있어!'

우리 집 위층에 사는 케빈이 어떤 대화에서든 몇 번이고 계속해서 상대방 이름을 부를 때마다 나는 카네기를 떠올린다. "안녕하세요, 조이. 요즘 어때요, 조이?" 케빈은 검안사로 일하는데 온 마을 주민을 전부 알고 있지 싶었다. 우리는 케빈을 서머빌 시장이라 불렀고 그를 만나면 항상 즐거웠다. 사람 이름을 부르는 케빈의 습관이 유별났기에 우리는 그의 습관을 놀리곤 했다. 하지만 효과가 있었다. 마을 주민 모두 케빈을 좋아했는데 어느 정도는 케빈도 우리를 좋아한다고 느꼈기 때문이었다. 어떤 사람을 잡고 물어도 친절하고 행복하고 엉뚱한 케빈에게 카리스마가 넘친다고 말하리라.

카리스마가 있다고 꼭 다정할 필요는 없다. 물론 카리스마도 있고 다정할 수도 있다. 하지만 카리스마가 있다는 말이 자신에 관해 이야기할 수 없다는 뜻도 아니다. 앞서 살펴봤던 대명사 연구는 카리스마를 발휘할 때 자기 자신에게 집중하는 약점을 언제 이용할 수 있는지 그 단서를 포착하는 데 도움이 될 수 있다. 그렇다고 너무 흥분해서 자신의 어휘

목록에서 '나'를 죄다 들어낼 필요는 없다. 그저 누가 우리 관심의 중심에 있을지를 때때로 고려해 보는 단서로 새로운 통찰력을 활용하라. 그런 다음 원한다면 그런 관심을 자신에게서 다른 곳으로 옮겨라.


## 자신감의 표시인 목소리 이완시키기

2015년, 실리콘밸리 생명공학계의 총아이자 테라노스Theranos의 설립자 엘리자베스 홈스Elizabeth Holmes는 여성 역량 강화를 보여 주는 상징적 존재였다. 그녀는 서른한 살의 나이에 〈포브스〉Forbes로부터 자수성가한 세계에서 가장 젊은 갑부로 인정받았다. 홈스는 지적이고 매력적이며 강단이 있었다. 홈스는 다른 젊은 여성들에게 어떻게 하면 경쟁이 치열한 남성 위주의 기술 신생기업 분야에서 성공할 수 있는지를 보여 줬다. 그랬다. 존 캐리루John Carreyrou가 전 세계인의 건강을 증진하겠다고 약속한 테라노스의 혈액 검사가 모두 완전히 조작됐다는 특종 보도를 터뜨리기 전까지는 말이다. 홈스는 투자자들과 회사 이사회를 속였다. TV에 나와 대중을 속였다. 돌이켜보면 우리가 무엇을 눈치챘어야 했을까?

　여론은 한 가지 위험 신호에 주목했다. 바로 홈스의 목소리였다. 젊고 날씬한 이 금발 여성은 습관적으로 하루에 담배를 한 갑씩 피우는 노인 같은 목소리로 유명했다. 확실히 그렇게 으르렁거리는 목소리를 가진 여성을 믿어서는 안되었다. 몇몇 목격자들은 자신이 홈스의 '진짜' 목소리, 곧 더 높고 더 여성스러운 목소리를 안다고 주장했다.

　영국의 총리였던 마거릿 대처Margaret Thatcher는 정치로 무척 바빴음에도 자기 목소리의 톤을 낮추기 위해서 코치를 두고 훈련을 했다. 대처와 홈스는 바보가 아니었다. 여러 연구에서 밝혀진 바에 따르면 청자들은 저음의 목소리를 가진 사람들이 더 강하고[10] 더 유능하고 더 매력적이고[11] 더 우월하고 좋은 지도자가 될 가능성이 더 크다고 판단한다.[12] 하지만 홈스든 대처든 아니면 자기 목소리를 낮추면 영향력이 더 커진다고 배웠던 모든 사람들은 낮은 목소리가 영향력이 더 큰 이유를 잘못 이해하고 있다.

당신은 자신이 긴장하고 남의 시선을 의식할 때 어깨가 내려가고 가슴을 보호하는 자세로 팔짱을 끼기도 한다는 사실을 느껴 본 적이 있는가? 만약 누군가 그런 자세를 취한다면 자신감 없어 보인다. 즉 자세가 시각적 인상에 영향을 미치며 이는 영향력이라는 관점에서 볼 때 매우 중요하다.

목소리도 마찬가지다. 신경이 곤두서 있을 때 사람들은 목을 조여 목소리를 높이거나 아니면 짜증을 유발할 만큼 낮게 긁는 목소리를 쉽게 만들어 낸다. 높거나 억눌린 목소리는 두려움이나 긴장감과 연관돼 있으며 설득력을 떨어트린다. '본연의' 저음역으로 말하면 정반대의 효과가 나타난다. 오히려 자신감의 표현으로 느껴지는 저음역은 횡격막과 목을 이완시킬 때 나타난다. 위협을 느끼는 상황에서는 그러기가 쉽지 않다. 편안하고 확신을 주는 목소리는 더 존재감 있게 들릴 뿐만 아니라 사람들이 더 쉽게 관심을 기울이도록 만든다. 이는 성별과 무관하게 적용된다.

자기 본연의 저음역으로 말하기를 조금만 연습해 보면 당신이 더 큰 존재감을 '느끼는' 데 도움을 줄 수 있다. 하지만 새로 시도하는 행동이다 그렇듯이 처음에는 이상하게 느껴질 수도 있다. 상대방이 보이지 않는 전화 통화에서부터 연습을 시작하면 좋다. 자신이 편안하게 느낀다면 서 있든 앉아 있든 상관없다. 눈을 감는 것도 도움이 될 수 있다. 말하는 속도를 조금 늦출 수도 있다. 만약 모두 어색하다면 친구에게 부탁하기 전에 모르는 사람을 대상으로 연습해 보라. 사람들이 당신의 말에 조금 더 열린 태도를 보이는 것 같은지 주목하라. 내가 처음으로 저음역으로 말하기를 의식했을 때를 기억한다. 당시 나의 파트너는 처음으로 이렇게 말했다. "몇 시간이라도 당신 목소리를 들을 수 있겠는걸."

배우, 가수, 무용수를 비롯해 그 밖에 다른 공연 예술가들은 자세 훈련을 한다. 자세 훈련은 몸의 긴장을 이완시켜 목소리의 긴장을 푸는 데 도움이 된다. 그저 눈을 감고 서서 양팔은 몸 옆에 두고 보이지 않는 실이 가슴뼈에 연결돼 구름까지 똑바로 가닿는다고 상상하면 된다. 이제 몇 차례 느리고 깊게 숨을 들이쉬면서 실이 부드럽게 위로 당겨진다고 상상하라. 어깨를 부드럽게 내리고 흉곽을 넓히며 팔을 늘어뜨린다. 당신 몸으로 어떤 느낌인지를 직접 경험해 보라.

자세를 이완하고 개방시키면 목소리가 자유로워져 본연의 음역을 찾을 수 있다. 심지어 낮춤 표현에서도 더 쉽게 벗어날 수 있다는 사실을 알게 된다. 이제 당신의 모습은 더 카리스마 있게 보이고 목소리는 더 카리스마 있게 들린다. 그리고 사람들도 당신에게 관심을 기울이기 더 쉽다고 생각할 것이다.

# 무대 위의 카리스마

100여 명의 다른 팬들로 빼곡하게 들어찬 '클럽 3121'에서 나는 꿈 하나가 이뤄지리라는 기대감을 만끽하고 있었다. 나는 초등학교 이래로 프린스Prince(1980년대를 대표하는 미국의 싱어송라이터 겸 배우로, 2016년 약물 과다복용으로 사망했다. ─옮긴이)를 흠모해 왔고 이제 곧 콘서트에서 라이브 공연을 하는 그를 볼 참이었다. 드럼이 쿵 소리를 내기 시작하자 전설적인 가수가 긴 비단 재킷을 입고 굽이 높은 힐을 신고서 무대를 천천히 가로질렀다. 양손으로 마이크를 잡고 잠깐 멈췄을 때 그가 내 눈을 정면으로 바라봤다(나는 그렇다고 확신했다). 그가 자신의 공연 첫 곡 〈새티스파이드〉Satisfied의 가사 첫 줄을 만족한 듯한 목소리로 읊조렸다. "시작도 하기 선인데 우리 둘뿐인가요?"

나는 같이 간 친구의 팔을 움켜쥐었다. "나 기절할 것 같아."

내가 말을 내뱉자마자 내 반대편에 있던 여자 한 명이 의식을 잃고 바닥에 푹 쓰러졌다. 그 여자를 데리고 나간 응급구조대원은 프린스의 콘서트에서 관객이 기절하는 건 그렇게 특별한 일도 아닌 듯 행동했다. 프린스의 카리스마는 일부 사람들이 감당할 수 있는 것보다 대단했다. 하지만 항상 그랬던 것은 아니다. 프린스는 사실 카리스마가 부족해서 시작도 못 해보고 가수 생활을 끝장낼 뻔했다. 업계 관계자들은 젊은 프린스 로저스 넬슨Prince Rogers Nelson이 재능 있는 음악인은 맞지만 누구나 그의 어색한 공연 스타일을 감당할 수 없다고 입을 모았다. 프린스는 청중에게 등을 졌을 때 가장 편안해 보였고 노래와 노래 중간에 말을 할 때면 속삭이는 게 고작이었다. 워너브러더스 소속 신인 발굴팀이 1979년에 열린 프린스의 두 번째 솔로 공연을 찾았고 이들은 프린스와 전속 계약을 맺었지만 그를 투어에 내보내지는 않았다. 싱글 〈당신의 연인이 되고 싶어〉I Wanna Be Your Lover가 차트 1위에 올랐어도 프린스는 '여전히' 투어에 나서지 않았다. 당대 '펑크의 제왕'이었던 릭 제임스Rick James 는 이제 막 떠오르는 프린스라는 아티스트에게 자기 공연의 오프닝 공연자로 참여해 달라고 요청했다. 제임스는 프린스가 트렌치코트에 블루머bloomers(무릎 아래서 졸라매는 헐렁한 짧은 바지. 주로 여학생의 운동복 바지나 그런 식의 속바지를 가리킨다. ─옮긴이)를 입고 무대에 올랐을 때 청중 가운데 사내들이 죽어라 야유를 퍼부었다고 기억한다.

하지만 프린스는 포기를 몰랐다. 프린스는 과거에도 하루에 몇 시간씩 꾸준히 악기를 연습해 연주 재능을 키웠다. 무대 공연에도 같은 방식으로 접근했다. 프린스는 말 하나 몸짓 하나에 세심한 관심을 기울이면서 자신이 존경하는 제임스나 다른 공연자들을 꼼꼼히 살펴봤다. 무대 동선을 바꿀 뿐만 아니라 결정적으로 자기의 관심을 청중에게 집중하는 법으로 익혔다. 프린스는 습관이 될 때까지 관찰하고 개선하기를 거듭했다. 프린스는 이야기하고 질문을 받고, 부르고 응답하는 행위에 팬들을 참여시켰다. 투어가 끝나갈 무렵 프린스는 몰라보게 바뀌었고 청중은 꼼짝도 하지 못했다. 제임스는 질투심이 들었다고 인정했다. 카리스마는 당신이 어떤 사람인지를 알려주는 '상태'의 문제가 아니다. 카리스마는 당신이 무엇을 하는가 하는 '행동'의 문제다.[13] 그리고 당신의 행동은 당신이 카리스마를 통제할 수 있도록 만든다. 당신은 사람들과 상호작용하는 방식을 조정함으로써 더 큰 카리스마를 발휘할 수 있다.

우리는 이미 일대일 상호작용에서 유용한 몇 가지 도구를 살펴봤다.

이제는 대중 앞에서 말하기를 비롯해 우리 대부분이 두려워하는 대중 공연에 적용할 몇 가지 도구를 살펴보자.[14] 교사로서 내가 가장 큰 기쁨을 느꼈던 몇몇 순간이 있다. 바로 학생들이 작은 변화를 거쳐 자신들을 무대 위에서 매력적인 존재로 만들어 가는 모습을 지켜보는 것이었다. 성대 수술을 받은 한 학생은 작은 소리로밖에 이야기하지 못하는 상태였다. 그는 사람들이 자신의 목소리를 듣기 어려우니 자신의 대사에 흥미를 보이지 않으리라고 지레짐작했다. 하지만 마이크를 쓰고 자신의 관심을 사람들에게 돌리는 방법을 알게 되자 그의 말 한마디 한마디에 사람들이 귀를 기울이게 되었다. 또 다른 학생은 자신의 어머니에 관한 이야기로 사람들을 사로잡았다. 심지어 그는 헝가리어로 이야기하고 있었고 사람들은 그의 말을 한마디도 알아듣지 못했다.

다음은 수카리 브라운 Sukari Brown 이었다. 참관 학생이었던 브라운은 학교에 소속감을 전혀 느끼지 못했다. 브라운은 사람들 앞에서 말하기를 끔찍이 싫어했다. 하지만 어쨌거나 한번 해보겠다고 스스로 나서서 몇 달 전에 개봉했던 영화 〈블랙 팬서〉Black Panther 를 본 이야기를 했다. 내가 브라운을 지도해 몇몇 작은 부분을 고쳐 주고 나니 사람들이 집중하기 시작했다. 브라운은 청중 한 사람 한 사람에 집중하면서 자신과 닮은 사람들이 항상 영화에서 마약 판매상이나 들러리 역으로 나오는 모습을 보면 어떤 기분이 들지 되돌아보자고 요청했다. 브라운이 잠시 말을 멈추자 사람들이 몸을 기울였다. 그는 자신을 닮은 사람이 자부심과 힘으로 가득 찬 영웅을 연기하는 모습을 난생처음으로 보면서 어떤 기분이 들지 머릿속에 떠올려 보자고 요청했다. 브라운은 어떻게 자신이 〈블랙 팬서〉를 보러 다섯 번이나 극장에 가고 또 갔는지를 이야기했다. 사람들은 브라운의 자존감과 분노와 희망을 느끼며 우레와 같은 박수를 보냈고 그는 갈채를 만끽했다. 브라운은 나중에 나에게 보낸 짧은 쪽지글에 이렇게 적었다. "그때까지 저는 제가 거기, 그러니까 예일대학교에, 그 세미나에, 심지어 MBA를 취득하는 일에 어울리는지 의문이 들었어요. 제 마음이 더는 당황하지 않고 제 숨이 정상으로 돌아왔을 때 제가 '할 수 있다는' 사실을 깨달았죠. 여기가 '정말' 제가 있을 곳이라고요."

자신이 무대 위에 설 때 어울린다고 느낀다면 당신은 무대에 어울린다. 당신에게 도움이 될 몇 가지 아이디어와 도구를 소개하고자 한다. 이것이 내가 브라운에게 가르친 전부다.

### 무대에서의 시간 왜곡 문제

강렬한 사랑으로 보낸 한 시간은 1분처럼 느껴질 수 있지만, 치과 진료 의자에 앉아서 보낸 1분은 한 시간처럼 느껴질 수 있다. 다른 말로 바꿔서 표현하고는 있지만 아인슈타인이 자신의 상대성 원리를 설명한 방식이 이렇다. 시간의 경과는 당신의 기준 틀에 좌우된다. 만약 당신이 자동차 사고나 추락이 느린 동작으로 일어났다고 경험한다면 당신은 시간 왜곡을 경험한 것이다. 이런 사건이 일어나는 동안 악어 뇌는 초광속 상태에 있다. 악어 뇌는 마치 영화에서 초당 프레임 수를 늘린 것처럼 온갖 세부 사항에 큰 관심을 기울인다. 그리고 실제로 이런 방식으로 느린 동작 화면이 촬영된다. 같은 경험을 공유하는 사람들이라도 다른 기준 틀을 가지고 있으면 시간이 기이해진다.

청중 앞에 서는 일은 시간 왜곡을 만들어 낸다. 시간은 말하는 사람과 청중 각자에게 서로 다른 속도로 흐르기 때문에 이들은 서로 시간을 동기화하기 어려울 수 있다. 대중 앞에서 말하는 사람들이 거의 그렇듯 초조함은 악어 뇌의 자각이 고조되도록, 즉 악어 뇌가 매 순간 관심을 기울이도록 자극한다. 청중 개인은 초조해할 이유가 전혀 없고 따라서 자각이 고조되지도 않는다. 즉 시간 왜곡이 작동한다.

수업 중 나는 지원자 한 명을 일으켜 세워 1분 동안 나머지 사람에게 이야기해 보라고 한 다음, 청중의 반응을 확인하기 위해 이야기를 나눈다(지원자가 발언자로서 어땠는지 판단하리라는 생각 때문에 스트레스가 심해지는 상황을 피할 수는 없다). '속도는 어땠나요? 너무 빠르던가요, 너무 느리던가요, 아니면 딱 적당하던가요?' 청중은 거의 항상 너무 빨랐다고들 한다. 발언자는 초조해지면 마치 시간이 느려지는 것처럼 느끼고 발표를 빠르게 이어간다. 청중은 발언자의 속도를 따라가려고 무진장 애를 쓴다. 관심을 기울이느라 노력 하다 보면 악어 뇌가 산만해진다. 청중은 스마트폰으로 시간을 확인하고 나서야 발언자를 쳐다보기 시작한다. 발언자가 청중의 호흡에 맞춰 속도를 늦추지 못하면 청중의 관심을 끌지 못하고 자신의 메시지도 전하지 못한다. 하지만 속도를 늦추는 일은 이상하리만큼 어려울 수 있다(하지만 그래서 지켜보는 재미가 있기도 하다). 발언자가 속도를 늦추려고 애쓰다 보면 으음저어얼으을 느을리이느은(음절을 늘리는) 일도 생긴다. 아니면 로.봇.처.럼.말.하.거.나. 하지만 시간 왜곡 문제를 해결할 때 정말 도움이 되는 건 '잠시 멈춤의 힘'이다.

실제로 강의에서 우리는 많은 시간을 들여 잠시 멈춤을 연습한다. 나는 발언자에게 발표 내용의 모든 마침표와 쉼표에서 잠시 멈춰 확실히 너무 느리다는 생각이 들 때까지 속도를 늦추라고 조언한다.[15] 그러면 청중은 잠시 멈춤의 속도가 딱 적당하다고들 한다. 잠시 멈춤은 청중과 연결되는 순간이자 청자들의 생각이 지금 이 순간을 따라잡도록 청자에게 관심을 집중하는 순간이다. 잠시 멈춤은 신뢰감을 전할 뿐만 아니라 신뢰감을 요구한다.

더불어 '온몸 잠시 멈춤'도 도움이 된다. 온몸 잠시 멈춤의 순간에 당신은 걷지도, 꼼지락거리지도, 어떤 극적인 손동작도 하지 않은 채 그저 편히 숨을 쉬고 손을 몸 양옆에 편안히 두면 된다. 발표 도중은 물론이고, 발표 전이나 후에도 효과가 있다. 온몸 잠시 멈춤은 너무나 간단해서 가르치거나 연습하는 사람이 거의 없지만 거의 모든 어떤 발언자나 공연자들에게 효과가 있는 카리스마의 열쇠다.

만약 공식적인 대화나 공연 상황에서 온몸 잠시 멈춤을 시도해 보고자 한다면 다음의 몇 가지를 유념하라.

- 다른 누군가가 이야기하거나 공연하고 있을 때 온몸의 움직임을 잠시 멈추고 '자신의 관심을 발언자나 공연자에게 집중하라.'

  어쩌면 청중 한 사람이 질문하는 중일 수도 있다. 어쩌면 부하 직원이 회의에서 발표하는 중일 수도 있다. 어쩌면 밴드 동료가 독주하는 중일 수도 있다. 당신은 청중이 관심을 기울이는 사람이라면 누구에게라도 관심을 기울여야 한다. 다른 사람을 둘러보거나 아래를 보거나 눈길을 돌리고 싶은 마음이 생길 것이다. 그렇게 하면 그 집단의 관심에 균열이 생기고 균열이 생긴 관심은 당신이 이야기할 차례가 됐을 때 다시 모으기 어렵다. 다른 누군가의 차례에 카리스마가 필요하다면 다른 사람들을 산만하게 하거나 자신이 산만해지지 않도록 하라.

- 당신이 말하거나 공연할 차례가 됐을 때 당신을 소개하는 사람
이 있다면 소개자에게 감사를 표하고 나서 '당신의 초점을 청
중에게 돌려라.'
숨을 한번 고르는 동안 온몸을 잠시 멈추고 미소를 지으면 당
신의 차례가 됐을 때 청중의 관심은 온전히 자기 것이 된다. 패
널의 일원이거나 비공식적인 회의에 참석 중이라면 잠시 멈춤
을 눈에 띄게 실행할 필요는 없다. 하지만 시간을 내서 자신의
관심을 돌리면 다른 참석자들의 관심을 잡아끌게 된다. 이제
모두가 당신을 눈여겨본다.

- 주목받는 가운데 자기 차례가 끝나면 무대를 떠나기 전에 잠시
시간을 들여 청중에게 감사를 표하라. 박수가 나온다면 적어도
호흡 한 번 할 시간 동안은 잠시 멈추고 박수를 즐겨라.
이런 행동을 하면 '청중의 관심이 온전히 당신에게 머무른다.'
지금까지 다른 모든 사람이 당신에게 집중하는 동안 카리스마
가 빛났고 사람들은 그것을 느꼈다. 이제 겸손하고 기꺼운 마
음으로 받아들인다. 우리는 서둘러 무대 밖으로 나가는 모습이
겸손함을 나타낸다고 생각하기 쉽지만 이 행동은 무언의 사과
를 전하는 셈이다. '당신의 시간을 허비하게 만들어서 죄송합
니다.' 그 대신에 잠시 멈춤으로써 청중에게 감사를 표하는 시
간을 가져라. 이런 잠시 멈춤은 '시간 내주셔서 감사합니다. 정

말 감사드립니다. 여러분과 함께해서 저 역시 즐거웠습니다'라는 의미를 담고 있다. 고개를 끄덕이거나 머리를 숙여 인사하거나 가슴에 한 손을 가져다 대거나 심지어 손 키스를 날려도 된다. 당신이 그런 사람이고 그래도 괜찮은 행사라면 말이다.

잠시 멈춤은 순간적이든 조금 길게 연장되든 당신과 당신의 청중, 그 둘 사이에 흐르는 시간의 흐름을 재조정할 수 있다. 이를 통해 청중은 당신이 방금 말한 내용을 따라잡는다. 이것이 무대 위에서의 존재감에 숨어 있는 두 개의 커다란 비밀 가운데 하나다.

그 두 번째는 교감이다.

## 여럿과 연결하려면 하나와 연결하라

내가 프린스와 눈이 마주쳤을 때 그가 정말로 나에게 시선을 둔 건지 아니면 기절한 여자나 그 여자 옆에 있던 남자나 완전히 다른 누군가에게 시선을 둔 건지는 잘 모르겠다. 그 사실은 중요하지 않다. 우리가 서로 연결돼 있다는 개인적인 느낌은 상당히 강력해서 우리 모두 꼼짝도 하지 못하는 상태였다. 한 사람과 연결해 여럿과 연결되는 이 기법이 바로 교감이다.[16]

수업 중에 교감을 실제로 연습해 보는 방법이 있다. 대중 앞에서 말하기를 아주 싫어하는 지원자를 한 명 받는다. 우리는 지원자가 청중 한 명 한 명과 실제로 연결하는 데 시간이 얼마나 걸릴지 살필 생각이다. 물론 쉽지 않은 일이다. 실제로 교감은 굉장히 고급 기술이어서 전문 강연자나 공연자 중에서도 이를 완벽하게 익힌 사람이 거의 없을 정도다.

하지만 초보자라도 교감 기술을 배울 수 있고 함께 연습할 동료 집단이 있다면 도움이 된다.

지원자에게 다가가 자신의 모국어로 이야기를 하나 한다. 동화나 종교적인 우화처럼 여러 번 들어 봤거나 해본 적 있는 이야기다. 개인적인 이야기도 괜찮다. 다만 아주 여러 번 재탕해 봤던 이야기에 한한다. 즉석에서 이야기할 수 있을 정도로 자신의 이야깃거리가 아주 편안하다고 여기거나 말이 자동으로 술술 흘러나올 정도로 사전에 충분히 연습한 것이어야 한다. 악어 뇌가 말을 하고 있을 때 판사 뇌는 신체의 나머지 부분에 무엇을 해야 할지 알려준다. 연습이 목적이라면 당신이 하는 말을 청중이 이해하는지 아닌지는 중요하지 않다. 말 한마디 하지 않아도 교감할 수 있다.

교감은 방 안에 있는 다른 사람이라곤 당신뿐이라는 느낌을 누군가에게 전달하는 전기적 연결이다. 두 파트너는 아무 말도 하지 않고 서로의 눈을 친밀하게 응시하면 된다. 프린스 콘서트에서 그 여성이 정신을 잃게 만들었던 것도 바로 교감이다.

교감이 다른 모든 대중 연설 전략과 다른 이유는 또 다른 한 사람의 자발적 참여가 필요하기 때문이다. 당신은 혼자서 교감할 수 없다. 스마트폰을 들여다보고 있는 사람과 함께 있으면 당신은 교감할 수 없다. 당신이 교감한다고 사람들이 느낄 때만 당신은 교감한다. 사람들이 서로 교감한다고 느끼고 싶어 하는 것은 그런 느낌이 자신들을 더 살아 있다고 느끼게 만들기 때문이다. 공연자로서 당신도 마찬가지로 사람들과 연결돼 있으면서 동시에 연약하고 또 강력하다고 느낄 것이다. 그리고 당신의 관심을 다른 사람에게 펼칠 때 당신은 그들의 관심이 들어올 수 있도록 마음을 열게 된다. 이것이 교감을 실제로 행하는 방법이다. 당신의 시선을 관객 중 한 사람에게 고정하고 그 사람에게, 오로지 그 사람에게만 말하는 것처럼 마음을 열어라. 청중이 두 사람이 연결돼 있다고 느낄 때까지 그에게 당신의 에너지를 집중적으로 선사하라. 당신이 보내는 메시지는 이렇다. '내가 있고, 당신이 있고, 우리가 함께 있네요. 안녕하세요?' 두 사람 사이에 교환되는 에너지는 사랑 같은 것이다. 아니, 어쩌면 사랑이 딱 그런 거겠다.

교감을 연습할 때 청중은 모두 손을 들고 있다가 자신들이 발언자와 연결됐다고 느낄 때 손을 내린다. 발언자의 목표는 모두가 손을 내리도록 하는 것이다. 이때도 역시 시간 왜곡이 일어난다. 발언자는 연결하는 데 시간이 그렇게 오래 걸린다는 사실에 놀라지만 청중은 시간이 오래 걸렸다고 느끼지 않는다. 그리고 진정한 연결이 이뤄지면 시간은 동기화될 뿐만 아니라 시간이 멈췄다고 느낄 수도 있다. 이제 발언자와 청중 모두 장내의 다른 쪽에서 추가로 손이 내려가는 모습을 보고 놀란다. 간접적인 연결도 직접적인 연결만큼이나 몸으로 느낄 수 있다.

처음 시도에서 교감하기란 쉽지 않다. 청중 가운데 일부는 연결됐다는 느낌에 높은 기대치를 세우고 당신이 그들의 영혼에 가닿을 때까지 좀처럼 손을 내리지 않는다. 이럴 땐 가까움이 도움이 된다. 한두 문장을 내뱉은 다음에도 일부 청중이 손을 내리지 않는다면 당신은 다른 청중과 연결되기를 시도하고 싶을 것이다. 하지만 그러지 말고 잠시 멈춤을 기억하고 한 걸음 더 가까이 다가가라. 필요하다고 느끼면 한 걸음 더 다가가라. 당신이 다가가면 결국 그 청중은 손을 내릴 것이다. 용감하지만 연약한 한 인간이 교감할 준비를 하고 바로 자기 앞에 서 있을 때 그 누구도 연결돼 있다는 느낌을 무시하기는 어렵다. 교감은 매우 강력해서 주저하거나 발언이 처음인 발언자도 5분에서 10분이면 30명이 듣는 수업에서 모든 수강생과 연결될 수 있다.

다음번에는 한 집단을 상대로 이야기하면서 청중을 건너다보라. 그 너머에 몇몇 사람이 교감하고 있음을 알아차릴 것이다. 이들은 웃음을 짓거나 고개를 끄덕이고 당신 농담에 웃음을 터뜨린다. 이들은 자신들이 집중하고 있고 기뻐하고 있다는 관심을 당신에게 보냄으로써 당신의 관심을 끈다. 일부는 너무 눈에 띄게 교감해서 다른 모두를 무시하기 쉽게 만들기도 한다. 이런 사람들과 눈을 맞추면서 당신은 이들의 에너지가 자신의 에너지를 증폭시킨다고 느낀다.

당신 역시 청중 속에서 교감하는 사람들 가운데 하나일 수 있다. 발언자와 가까운 자리에 있고 그의 눈길을 좇아 마음을 열고 그를 향해 당신의 에너지를 발산하라. 그리고 진심으로 경청하라. 발언자는 그것을 느끼고 당신과 눈을 맞출 것이다. 당신의 존재감이 발언자의 관심을 끌기 때문이다. 청중 속에서 교감하는 것은 발언자에게는 일종의 선물이다. 청중과의 연결은 나중에 질문을 던지거나 그들에게 다가가는 것을 훨씬 더 쉽게 만든다. 당신이 원한다면 말이다.

당신이 풍부한 경험을 가진 발언자여서 무대 위가 편안하다면 당신은 마음을 열지 않은 것으로 보이는 청중과 연결하는 일에 도전해 교감을 더 높은 수준으로 끌어올릴 수 있다. 이들은 전화를 확인하거나 받아 적느라고 계속해서 눈을 아래로 두거나 (이들이 열심히 듣고 있을 수도 있겠지만) 졸리거나 의심하거나 지루해하는 것으로 보일 수도 있다. 이들은 당신이 바라봐도 주목하지 않을지 모른다. 하지만 당신이 그쪽으로 다가가거나 이름을 부르면 이들은 당신을 주목한다. 당신은 이들을 없는 사람으로 생각하지 않으며 그들의 관심이 돌아온 것을 환영한다. 당신이 마지못해 앉아 있던 청중과 만들어 낸 연결은 장내의 모든 사람을 연결해 주는 도화선 역할을 한다. 청중은 마치 몇 개의 전구만 반짝거리는 트리용 전구 장식과 같다. 당신이 몇몇 사람과 함께 반짝이면 모든 선에 갑자기 불이 켜진다. 얼굴은 빛나고 눈을 반짝이며 모두가 그것을 느낀다.

카리스마에서 가장 중요한 것은 연결이다.

# 진실의 순간들

이제 막 도착했는데 파티가 이미 한창이었다. 음악은 쿵쿵 울려 대고 손님들은 끼리끼리 무리를 이뤄 서로의 이야기를 들으려 몸을 기울이고 있었다. 당신의 입장을 반기는 큰 박수는 없다. 당신의 새 옷차림을 칭찬하려고 대화를 멈추는 사람도 없다. 파티는 그렇게 계속된다. 파티에 조금 더 일찍 도착했더라면 번쩍이는 바지를 입은 사내가 아니라 파티 주최자가 당신에게 말을 걸었을지도 모른다. 하지만 당신은 그때가 아니라 지금 도착했다. 그렇다고 문을 막은 채로 멀뚱히 서 있을 수는 없다.

어색함을 느끼면서 사람들을 쓱 훑어보고 어디론가 걸어가면 무슨 목적이 있는 것처럼 보일 수 있다. 친구 하나가 손을 흔들어 당신을 부른다. 당신은 그 무리 주변으로 다가가 분홍색 머리의 여자가 하는 이야기를 듣는다. 여자가 너무 심하게 웃는 통에 간신히 이야기를 마칠 수 있었다. 여자가 마지막 최고의 대목에 이를 때까지 당신은 불쑥 끼어들어 자기 이야기를 하지 않는다. 친구를 끌어내지도 않는다. 당신은 파티가 지금 막 시작한 것처럼 그 누구의 이름도 묻지 않는다. 오히려 흐름에 맞춰 다른 사람들과 어울려 웃는다. 어쩌면 그들의 이야기에 자기 생각을 덧붙이거나 이어지는 질문을 던질 수도 있다. 사람들이 당신을 만날 준비가 되면 당신은 자신을 소개한다. 사람들이 들을 준비가 되면 당신은 자기 이야기를 한다.

당신은 파티 예절의 여러 규칙을 안다. 하지만 일상적인 상황에서 다른 누군가의 관심을 끌고 싶을 때 그들의 삶이 이미 한창 진행 중인 파티라는 사실을 쉽게 잊는다. 어쨌거나 그들이 당신에게 관심을 기울이겠다는 선택을 할지 안 할지, 만약 선택한다면 그들이 어떻게 반응할지는 당신의 타이밍에 달려 있다. 언제 당신이 요청하는지가 때때로 어떻게 요청하는지나 심지어 무엇을 요청하는지보다 중요할 수 있다. '진실의 순간'은 누군가가 당신의 영향력에 마음을 열 가능성이 특히 큰 상황이다.[1] 판사 뇌의 의식적 관심은 이미 항상 뭔가에 쏠려 있으므로 그 관심이 무엇에 쏠려 있는지 스스로 묻고서 당신이 언제 자신의 아이디어가 연관되는 시점에 이를 수 있을지를 확인하면 도움이 된다. 어쩌면 당신에게 그들이 직면하고 있는 문제의 해답이 있을지도 모른다. 여기 내가 의미하는 바가 있다.

진실의 순간에 기반한, 내가 두 번째로 좋아하는 마케팅 캠페인은 세부퍼시픽항공Cebu Pacific airlines이 진행한 판촉 캠페인이었다. 홍콩은 장마가 한창이었다. 하루에도 몇 시간씩 비가 내리는 통에 모두 눅눅하고 불쾌한 상태였다. 세부퍼시픽의 광고팀은 북적거리는 디지털 미디어 시장에서 경쟁하려고 애쓰기보다 폭우 사이에 비가 잠시 멈춘 동안 밖으로 나가 발수성 스프레이로 도시의 인도에 스텐실 메시지를 찍었다. 스프레이는 마치 투명 잉크처럼 마른 시멘트 속으로 흡수되듯 사라졌다. 수천 명이 메시지 위로 걸어 다녔지만 다시 비가 내릴 때까지 아무도 메시지를 보지 못했다.

다음 폭우가 인도를 흠뻑 적시자 보행자들은 자신의 발밑에 세부퍼시픽의 메시지가 마치 마법처럼 나타나는 모습을 보았다.[2] '필리핀은 오늘도 화창.' 스텐실로 찍은 QR 코드를 스캔하면 필리핀 해변행 비행기표의 장마철 할인 내용을 안내하는 세부퍼시픽의 웹사이트로 연결됐다. 이 판촉 캠페인으로 매출이 37퍼센트 증가했다. 당신이 마케팅 분야에 있다면 알겠지만 실로 엄청난 성공이다. 인도에 숨은 메시지는 열대 휴양지 할인이 가장 환영받을 만한 때에 (폭우가 내리는 와중에) 사람들의 관심이 이미 집중돼 있던 곳에(물웅덩이에 빠지지 않으려고 인도에) 나타나 주목을 받았다. 진실의 순간은 시간이나 장소 또는 둘 다, 즉 전반적인 상황이다. 세부퍼시픽의 사례에서는 사람들의 마음이 가장 크게 움직였을 때 QR 코드를 통해 쉽게 곧바로 행동으로 옮길 수 있었다.

진실의 순간은 어떤 종류든 소통과 관련돼 있다. 당신의 상사가 더 마음을 터놓고 연봉 인상 문제를 논의할 수 있는 때는 언제일까? 당신의 파트너가 더 마음을 터놓고 이사 문제를 논의할 수 있는 때는 언제일까? 당신이 세상과 공유하고 싶은 메시지가 있다면 메시지를 이미 사람들이 관심을 기울이고 있는 현재의 뉴스나 사건, 이슈와 어떻게 연결할 수 있을까?

시대정신 속에 혹할 만한 뭔가가 없을 때 당신은 자기만의 진실의 순간을 만들어 낼 수도 있다. 만약 드라마를 다루는 재능이 있다면 쓸모가 있다. 브라질의 괴짜 갑부인 치퀴노 스카르파Chiquinho Scarpa가 고대 이집트 파라오들로부터 영감을 받았다면서 6억 원 가까운 자신의 벤틀리 자가용을 자기 정원에 묻겠다고 발표했을 때[3] 소셜미디어와 언론에서는 비난이 빗발쳤다. 차를 묻는 날에는 기자들과 촬영진으로 북새통을 이뤘고 머리 위에는 헬리콥터가 날아다녔다. 그야말로 미디어 서커스media circus(시청률을 노린 대중매체의 선정적이고 흥미를 위주로 한 보도나 그런 행태―옮긴이)가 벌어졌다. 벤틀리를 무덤 속으로 내렸을 때 스카르파는 갑자기 진행을 중단시키고 모인 사람들을 자기 저택으로 초대해 미리 준비된 성명을 발표했다. 스카르파는 모든 사람이 자신의 아름다운 자동차를 묻는 일이 터무니없고 낭비라고 생각하면서도 우리 대부분이 자동차보다 훨씬 값어치 있는 것, 곧 우리의 장기를 매장하는 선택을 해왔다고 말했다. 스카르파는 바로 그런 행동이 낭비 중에서도 가장 끔찍한 낭비라고 덧붙였다. 그러고나서 스카르파는 한 가지 중대 발표를 했다. 브라질에서 전국 장기기증 주간을 시작한다는 내용이었다. 스카르파가 혐오자 무리를 팬으로 바꿔 놓으면서 일약 국민 악당에서 국민 영웅으로 등극하는 순간이었다. 그 효과로 장기기증이 단 한 달 만에 32퍼센트나 증가했다.

다음 장에서 프레이밍의 중요성을 살펴볼 테지만 밝혀진 바에 따르면 최고의 프레임은 종종 타이밍에 좌우된다. 연구자들은 어떤 기회가 곧 다가올 기회인지 아니면 먼 장래의 기회일지에 따라 우리가 다른 결정을 내린다는 사실을 알아냈다. 가까운 시기에 관해서는 과정과 실행 가능성처럼 구체적인 고려사항을 토대로 결정이 이뤄지는 경향이 있다.[4] '이 일이 제대로 굴러가게 하려면 어떻게 해야 할까?', '시간은 있나?', '그 밖에 내가 놓친 것은?' 먼 미래에 관해서는 이 일이 바람직한지에 초점을 맞춰 더 추상적으로 고려되는 경향이 있다. '왜 이 일을 해야 할까?', '내가 이 일을 얼마나 좋아하게 될까?', '이 일이 내 삶이나 다른 누군가의 삶에 어떤 도움이 될까?' 누군가에게 당신을 위해서 무언가를 해 달라고 부탁할 때 가까운 미래에 관한 이야기라면 실행 계획과 구체적인 세부 사항에 초점을 맞출 수 있고, 먼 미래에 관한 이야기라면 그 영향에 초점을 맞출 수 있다. 당신이 회사 CEO에게 다음 주 강연을 부탁하는 중이라면 번거로운 상황을 당신이 어떻게 최소화할지를 설명하라. CEO가 신경을 쓰는 것이 바로 그것이기 때문이다. 만약 강연이 다음 달이라면 그 강연이 얼마나 큰 변화를 만들어 낼지를 설명하라. CEO가 신경을 쓰고 있는 것이 바로 그것이기 때문이다.

이런 역학을 이해하면 타이밍의 힘을 활성화할 또 다른 기회, 즉 '실행 의도'가 만들어진다. 실행 의도는 행동 변화를 이끄는 가장 성공적인 개입 방법의 하나로 운동이나 연례 건강검진이나 재활용이나 투표처럼 누구나 하기를 바라지만 종종 잊고 넘어가는 온갖 종류의 일을 하도록 돕는다. 실행 의도는 기본적으로 '좋아, 그래서 언제 어떻게 그 일을 할 작정인데?'라는 질문에 대한 적절한 답이기도 하다.

2008년, 하버드대학교를 막 졸업한 토드 로저스Todd Rogers는 행동과학을 이용해 정치를 바꾸고 싶었다. 로저스는 투표 독려 캠페인 대부분이 어떤 효과도 없다는 사실을 알고 있었다. 그는 직감적으로 실행 의도가 도움이 될지도 모르겠다는 생각이 들었다. 로저스의 연구팀은 20만 명 이상의 등록 유권자에게 전화를 걸었다. 우선 유권자에게 투표할 계획이 있는지를 묻고 나서 구체적으로 계획이 무엇인지를 물었다.[5] '언제 투표할 생각인가?', '어디에서 투표하러 올 예정인가?', '투표 바로 직전에 무엇을 하고 있을 생각인가?' 질문은 중요치 않지만, 대답은 중요하다. 유권자들은 자신의 의사를 어떻게 실행할 것인지에 관한 질문을 고려함으로써 계획을 세우고 투표일에 악어 뇌의 알람 시계 노릇을 해줄 신호를 확인했다. 일을 마치고 집에 돌아오는 길에 투표할 계획이라면 집에 가려고 차에 탔을 때 그 알람이 울릴 것이다. '딩동! 투표하실 시간입니다!' 내면에서 일어나는 진실의 순간이다. 캠페인은 효과가 있었다. 로저스가 개입함으로써 투표율이 4퍼센트 증가했다. 4퍼센트라는 수치는 양당이 초접전으로 경합하는 다섯 개 주 가운데서 네 개 주의 결과를 뒤바꾸기에 충분할 만큼 큰 차이였다. 현재 민주, 공화 양당 모두 투표 독려 캠페인에 이 전략을 사용한다.[*]

타이밍은 영향력 도구로 아주 효과적이다. 타이밍은 당신이 성가신 존재가 되는 일을 막아 준다. 사람들을 지금 하는 일에서 떼어 놓으려고 애쓰는 대신 당신은 관련성 있는 무언가를 소개해 주는 진실의 순간을 찾는다. 당신은 대화 중간 불쑥 끼어드는 대신에 딱 맞는 때에 감쪽같이 대화에 참여해서 그 대화를 거든다.

내가 세부퍼시픽항공의 '필리핀은 오늘도 화창' 캠페인을 두 번째로 좋아하는 마케팅 캠페인이라고 말한 걸 기억하는가? 내가 가장 좋아하는 캠페인은 6월 한 달 동안 진행됐던 듀렉스Durex 콘돔의 인쇄 광고였

---

[*]   하지만 무엇이 투표율에 가장 큰 영향을 주는지 짐작해 볼 수 있을까? 그렇다. 투표소에 가기 쉬
     워야 한다. 편안함은 거의 모든 것을 이긴다.

다. 아주 단순했다. 연보라색을 배경으로 그저 몇 단어가 적혀 있을 뿐이었다. '우리 경쟁 제품을 애용하시는 모든 분에게: 즐거운 아버지 날 보내세요.'Happy Father's Day.[6]

# 제5장

# 인생을 바꾸는
# 단순한 프레임의 마법

데런 브라운Derren Brown(영국 출신의 유명 심리마술사―옮긴이)은 진짜 총
알로 러시안룰렛을 하고, 영국의 국가 복권 번호를 맞추기도 하고, 생
면부지의 사람을 빌딩에서 밀어 떨어뜨리라며 수줍음 많은 사내를 설
득하기도 했다. 또 멕시코 불법 이민자를 위해 기꺼이 자기 목숨을 내
놓도록 미국의 백인 우월주의자를 설득하기도 하고, 동기부여 세미나
에 참석한 기업 경영자들에게 무장 강도가 되어 10만 파운드를 털라
고 부추기기도 했으며 자기밖에 모르는 어느 이기적인 실패자를 상대
로 그의 친구들과 가족과 짜고서 세계의 종말과 나중에 그를 영웅으로
만들어 줄 (나중에 그는 실제로 특수 교육이 필요한 아이들을 보살피는 선생님
이 됐다) 좀비 대재앙을 꾸며 내기도 했다. 딸아이 리플리와 함께 우리
는 브라운이 현금 대신 아무것도 써 있지 않은 백지로 보석을 샀던 간단
한 속임수를 한 번 따라 해보려고 했지만 우리의 속임수는 제대로 먹혀

들질 않았다. 브라운은 다른 누구보다 훨씬 영향력에 통달한 심리마술 사다.[1]

나는 브라운의 열성 팬이었기에 그의 첫 미국 무대였던 〈비밀〉Secret 공연의 방청석에 앉아 있었다.* 브라운이 자기 주머니에서 '평범한 휴대용 바나나'를 꺼내자 웃음이 터졌다. 브라운은 바나나를 무대 앞쪽 가까이에 있는 거치대에 올려놓고선 청중에게 어느 시점에 고릴라 복장을 한 남자가 무대를 가로질러 걸어와서 바나나를 가져갈 텐데 아마 우리는 그 모습을 보지 못하리라고 경고했다.

'게임 시작!' 나는 고릴라를 놓칠 생각이 없었다. 보이지 않는 고릴라 실험에 관해 모든 걸 알고 있었기 때문이다.[2] 크리스토퍼 차브리스 Christopher Chabris와 대니얼 사이먼스Daniel Simons는 연구 참가자들에게 농구 선수들이 볼을 드리블하고 앞뒤로 패스하는 짧은 영상 한 편을 시청해 달라고 요청했다. 참가자들은 검정 셔츠가 아니라 흰 셔츠를 입은 선수가 공을 패스한 횟수를 세어야 했다. 연구 참가자들은 패스 횟수를 세는 데 집중한 나머지 고릴라 옷을 입은 남자가 코트 한가운데로 걸어들어와 멈춰서서 손으로 가슴을 치고 사라진 사실을 알아차리지 못했다. 고릴라 이야기를 듣고 영상을 다시 시청했을 때 참가자들은 너무 놀라서 말문이 막힐 지경이었다. 연구 참가자들은 어째서 그토록 극적인 장면을 놓칠 수 있었을까? 연구자들은 이 현상에 부주의 맹시inattentional

---

* 라이브 쇼에 참석하면 비밀 엄수를 서약한다. 그러니까 브라운, 내가 서약을 어기고 비밀의 아주 작은 일부를 밝히는 걸 용서해 주길 바랍니다.

blindness라는 용어를 붙였다.

그래서 나는 아주 세심하게 주의를 기울이고 있었다. 내게 부주의 맹시는 없다. 브라운이 이야기할 때 나는 바나나가 여전히 거기 있는지 확인하려고 한 100번쯤 힐끗힐끗 돌아봤다. 브라운이 우리에게 "고릴라가 바나나 가져간 걸 보신 분 있어요?"라고 묻기 바로 직전까지도 바나나는 거기 있었다. 아무도 보지 못했다. 그러자 무대 아래에서 고릴라 팔 하나가 뻗어 나와 브라운에게 바나나를 넘겨줬다. 브라운은 우리에게 한 번 더 기회를 줬다. 나는 이번에는 고릴라를 잡으리라 다짐했고, 나는 해냈다.

브라운이 커다란 그림 받침대를 무대 오른편에 가져다 놓은 순간 ("계속 집중해서 이 그림 받침대를 봐 주세요.") 무대 왼편 커튼 뒤에서 고릴라가 바나나를 훔치려고 슬쩍 빠져나왔다. 관객들이 이 사실을 앞다퉈 외치자 웃음과 흥분이 흘러넘쳤다. 우리가 마술사의 속임수를 이겨 낸 것이다! 고릴라가 어깨를 한 번 으쓱하면서 자기 의상의 머리 부분을 벗자 나타난 사람은 바로 … 데런 브라운이었다. 우리는 또 한 번 진짜 바꿔치기를 놓친 셈이었다.

브라운은 프레이밍 과정을 통해 우리의 주의를 좌지우지하는 데 능숙한 달인이다. 직접적으로나 간접적으로 브라운은 우리에게 무엇을 찾아야 하는지를 이야기하면서 우리가 보는 것과 놓치는 것에 영향을 미친다. 프레이밍은 마법적인 행위다. 프레이밍은 사람들의 경험을 결정하고 심지어 사람들이 생각하는 방식을 형성하기까지 한다. 차브리스와 사이먼스의 원본 고릴라 실험에서는 과제를 패스 횟수를 세는 행위로 프레이밍하는 바람에서 연구 참가자들이 나머지 모든 것을 망각했다.

〈비밀〉에서 브라운은 우리에게 쇼가 진행되는 매 순간 우리의 주의력을 이끌어 갈 프레임을 제시했다. 심지어 브라운이 마치 닌자처럼 은밀하게 우리의 눈길을 돌리려고 "계속 집중해서 이 그림 받침대를 봐 주세요."라고 말했던 순간에도 그랬다. 프레임은 "여기 집중하고 다른 건 전부 무시하라."고 말하지 않는다. 하지만 프레임은 어떤 아이디어를 주의력의 중심에 놓고 그 아이디어에 집중할 이유를 사람들에게 제시함으로써 그렇게 말한 것 같은 효과를 만들어 낸다.

내가 당신에게 흰색으로 된 사물의 목록을 떠올려 보라고 요구하면 당신은 물론이고 누구라도 쉽게 해낼 것이다. 하지만 내가 '우유나 눈처럼'이라는 말을 덧붙여 실험을 조금 다르게 프레이밍하면 어떻게 될까? 한 번 해보라. 지구상에는 흰색 사물이 셀 수 없이 많지만 일단 우유와 눈이 주의력의 중심을 차지하면 구름이나 코코넛 플레이크처럼 다른 흰색 사물을 떠올리기가 훨씬 더 어렵다.[3] 우유와 눈은 흰색의 상징적인 사물이고 강력한 프레임을 만들어 내는 탓에 다른 대안을 억누른다. 바꿔 말하자면 효과적인 프레임은 너무 딱 달라붙어 있어서 다른 관점에서 사물을 보기 어렵게 만든다. 그런 프레임 하나가 작은 기술 신생기업을 세계에서 가장 값비싼 회사로 탈바꿈시켰다.

스티브 잡스는 어느 차고에서 애플을 공동 창립했다. 불과 몇 해 되지 않아 잡스는 존 스컬리John Sculley를 설득해 회사의 새로운 CEO가 돼 달라고 부탁하고 싶어졌다. 작은 부탁이 아니었다. 스컬리는 시가총액이 20억 달러에 이르는 스낵과 음료 시장의 공룡 기업인 펩시코PepsiCo의 CEO였다. 바꿔 말하면 잡스가 세계에서 가장 성공한 기업가 중 한 사람에게 엄청난 지위 강등을 받아들여 달라고 부탁하겠다는 소리였다.

역시나 스컬리는 잡스의 제안을 거부했다. 하지만 두 사람은 친구가 됐고 때때로 잡스는 거듭해서 같은 제안을 하곤 했다. 어느 날 두 사람은 센트럴 파크가 내려다보이는 발코니에 앉아 있었다. 갑자기 잡스가 친구 쪽으로 몸을 돌리고선 이렇게 물었다. "남은 평생 설탕물이나 팔 거요? 아니면 나와 함께 이 세상을 바꿔 볼 거요?"

스컬리는 그날을 이렇게 회상했다. "스티브의 말을 듣고 나는 침을 꿀꺽 삼켰다. 나는 내가 무엇을 놓쳤는지 궁금해하며 남은 평생을 보내리라는 것을 알았다."

'눈'이라는 단어가 마음속에서 다른 흰색 사물이 떠오르지 못하게 만드는 것처럼 '설탕물이나 팔고' 있다는 말은 스컬리가 펩시에서 하는 자기 일을 다른 어떤 방식으로도 생각하기 어렵게 만들었다. 일단 잡스가 프레임을 만들자, 프레임이 스컬리의 뇌리에 들러붙었다. 스컬리는 애플에 합류하는 데 동의했고 이후는 이들 말처럼 역사가 되었다.


프레이밍은 주문을 거는 행동이 현실에서 작동하는 방법이다. 그저 뭔가를 설명하거나 거기에 이름을 붙임으로써 당신은 그것을 존재하게 만든다. 프레임을 제대로 선택하면 무엇이 관련이 있는지, 무엇이 중요한지 아니면 무엇이 좋은지를 결정할 수 있다. 설득력 있는 방식으로 누군가의 경험에 프레임을 부여할 때 당신은 사건에 대한 그들의 기대뿐만 아니라 해석까지도 형성한다. 내가 강연 초반에 프레이밍을 어떻게 사용하는지, 여기 그 예가 있다.

"이번 시간에 제가 여러분에게 약속할 수 있는 건 여러분이 떠날 때 곧바로 실행해 보고 싶은 새로운 전략을 적어도 하나는 얻어 가게 될 거고, 그 전략이 여러분의 삶이나 일에서 의미 있는 차이를 만들어 낼 가능성이 있다는 거예요. 이 정도면 우리가 함께 보내는 시간에 대해 합당한 기대처럼 들리죠?"

사람들은 대부분 고개를 끄덕인다. 이제 막 우리는 조건에 합의했다. 나는 만족 수준을 낮게 잡았고 이는 나중에 우리 모두에게 득이 될 것이다. 내가 만약 그렇게 하지 않았다면 내 강연이 끝난 후 사람들은 자기들이 얻은 것보다('오늘 강연에서 배운 교감을 빨리 연습해 보고 싶어!') 자기들이 희생한 것에('시간이 오래 걸렸어') 집중할 수도 있다. 나는 또한 이 전략이 그들의 삶에 바로 의미 있는 차이를 만들어 낼 수 있기에 중요하다는 프레임을 제시했다. 물론 나는 이 약속을 지켜야 하고 또 그럴 것이다.

다음으로 나는 사람들에게 무엇이 관련성이 있는지를 다루는 프레임을 제시할 것이다. 이 프레임을 활용하면 사람들이 집중하게 만들거나 자기 마음이 갈피를 잡지 못할 때 다시 집중하도록 이끌 수 있다. 나는 사람들의 주의력이 당연하다고 생각하지 않는다. 사람의 마음을 누구보다 능숙하게 잡아끄는 강연자조차도 계속해서 주의력을 붙잡아 두기란 어려운 일이다.

"저는 오늘 여러 가지 전략을 여러분과 함께 나누려고 해요. 그런데 어떤 전략이 여러분에게 '이거다' 싶은 순간이 될지는 잘 모르겠어요. 그러니까 그 순간을 잡으려면 주의를 기울여 들어 주세요. 들으면서 잊지 않도록 그 내용을 적어 두세요. 우리가 이야기하고 있는 것 중에서 어떤 건 여러분과 무관하거나 어쩌면 이미 알고 있는 내용일 수도 있어요. 하지만 괜찮아요. 그건 그것대로 다른 누군가에게는 효과가 있는 전략이니까요. 하지만 진심으로 부탁드리는데 여러분이 집이나 일터로 돌아갔을 때 다른 사람과 공유할 수 있는 도구나 아이디어들을 경청해 주셨으면 해요. 저는 되도록 구체적이고 직설적으로 다루려 해요. 그래야 여러분이 자신에게 적용하고 또 다른 사람에게 가르칠 수 있을 테니까요. 괜찮죠?"

나는 나 자신이 청자일 경우에 집중을 유지하고자 할 때 다른 사람을 가르치거나 이들과 함께 나눌 무언가를 경청한다는 식으로 주의를 기울인다. 이런 방식이 바로 내가 더 광범위한 아이디어에 호기심을 갖게 만드는 방법이기 때문이다. 강연을 마무리할 때가 되면 나는 사람들에게 강연을 시작할 때 약속했던 한 가지 도구를 상기시킨다. 만약 사람들이 그 도구를 찾았다면 실행 의도를 정한 것이고 따라서 그들은 잊지 않고 이를 활용할 것이다. 그리고 우리는 자신이 시간과 관심을 들인 일이 정말 그럴 만한 가치가 있었다고 확신하며 헤어진다.

## '비거 앤 베터' 게임

나는 내가 가르치는 MBA 학생들과 함께 프레이밍의 기초를 마련하기 위해 학생들에게 비거 앤 베터The Bigger and Better라는 게임을 해보라는 과제를 내준다. 규칙은 간단하다. 종이 클립 하나를 더 크고 더 좋은 물건과 교환한다. 그다음에 교환한 물건을 훨씬 더 크고 더 좋은 물건과 교환하고, 계속 그렇게 해 나간다('더 크고 더 좋은'이라는 말은 주관적이다). 나는 학생들에게 원하는 횟수만큼 거래할 수 있다고 말하면서 자신이 생각하는 가장 크고 최고인 물건을 다음 주 강의에 가져와 달라고 부탁한다.

비거 앤 베터 게임이 고전 게임이기는 하지만 한 번이라도 게임 방식을 들어 봤다면 아마 카일 맥도널드Kyle MacDonald 때문이겠다. 2005년 여름부터 2006년 여름 사이에 맥도널드는 빨간색 종이 클립을 물고기 모양 펜과 교환하고 다시 펜을 이상한 문고리와 교환하는 등 교환을 계속해 가다가 마침내 캐나다 서스캐처원Saskatchewan에 있는 집과 교환하게 됐다. 서스캐처원 주민들은 맥도널드를 일일 시장으로 임명했고 그에게 경의를 표하기 위해 빨간 종이 클립 조각상을 세웠다.

비거 앤 베터 게임을 위해 MBA 학생들에게 주어진 시간은 고작 한 주였다. 나 또한 어떻게 하면 게임을 잘할 수 있을지 전혀 설명하지 않았다. 가장 크고 최고인 물건을 가지고 나타나는 사람이 상을 받으며, 학생들이 즐겁게 게임을 하고 무엇을 배우는지 보는 것이 게임을 하는 목표였다. 몇몇 참가자는 이웃에게 속아 망가진 전자레인지나 약 4.3미터짜리 노나 냄새나는 커다란 외투 같은 허섭스레기를 받았을 것이다. 어떤 학생은 아무도 찾지 않았던 중고 회계학 교과서나 멍청한 속담이 적힌 커피잔 세트처럼 노력에 비해 너무 보잘것없는 교환품 때문에 짜증이 날 터였다. 간혹 몇 가지 물건이 우리를 놀라게 하기도 한다. 우리는 살아 있는 나무 한 그루도 봤고, 3미터짜리 아누비스Anubis(이집트 신화에 나오는 죽은 자의 신으로 머리는 자칼이고 몸은 인간의 형상을 하고 있다.—옮긴이) 조각상도 봤으며, 하와이 콘도 1주 숙박권도 봤다. 누군가 사담 후세인 대통령궁의 대리석 조각을 가져왔을 때는 정말 아무 생각도 들지 않았다. 그중에서도 마누스 맥카프리Manus McCaffery와 톰 파월Tom Powell은 우리를 거의 바닥에 쓰러지게 만들었다.

맥카프리는 파월에게 차를 얻는 일에 도전하자고 했다. 파월은 웃으며 이렇게 말했다. "아니면 20달러를 우리 목표로 정하거나?"

파월은 맨해튼으로 이사하려던 중이었고 맥카프리는 운전면허도 없었다. 하지만 두 사람은 물건을 교환해서 차를 얻겠다는 대담한 계획에 흥분했다. 게임이 더 높은 목적에 부합한다면 더 재미있을 것이었기에 두 사람은 혹시라도 기적적으로 차를 얻게 되면 차를 기부하겠다고 결정했다. 마침 핼러윈이어서 두 사람은 상하가 한 벌로 된 털북숭이 동물 옷을 입기로 했다.

다음 3일 동안 맥카프리와 파월은 자신들의 터무니없는 임무를 뉴헤이븐New Haven의 업주들과 이웃들에게 공유했다. "우리는 '비거 앤 베터'라는 게임을 하고 있어요. 이 게임은 좋은 뜻으로 진행되는 건데 여러분의 도움이 필요해요. 게임이 진행되는 방식을 한번 들어 보시겠어요?" 두 사람은 모두 열 번의 거래를 성사시켰다. 그들은 종이 클립을 치즈 가게 상품권으로, 상품권을 컵케이크 한 상자로, 컵케이크를 브로치로, 브로치를 여행용 머그컵으로, 여행용 머그컵을 크레페 식당의 상품권으로, 상품권을 나이트클럽 상품권으로, 다시 상품권을 향수 한 병으로, 향수를 예쁜 카메라 가방으로, 카메라 가방을 대략 180만 원 상당의 유화 한 점으로 교환했다. 그리고 마지막 물품은 강의실에 들이기에 너무 컸다. 두 사람은 우리를 강의실 바깥으로 불러냈다.

학교 건물 앞에는 폭스바겐 제타Volkswagen Jetta가 세워져 있었고 앞 유리 전체에 휘갈겨 쓴 글씨로 '비거 앤 베터'라고 적혀 있었다.

두 사람이 마지막으로 자동차 판매인에게 유화 한 점과 중고차 한 대를 교환해 달라고 부탁할 때는 자신들이 미친 짓을 하고 있다고 느꼈다.

그들은 성공할 거라 기대하지는 않았지만 실패할 경우 코네티컷주의 모든 자동차 영업소에 전화를 돌릴 각오를 하고 있었다. 그들이 몇 번이나 전화를 돌렸을까?

딱 한 번이었다.

유니크 오토 세일즈Unique Auto Sales의 판매책임자인 캐럴라인 헤퍼넌 Caroline Heffernan은 이전에도 좋은 목적을 가진 지역사회 사업을 후원해 왔다. 때마침 맥카프리와 파월이 물물교환을 관대한 방식으로 프레이밍해 제안하자 자극을 받아 다시 앞장서기로 했다. 강의를 듣는 학생들이 헤퍼넌을 만나 감사를 전했을 때 그녀는 도리어 우리에게 감사를 전했다. 우리 도시의 임대료는 높고, 예산은 빠듯하고, 대중교통은 좋은 편이 아니다. 그런 마당에 차 한 대를 제공해 누군가를 돕는 일은 완전히 판을 바꾸는 큰 사건이다. 헤퍼넌은 얼굴을 빨갛게 물들이면서 힘겹게 분투하고 있는 사람들을 돕는 느낌이 얼마나 멋진 기분인지를 우리에게 이야기했다.

자신들의 터무니없는 목표를 달성한 맥카프리와 파월은 난민의 지역 재정착을 돕는 기관인 IRISIntegrated Refugee and Immigrant Services(미국 코네티컷주 뉴헤이븐 소재 비영리단체로서 난민이나 다른 이유로 고향을 잃은 이들의 재정착을 지원하기 위해 설립됐다.—옮긴이)에 연락해 자신들이 교환한 차를 난민 가족에게 기부하겠다고 밝혔다. 맥카프리에게 기부는 개인적으로 상당히 의미 있는 일이었다. 그의 가족도 허리케인 카트리나로 집을 잃고 인정 많은 낯선 사람들에게 의지해야 하는 상황에 놓였던 적이 있었기 때문이다.

이후 한 여성이 차를 받으러 왔고 우리는 새 이웃을 만나게 됐다. 기

부 차량을 받은 여성은 젊은 엄마였다. 그녀는 전쟁으로 가족이 난민 신세가 되기 전에는 아프가니스탄에서 회계사로 일했고 지금은 공장에서 일하기 위해 매일 두 시간씩 버스를 타고 출퇴근하고 있었다. 자동차 한 대는 그녀의 삶을 바꾸기에 충분했다.

비거 앤 베터 게임에서 우리는 두 가지 교훈을 얻을 수 있다. 첫째, 우리 자신도 알게 모르게 항상 프레이밍을 하고 있다. 둘째, 프레임은 결과를 낳는다. 그해 수업에서 학생들은 대부분 비거 앤 베터 게임을 거래라는 관점에서 프레이밍했다. 다른 사람에게 필요하지도 않은 물건을 교환하자고 요구하거나 자신들이 제공해야 하는 물건의 장점을 과장해서 늘어놓는 식이었다. 그러나 맥카프리와 파월은 다르게 접근했다. 두 사람은 큰 꿈을 꾸면서 자신들이 만난 사람들을 상대로 판돈을 올렸다. 그런 다음 더 넓은 세상으로 나아가 교환 요청을 게임에 참여할 기회이자 멋진 일의 일부로 프레이밍했다. 심지어 브라운도 싸구려 종이 클립이 자동차로 탈바꿈하는 모습을 봤다면 자랑스러워했을 것이다.

더 의식적으로 대상을 프레이밍해 보려 마음먹었더라도 어디서부터 시작해야 할지 막막할 수 있다. 어떤 프레임도 활용할 수 있지만 그중 쓸모 있는 세 가지는 기념비적 프레임, 감당할 만한 프레임 그리고 불가사의한 프레임이다. 각각의 프레임은 각자만의 방식으로 동기를 부여한다.

### 기념비적 프레임

기념비적 프레임은 악어 뇌에게 이렇게 말한다. '집중해, 이건 겁나게 큰일이니까.' 이 프레임은 중요성, 크기, 범위, 배제될지 모른다는 두려움 등으로 사람들에게 동기를 부여한다. 기념비적 프레임은 열광과 헌신을 불어넣는다. 맥카프리와 파월은 자동차를 목표로 정함으로써 비거 앤 베터 게임을 엄청나게 놀라운 일로 프레이밍했다. 두 사람의 터무니없는 계획이 성공할 가능성은 실낱같은 수준에 지나지 않았다. 하지만 그들의 프레임이 상당히 놀라워 모두가 게임에 동참하고 싶어 했다. 헤퍼넌 역시 두 사람의 꿈이 성취되는 것을 도운 덕분에 커다란 유명세를 누렸다. 우리는 그저 헤퍼넌의 이야기를 했을 뿐이지만 나는 친구들로부터 이 이야기의 반향을 듣는다. 그리고 그들이 다른 친구들에게 이야기하고 그들 역시 또 다른 친구들에게 이야기를 전한다. 맥카프리와 파월 그리고 헤퍼넌은 다 함께 예일대학교와 뉴헤이븐이라는 지역사회의 역사에 남았다.

조직은 종종 사명선언문에서 조직이 수행하는 일을 기념비적 프레임으로 나타내려고 노력한다. 제너럴 모터스General Motors의 사명선언문을 보자. '충돌 제로, 배기가스 제로, 혼잡 제로의 사회를 창조'하는 것이다. 생명을 구하고 지구를 구하고 시간을 절약하겠다는 의도를 담고 있다. 여기에 동의하지 않을 사람은 없을 것이다. 제너럴 모터스는 우리에게 정말로 중요한 일의 일부가 되라고 권한다. 설령 당신이 그들의 포부를 공유하지 않더라도 회사의 비전이 더 큰 꿈을 꾸라고 당신을 고무할 수 있다. 당신의 이상적인 미래 세계는 어떤 모습일까? 당신이 완전히 그리고 영원히 뿌리 뽑고 싶은 큰 문제들은 무엇인가?

이와 반대로 롤스로이스Rolls-Royce의 사명선언문을 살펴보자. '백 년이 넘는 시간 동안 롤스로이스가 만든 자동차들은 진정으로 탁월한 공학기술과 품질 그리고 신뢰성을 상징했습니다.' 아무 감동도 없다. 그럴 수밖에 없다. 백 년은 상당히 긴 시간이지만 그들의 사명선언문은 무엇이 중요하다는 것을 전혀 밝히지 않는다. '진정으로 탁월한'은 그저 '있는 그대로 받아들여라. 우리는 정말 정말 대단하다'라는 의미일 뿐이다.

영감을 불러일으키는 사명선언문을 갖추고 사명을 중심으로 결성된 조직을 기대했을지도 모르겠다. 물론 그런 조직도 있기는 하다. 국제자연보호협회The Nature Conservancy는 '모든 생명이 기대어 사는 땅과 바다를 보전'하는 데 헌신한다. '모든 생명'을 보호하는 일은 기념비적이고 말 그대로 최고의 가치를 지닌다. 해비타트Habitat for Humanity의 사명선언문은 '하나님의 사랑을 행동으로 옮기려고 노력하면서 사람들의 힘을 모아 집과 공동체를 짓고 희망을 일으키는 것'이다. 믿음을 가진 이들이라면 하나님의 사랑을 행동으로 옮기는 일보다 더 기념비적인 일은 없을 것이다. 설령 믿음이 없는 이들이라도 집과 공동체를 짓고 희망을 일으키는 일에서 영감을 받을 것이다.

반면에 '세계 최고의 현대미술관이 되는 데 온 힘을 다한다'는 뉴욕 현대미술관Museum of Modern Art의 사명선언문을 보자. 이 세상은 넓으므로 '최고'가 중요할지는 모르겠지만 대체 누구를 위한 것인지는 불분명하다. 물론 미술관 직원들은 아닐 것이다. 만약 당신이 미술관 방문객이거나 기부자라면 이 미술관이 다른 미술관을 앞지르든 말든 신경이나 쓸까? 아니면 다른 프레임에서 더 큰 영감을 얻으려 할까?

프레이밍은 또한 정치적 메시지나 정책 홍보 캠페인의 성패를 가리기도 한다. 2001년에 미국 세법의 프레임을 재구성하는 일이 벌어졌다. 당시의 사건은 어떤 이슈에 기념비적 프레임을 입히는지 여부보다 해당 이슈를 다루는 방법이 중요하다는 사실을 보여 준다. 오랫동안 공화당 지지자들은 상속세inheritance tax를 전면 폐지하거나 아니면 적어도 완화할 방법을 찾고 있었다. 중산층의 관심과는 거리가 먼 문제였다. 상속세의 적용 대상은 미국에서 가장 부유한 2퍼센트, 즉 67만 5천 달러 이상으로 평가되는 유산을 받은 일부 사람에 불과했다. 하지만 공화당 의원들은 자신들에게 정치자금으로 거액을 후원하는 사람들이 상속세를 덜 내도록 기준 한도를 올리고자 했으며 대중의 지지를 모아야 했다. 공화당 의원들은 〈디 애틀랜틱〉The Atlantic에서 미국 최고의 정치 언어의 대가라고 묘사했던 여론조사 전문가 프랭크 런츠Frank Luntz에게 연락을 취했다.

런츠는 공화당 의원들이 제시한 도전 과제를 받아들였고 수백 명에 달하는 참가자를 자신의 시장조사 연구소에 불러 모았다. 참가자들은 단어들의 다양한 조합을 보고 나서 나쁘면 왼쪽, 좋으면 오른쪽으로 손잡이를 돌려 대답해야 했다. 또한 그들은 되도록 빠르게 반응해 달라는 요청도 받았다. 약간의 연습을 마치고 참가자들은 반사적으로 손잡이를 돌릴 수 있게 됐고 의식적 생각이 끼어들 여지가 거의 없는 본능적 반응을 기록으로 남겼다. 런츠의 연구팀과 직접 소통한 것은 악어 뇌였다.

런츠는 상속세에 유산세estate tax라는 프레임을 입혔을 때 실험 참가자들이 자신의 당파와 무관하게 좋은 생각으로 느꼈다는 사실을 알아냈다. 유산이라는 말은 엄청나게 큰 것처럼 들린다. 당신이 유산을 받았다면 어마어마하게 돈 많은 부자일 테니 아마 세금을 내야 할 것이다. 하지만 런츠가 대안으로 사망세death tax라는 프레임을 입히자 민주당 지지자 대다수를 포함해서 참가자의 거의 80퍼센트가 반감을 드러냈다.[4] 누군가 죽었는데 세금을 매기는 행위는 절대 옳지 않다고 생각할 것이다. 죽고 사는 문제보다 더 엄청난 문제는 없을 것이다. 런츠는 연구 결과를 보고하면서 짧은 메모를 남겼다. 널리 회자됐던 메모에서 런츠는 이렇게 조언했다. '유산세를 죽이려거든 사망세로 부르게 할 것.'

상속세의 새로운 프레임은 의원들뿐만 아니라 유권자에게도 효과가 있음을 증명했다. 다음 20년에 걸쳐 의회는 67만 5천 달러의 면세 한도를 여러 차례 인상했다. 2021년에 개인은 자기 상속인에게 1,170만 달러까지 면세로 상속을 할 수 있고 결혼한 부부의 경우에는 금액이 두 배로 늘어났다.

## 감당할 만한 프레임

기념비적 프레임은 사람들에게 동기를 부여하고 행동에 나설 영감을 자극하지만 어떤 문제들은 이미 너무 크고 벅차게 느껴지기도 한다. 이런 경우에는 대신 감당할 만한 것이라는 프레임을 입힐 수 있다. 기념비적 프레임은 '왜'(이건 중요해!)를 강조하고 감당할 만한 프레임은 '어떻게'(그렇게 어렵진 않아)를 강조한다. 우리는 이미 용이성이 행동을 예측하는 최고의 변수라는 사실을 배웠다. 그리고 이것이 바로 감당할 만한 프레임이 그토록 강력한 이유다. 가령 '하루에 단돈 몇 푼'이라는 프레임은 지역 라디오 방송국에 상당한 금액을 기부하는 것을 감당할 만하다고 느끼게 하는 방식으로 작동한다. '그래, 할 수 있어. 커피 한잔 값도 안 되잖아.' 작은 발걸음은 누구라도 시작할 만하다.

문제가 다루기 너무 크다고 느껴지면 악어 뇌는 문제를 무시하고 싶은 유혹을 느낀다. 하지만 신용카드 빚같이 큰 문제를 무시하면 결국에는 문제를 키우고야 만다. 만약 사람들에게 신용카드 빚을 항목별로 청산할 선택권을 준다면 어떤 일이 벌어질까?[5] 아마도 사람들은 신용카드 빚을 좀 더 감당할 만한 문제로 느끼고 빚을 더 빨리 청산할 동기를 부여받지 않을까?

나는 그랜트 도넬리Grant Donnelly, 케이트 램버튼Cait Lamberton, 스티븐 부시Stephen Bush, 마이크 노턴Mike Norton과 함께 한 가지 실험을 준비했다. 실험에 참가한 신용카드 사용자들은 자신들이 오락, 외식 등과 같은 항목별로 얼마나 빚을 지고 있는지를 확인했다. 그러자 그들은 '남은 빚을 전부 갚을 수 있어? 아니!'라고 생각하기보다 '교통비는 갚을 수 있어? 음, 아마도?'라고 생각하기 시작했다. 이처럼 눈앞에 놓인 작은 목표를 성취하면 더 큰 목표를 추구할 추진력과 인내심이 생긴다.[6] 신용카드 빚의 경우 눈앞에 놓인 작은 목표는 통신 요금을 갚는 것에 불과하지만 더 큰 목표는 빚에서 완전히 벗어나는 일이다. 우리는 오스트레일리아 커먼웰스 은행Commonwealth Bank of Australia과 함께 현장 연구도 진행했다. 우리는 은행 측에 신용카드 사용 고객의 절반에게 채무상환을 항목별로 나눠 요구하라고 권고했다. 자신의 상환금을 항목별로 납부하기로 했던 2,157명은 통제집단보다 12퍼센트 빨리 자신의 빚을 갚았다.

감당할 만한 프레임은 공포나 슬픔이나 의심에 직면한 사람들을 도우려 할 때 특히 효과가 클 수 있다. 하지만 '하나도 걱정할 필요 없어'라는 말처럼 자신감 있게 사람들의 감정을 누그러뜨리면 역효과가 발생해 사람들의 마음을 상하게 할 수 있다. 대신에 사람들에게 더 이상 자신이 혼자가 아니며 자신의 감정은 완전히 정상이라는 사실을 알리면 그들은 눈앞의 상황을 더 감당할 만하다고 느낄 수 있다.

이런 종류의 프레임은 당신이 권력을 가진 위치에 있거나 심지어 그냥 나이가 좀 더 많거나 경험이 더 많을 때 특히 유용하다. 실제로 나는 내 학생들이 느끼는 두려움을 정상 상태로 돌려놓을 수 있는 특별한 위치에 있다. 나 자신이 오랫동안 학생이었던 데다가 비슷한 상황에 놓여 있는 학생들을 너무나도 많이 봐 왔기 때문이다.

졸업이 코앞인데 일자리가 없다고 걱정하지 않아도 된다. 그게 정상이다. 박사학위 소지자 고용 시장에서 공황 상태에 빠졌다고 당황하지 않아도 된다. 그게 정상이다. 너무 많이 운다고 자책하지 않아도 된다. 정상이다. 심하고 끔찍하지만 그게 정상이다. 당신은 당신이 처한 문제들을 해결할 수 없지만 그래도 함께 사는 사람들에게 도움을 베풀 수 있다. 당신은 자신만이 안고 있는 문제나 경험을 함께 나눔으로써 정상으로 돌아올 수 있다. 당신이 권위나 지위를 얻게 된다면 훨씬 더 많은 도움을 줄 수 있다. 어떤 학생이 고통에 빠져 나를 찾아왔을 때 나는 내가 겪고 있는 많은 일들을 숨기지 않는다. 나 역시 우울증을 앓았고 이혼했으며 나 자신을 의심했다. 또 나는 온갖 바보 같은 짓을 했고 사랑하는 사람들을 잃었으며 정신과 치료를 받으러 다녔고 어쩔 줄 몰라 했다. 하지만 모든 게 정상이다. 누군가 자신이 혼자가 아니라는 사실을 알고 위안을 얻을 때 눈앞의 문제들은 더 감당할 만한 것으로 느껴진다.

### 기념비적인 것일까, 감당할 만할 것일까?

1988년 6월, 미항공우주국NASA 소속 과학자였던 제임슨 핸슨James Hansen은 대기 중의 기체가 지구의 복사열을 가두는 자연 과정인 온실효과greenhouse effect에 관해 의회에서 증언했다. 이산화탄소나 메탄 같은 온실가스가 적정 비율을 차지하고 있다면 지구상의 생명을 유지하는 데 보탬이 된다. 반면 화석연료를 태우는 일과 같은 인간 활동은 자연의 균형을 깨뜨릴 수 있다. 핸슨은 온실효과와 과학자들이 전 세계에서 관찰하고 있는 기온 상승 간의 인과관계를 설명하기 위해서 지구온난화global warming라는 표현을 썼다. 언론인과 언론사는 핸슨의 증언과 함께 지구온난화를 널리 보도했다.

핸슨은 기념비적인 프레임을 만들어 냈지만 (어쨌거나 지구온난화는 지구 전체와 관련이 있다) 많은 사람이 일상에서 겪는 경험에 반향을 일으키지는 못했다. 사람들이 공명하지 않으면 프레임은 효과가 없다. 지구가 더워지고 있다는데 왜 올해는 눈이 이렇게 많이 내렸을까? 그리고 온난화가 정말 그렇게 큰 문제일까? 추운 기후에서 사는 사람이라면 더 따뜻한 날씨에 감사할지도 모를 노릇이다.

화석연료 기업들은 자신의 정치적 협력자들과 함께 회의론을 부추기고자 최선을 다했고 런츠는 자신의 다이얼 테스트 장치를 다시 활용했다. 런츠의 새로운 목표는 지구온난화라는 프레임을 재구성해서 과학적 불확실성을 강조하는 한편, 사람들이 두려워하지 않게 만드는 것이었다. 그가 정한 새로운 용어는 바로 기후변화climate change였다. 기후변화라는 프레임은 지구온난화보다 더 정확한 표현처럼 여겨진 덕분에 한층 더 흡인력을 발휘했다. 지구의 기후가 변화하고 있다는 건 확실하고 그 사실에 대해서는 아무런 이견도 없다. 하지만 기후와 날씨가 같다고 생각하는 보통 사람들에게 기후가 변화하고 있다는 말은 뭔가 새롭게 느껴지지 않는다. 누구나 날씨는 항상 변한다고 생각하기 마련이다.

기후변화라는 말은 또한 전 지구적 기온 상승을 감당할 만한 것으로 만들었다. 자연은 항상 변화하고 있고 우리는 항상 그런 변화에 대처해 왔다고 생각하기 쉽다. 2001년에 부시 미국 대통령은 자신의 연설에서 지구온난화라는 표현을 자주 사용했다. 하지만 2002년에 공화당 지지자들이 기후변화라는 용어를 중심으로 의견을 모으자 부시는 지구온난화라는 표현을 연설에서 단 몇 차례 언급하고 마는 수준으로 줄였다. 부시 행정부는 새 프레임을 갖게 됐고 다른 모든 사람 역시 마찬가지였다.

기후변화는 승승장구했고 누구도 이 말이 무엇을 일컫는 말인지 모를 지경에 이르렀다.*

거의 20년이 흐른 뒤에 신경마케팅neuromarketing(뉴런과 마케팅을 결합한 용어로, 무의식적 반응과 같은 두뇌활동을 분석해 이를 마케팅에 접목한 활동을 뜻한다.─옮긴이) 기관의 연구자들은 대안이 될 프레임을 시험해 보겠다는 결정을 내렸다. 그들은 사람들이 지구온난화에 맞서 행동을 취하도록 동기를 부여할 가능성이 최고로 큰 프레임을 찾고자 했다.[7] 연구자들은 정치 성향 전반에 걸쳐 참가자를 모집해 기후 상황을 묘사하는 여섯 개의 다른 표현을 들려주고 그들의 악어 뇌가 나타내는 생리학적 반응을 측정했다. 그들은 전극을 참가자들의 두피와 손바닥에 각각 부착해 뇌의 활동과 땀을 측정했으며 웹캠으로는 표정을 추적해 정서적 반응 강도를 살폈다. 측정 결과, 기후변화가 가장 약한 반응을 끌어냈고 지구온난화는 그다음이었다. 가장 강한 반응을 끌어낸 프레임은 바로 기후위기climate crisis였다. 기후위기는 기후변화보다 민주당 지지자에게서는 60퍼센트, 공화당 지지자에게서는 200퍼센트 강한 반응을 끌어냈다. 위기는 기념비적이지만 잠재적으로는 감당할 만한 것으로 받아들여졌다. 기후위기는 아직은 너무 늦지 않았지만 곧바로 대규모 조치를 하지 않으면 곧 늦게 될 것이라고 받아들여졌다.

---

\* 2017년, 기후변화가 프랭크 런츠의 정곡을 찔렀다. 런츠가 새벽 3시에 요란하게 울리는 비상사태경보에 잠에서 깨었을 때 창밖은 화염으로 가득했다. 스커볼 산불Skirball Fire이 맹렬하게 번지고 있었다. 런츠는 안전하게 대피했지만 이 산불로 로스앤젤레스 인근 벨 에어Bel Air 지역에서 400에이커 이상이 전소됐다. 이 일을 겪고 나서 런츠는 초당파적 안건이 되고 있었던 기후위기 완화 노력을 돕는 쪽으로 돌아선다.

2018년에 앨 고어Al Gore는 상황이 얼마나 심각해졌는지를 자신의 기후 현실 프로젝트Climate Reality Project와 함께 언론사에게 알리고자 기후변화를 기후위기라는 프레임으로 다시 조정해 달라고 요구하는 계획에 착수했다. 기후위기라는 용어와 함께 기후비상사태climate emergency가 전 세계 주요 언론 매체와 유엔사무총장 안토니우 구테흐스António Guterres가 선호하는 프레임으로 자리 잡았다. 2019년에 구글에서 기후위기를 검색한 비율은 2018년에 비해 다섯 배 높았고, 기후비상사태는 옥스퍼드 사전 올해의 단어 부분 최종 후보에 오르기도 했다. 이런 급박한 프레임이 행동에 어떻게 영향을 미칠지는 두고 볼 일이다.

### 불가사의한 프레임

다음 문장을 한번 읽어 보라. '마은음 철자를 하나하나 읽지 고않 단어 전체를 는읽다.'The mnid deos not raed ervey lteter by istlef, but the wrod as a wlohe. 철자가 틀렸음에도 이상하게 쉽지 않은가? 바로 추측하는 우리의 시각 처리 시스템 덕분이다. 세 번째 강력한 프레임인 불가사의한 프레임이 효과적인 것은 추측 과정과 그 과정에 따라다니는 기대를 교란하기 때문이다. 불가사의한 프레임은 변화나 불확실성을 도입하는 방식으로 악어 뇌에 직접 영향을 미친다. 악어 뇌가 이런 변화나 불확실성에 곧바로 동조한다. 새로운 위협이고 새로운 기회다. 호기심이 발동한다.

'새로운'이나 '갑자기'나 '긴급 속보' 같은 단어나 구절은 변화한 것에 대한 호기심을 촉발하는 불가사의한 프레임이다. '불가사의', '남모르는' 또는 '폭로하다' 같은 단어들이나 의문문으로 프레임을 입힌 주제들은 바탕에 놓인 동일한 불확실성을 촉발하고 이런 불확실성은 우리의 호기심을 자극한다. 불가사의한 프레임은 악어 뇌의 주의를 끈다. 악어 뇌가 빠져 있는 세부 사항을 채우지 못하면 판사 뇌에 알려 해결되지 않은 사건을 떠맡도록 한다. 하지만 여기에는 정신적 자원이 필요하다. 이런 현상의 이면은 일단 한 인지 과정이 완결되면 우리가 더는 그 과정에 신경 쓸 필요가 없고 그 과정이 마음의 맨 위에 있지도 않다는 사실을 말해 준다.

1920년대 베를린의 한 카페에서 당시 박사과정 학생이었던 블루마 자이가르닉Bluma Zeigarnik은 지도교수 쿠르트 레빈Kurt Lewin과 몇몇 학계 동료들과 함께 담소를 나누고 있었다. 그들은 아무것도 받아 적지 않고 복잡한 주문을 문제없이 처리한 카페 직원의 흠 잡을 데 없는 기억력에 깊은 인상을 받고서 직원의 기억력을 시험해 보기로 했다.[8] 그들은 접시와 컵을 냅킨으로 덮은 후 직원을 불러 조금 전에 그가 가져온 음식을 열거해 달라고 부탁했다. 놀랍게도 직원은 대부분을 기억해 내지 못했다. 당신도 벼락치기로 시험공부를 하면서 기억이 만들어 낸 기이한 일을 똑같이 겪어 봤을지 모르겠다. 시험에 필요한 사실들을 기억했지만 시험을 마치고 나면 모두 마음에서 사라져 버린 경험 말이다. 며칠 뒤에 재시험을 치러야 했다면 당신도 카페 직원처럼 아무것도 모르는 상태였을 것이다.

자이가르닉은 기억이 사라진 현상을 조사해 봐야겠다고 결심했다. 그는 실험 참가자들이 끝난 과제보다 끝나지 않은 과제의 세부 사항을 더 잘 기억한다는 사실을 발견했다.[9] 후대의 연구자들은 사람들의 완료 욕구를 자이가르닉 효과Zeigarnik effect라는 용어로 명명했고 이 사실을 거듭해서 확인했다. 사람들의 주의는 완료되지 않은 작업이나 풀리지 않은 문제에 사로잡힌다. 하지만 일단 불확실성이 해소되면 작업기억working memory은 새 정보를 받아들일 여유 공간을 만들기 위해 불필요한 것을 비워 낸다. 자이가르닉 효과는 당신이 왜 바보 같은 영화나 지루한 기사를 빨리 해치우려고 하는지, 당신이 왜 중요하지도 않은데 강박적으로 배우의 이름을 기억하려는 애쓰는지, 왜 내가 "네안데르탈인이 멸종한 이유는 그들에게 재킷이 없어서였을까?" (분명히 아니다) 같은 낚시성 질문에 낚이는지를 설명한다.

비슷한 원리로 목표를 향해 나아가는 일은 보람되게 느껴지고 완성에 더 가깝게 다가갈수록 훨씬 더 보람되게 느껴진다. 이것이 바로 커피가게에서 몇 잔을 더 마셔야 무료 커피를 받을 수 있는지 확인할 수 있는 스탬프 카드를 제공하고, 비디오게임에 이용자가 완료해야 할 일련의 레벨을 수록하고, '커다란 재무적 실수 10가지'와 같은 목록 형식의 기사를 읽다가 4번에서 멈추기 어려운 이유 가운데 하나다.

### 프레임 결합하기

강력한 동기부여를 위한 세 가지 프레임, 즉 기념비적 프레임, 감당할 만한 프레임 그리고 불가사의한 프레임은 힘을 합칠 수도 있다. 자신을 하나의 프레임에 묶어 둘 필요는 없다. 맥카프리와 파월이 첫 번째 종이 클립 거래를 시작했을 때 두 사람은 참여자들에게 자신들이 기념비적인 무언가에 참여할 기회가 있다는 사실을 알렸다("우리는 자동차와 맞바꾸려고 노력하고 있어요! 그 자동차가 누군가의 삶을 바꿀 수도 있어요"). 게다가 자신들이 요청하고 있는 것이 완전히 감당할 만하다는 점을 분명히 밝혔다("우리와 물건 한 개를 맞바꿔 주시기만 하면 돼요"). 알고 보면 프레임

두 개를 결합한 일은 매우 효과적이었다.

세 가지 강력한 프레임을 한데 합친 사례 가운데에서 내가 가장 좋아하는 사례는 집 정리법을 다룬 책 한 권이다. 개인적인 생각이지만 나는 그처럼 별 호소력 없는 주제는 생각해 본 적이 없다. 하지만 나는 한 번도 들어 본 적 없는 곤도 마리에Marie Kondo라는 작가가 쓴《곤도 마리에의 정리의 힘》이라는 제목의 얇은 책에 끌렸다. '삶을 바꾸는＝기념비적이다! / 마법＝불가사의하다! / 정리정돈＝감당할 만하다!' 세 개의 프레임이 단 여섯 단어의 영어 제목에 모두 들어 있었다.[10]

곤도의 숙한 프레이밍은 어떤 결과를 가져왔을까? 40개 언어로 출판돼 1,100만 부 이상 팔린 세계적인 초대형 베스트셀러를 탄생시켰다. 집 정리법을 다루는 TV쇼도 등장했다. 간단한 세 개의 프레임에 정통했을 때 그 힘은 강력하다. 곤도가 자신의 약속을 모두 지킬 필요가 있었을까? 당연하다. 약속을 지켰을까? 틀림없다. 만약 곤도의 책이 부제인 '일본식 정리정돈의 기술'The Japanese Art of Decluttering and Organizing이라는 제목으로 출간됐어도 지금만큼의 성공을 이룰 수 있었을까? 판단은 당신 몫이다.

### 실생활 속의 프레이밍

이제 세 가지 큰 프레임에 친숙해졌으니 어디에서나 각각의 프레임들이 보이기 시작하고 당신에게 미치는 영향에 주목하게 될 것이다. 당신이 이제부터 스스로 각 프레임들을 활용하는 데 도움이 될 몇 가지 목록을 알려주겠다.

간단히 말해서 프레이밍은 커다란 힘의 비밀을 여는 간단한 도구다(내가 이 문장에서 뭘 했는지 알겠는가).

| 기념비적인 프레임 | |
|---|---|
| 큰 것 | 모든 사람, 모든 것, 은하계, 전 세계적인, 행성, 인구, 우주, 세계 |
| 극단적인 것 | 항상, 10억, 지복至福, 파국, 깊은 틈, 우주의, 위기, 악마, 서사시, 재앙, 신성한, 황홀경, 유행병, 영원한, 실존적인, 괴짜, 법칙, 전설, 천년, 백만, 결코 아닌, 혁명 |
| 극적인 것 | 군대, 전투, 배반, 충돌, 용기, 위험, 감히 ~하다, 욕망, 적, 폭발하다, 두려움을 모르는, 죽이다, 살인, 권력, 반역자, 경쟁자, 생존, 위협, 전쟁 |

| 감당할 만한 프레임 | |
|---|---|
| 간단한 과제들 | 습관, 파종, 게임, 프로젝트, 수정 |
| 적은 시간 | 날, 시간, 즉시, 분, 순간 |
| 효과성 | ~이다, 할 수 있다, 자기 손으로 직접 하기DIY, 하다, 도움을 주다, 하는 방법, 만들다, 해결책 |

| 불가사의한 프레임 | |
|---|---|
| 불확실한 것 | 습관, 파종, 게임, 프로젝트, 수정 |
| 변화하는 것 | 불을 붙이다, 새로운, 불꽃을 일으키다, 탈바꿈 |
| 창의적인 것 | 예술, 상상하다, 혁신, 독창적인, 독특한, 경이 |
| 밝혀질 비밀들 | 고백, 컬트적인, 어두운, 정체를 폭로하다, 숨겨진, 보이지 않는, 거짓말, 신화, 과학, 비밀, 놀라움 |
| 초자연적인 것 | 마법을 걸다, 마법, 드러나다, 괴물, 정령 |

# 무슨 일 하시나요?

나는 새로운 프레임 하니 때문에 일에 접근하는 방식을 완전히 바꾼 적
이 있다.

유니온 스퀘어 카페Union Square Cafe나 그래머시 태번Gramercy Tavern 같은
유명 식당을 운영하는 레스토랑 경영자 대니 메이어Danny Meyer가 예일대
학교 경영대학원을 찾아와 강연하면서 새로운 프레임 하나를 제안했다.
메이어는 우리에게 이렇게 말했다. "여러분은 모두 접객업에 종사하고
있는 겁니다." 이 말은 우리가 하는 일을 참신한 시각으로 보라는 권고
였다.

내가 교수로 막 발걸음을 뗄 무렵, 나는 여전히 내가 이야기하는 내용
을 모두 알고 있음을 증명하고자 고군분투하고 있었다. 그래서 내 직업
은 '제다이 마인드 트릭Jedi mind trick(영화 〈스타워즈〉Star Wars 시리즈에 등장하
는 포스force 기술로 상대의 정신을 조종하거나 조작하는 고차원적 기술을 말한

다.―옮긴이)을 가르치는' 일이라고 큰소리치곤 했다. 이후 내 수업은 불가사의한 것처럼 들렸고 나는 제다이 마스터 같은 존재가 돼 버렸다. 하지만 현실에서 나는 이 쇼의 스타이자 감독이자 무대 관리자 역할을 동시에 해내려고 아등바등 애쓰고 있었다. 내 MBA 강의는 유동적인 부분이 많았고 나는 매일같이 세부 사항에 집중하면서 서둘러 강의에 들어가곤 했다. 나는 불과 몇 주 만에 긴밀한 유대를 가진 공동체를 만들려면 구성원 사이에 엄격한 규범과 규칙이 필요하다고 생각했다. 그래서 규범과 규칙을 실행하기 위해서 내 강의 조교들에게 의지했다. 학생들은 제출해야 할 평가 과제를 한가득 받았으며 누군가가 제출 마감을 놓치기라도 하면 나는 그때마다 신경이 곤두섰다.

한번은 내가 정말로 아끼던 강의 조교 한 명이 내게 이렇게 불만을 털어놓았다. "교수님 강의를 듣고 나서 교수님과 함께 일하는 게 재미있겠다고 생각했어요. 하지만 교수님을 보면 제 일을 제대로 해보겠다는 의욕이 들질 않아요." 나는 답답했다. 나를 돕는 조교가 의욕을 갖고 자기 일을 하도록 만드는 게 내 일이라는 생각에 회의감이 들었다. 학생들은 강의 전이나 강의가 끝난 후에 내게 벌 떼같이 모여들었지만 너무 바빴던 탓에 학생들의 이야기를 들어줄 수 없었다. 나는 주의력을 아껴 두었다가 가르치는 일에 썼고 덕분에 강의를 할 때 빛날 수 있었다. 하지만 그 밖의 모든 순간에 나는 갈팡질팡 헤매고 있었다.

메이어가 제안한 접객업 프레임은 나 스스로 이렇게 묻도록 이끌었다. '학생들을 가르치는 게 아니라 학생들을 손님처럼 대한다면 어떨까?'

접객업이라는 새 프레임이 모든 것을 바꿨다. 나는 진정으로 내 관심을 나 자신에서 학생들로 옮겨 놓을 수 있었다. 파티에서 중요한 건 주인보다 손님이다. 접객업 프레임은 강의의 권력 역학을 바꿔 놓았다. 주최자는 자기 손님들을 담당하는 것이 아니라 손님들을 대접한다. 그리고 주최자는 누구에게도 뭘 하라고 말하지 않으며 그저 뭔가 놀라운 일에 참여하라고 넌지시 권할 뿐이다.

또한 접객업 프레임은 내가 세운 까다로운 기준에서 나를 해방시켰다. 제다이 마스터라면 완벽해야 할 테지만 주최자는 파이를 태우기도 하고 소파에 묻은 고양이털을 그냥 둘 수도 있다. 학생들이라면 강의에 꼬박꼬박 참석하고 모든 과제를 끝마쳐서 선생을 기쁘게 할 테지만 손님이라면 늦게 왔다가 빨리 떠날 수도 있고 카펫에 와인을 쏟더라도 주최자가 마음에 담아 두지 않을 수도 있다. 평가는 여전히 이뤄져야겠지만 우리에게는 그 모든 엄격한 규칙이 필요하지 않았다.

심지어 접객업이라는 새 프레임은 내가 학생들의 경험에 더 집중하는 데 도움이 됐고 학생들에게 책임감을 느끼는 일에서 나를 자유롭게 해 줬다. 주최자는 모든 손님이 마음 놓고 즐겁게 시간을 보낼지 장담할 수 없다. 그건 주최자가 어쩔 수 없는 일이다. 하지만 주최자는 촛불을 켜고 음악을 틀고 술에 취한 채 집으로 차를 몰고 가는 사람이 한 사람도 없도록 애쓸 수 있다. 주최자는 이렇게 말할 수 있다. "만나서 정말 반가워요. 즐겁게 보내시길 바랄게요." 그리고 진심으로 그러길 바랄 수 있다.

새 강의 조교들을 뽑으면서 나는 이들에게 도움을 요청했다. "이 강의는 우리가 연 파티예요. 우리는 주최자고요." 우리는 시간이 다 돼서 막판에 우르르 몰려가지 않고 일찍 모습을 드러내 웃으면서 우리 손님들을 맞이했다. 우리는 손님들의 이름을 기억하려고 열심히 노력했다. 배려심 넘치는 한 주최자가 혼자 떨어져 앉아 있는 사람을 찾아냈고 나는 뒤처진 학생들에게 관심을 기울였다. 꾸짖으려는 게 아니라 그냥 그 학생들이 어떻게 하는지 보기 위해서였다. 주최자 한 명이 도와준 덕분에 손님들이 서로를 알게 됐다. 그래서 나는 개인 면담 시간을 집단 면담 시간으로 바꿨다. 학생들에게 더 많은 시간을 쓸 수 있었고 내가 개입하는 시간을 줄일 수 있었다.

나는 학생들에게 우리가 어떤 이야기든 할 수 있다고 알렸다. 나는 강의가 끝난 후 별다른 일이 없어도 자리를 뜨지 않았고 심지어 우리가 가상 플랫폼으로 이동해야 했을 때도 서두르지 않았다. 학기가 끝난 후에도 면담 시간을 계속 운영했고 이는 참여를 원하는 누구에게나 열려 있었다. 나는 더 이상 출석을 요구하지도 않고 하물며 출석을 부르지도 않았다. 주최자인 당신은 손님들이 자신의 파티에 온 이유가 '그들이' 오고 싶었기 때문이길 바란다. 어느 날인가, 학생들의 약 90퍼센트가 자신의 자유로운 선택으로 강의에 모습을 드러냈다. 학생 대다수는 한 번도 강의에 빠지지 않았다.

우리 강의는 여전히 하나의 강의에 지나지 않는다. 하지만 내가 학생들을 손님으로 여길 때 '내게' 일은 파티에 더 가깝게 느껴지고 나는 더 좋은, 더 행복한 선생이 된다. 어쩌면 만약 '당신이' 접객업에서 일하고 있다면 상황이 어떻게 바뀔 수 있을지 자문해 보고 싶을지도 모르겠다. 만약 그렇지 않더라도 자신에게 질문해 보라. 당신은 어떤 '일'에 몸담고 싶은가?

# 제6장

# 내 안의
# 두 살배기

현명한 통치자는 백성을 사랑하기에 힘을 쓰지 않고 이끈다.
현명한 통치자는 백성을 보호하되, 통제하지 않는다.
_노자, 《도덕경》

한번은 아빠가 살아 있는 방울뱀 새끼 한 마리를 잡아 코카콜라 병에 넣어서 우편으로 할머니께 보냈다. 할머니는 그것을 받고 크게 기뻐하셨단다. 이 이야기는 우리 가족에 대해 많은 것을 말해 준다. 아빠는 타고난 반항아였다. 아빠가 처음으로 저지른 반항은 나이 여섯에 더 이상 피아노 레슨을 받지 않겠다고 마음먹고 집에서 도망친 것이었다. 아빠는 몇 주간 버틸 물품을 모은 다음 배낭을 메고 여동생 캐시와 함께 창문을 타고 넘었다. 두 아이는 부모가 학교에 전화를 걸고 결국 경찰에 연락할 때까지 숲속에 숨어 있었다. 이모가 할아버지 목소리를 듣고 "아빠!"라고 소리쳐 배신하지만 않았다면 두 아이는 훨씬 더 오래 버틸 수 있었을 터였다.

내가 아빠와 함께 보냈던 어린 시절의 여러 순간 가운데 가장 기억에 남는 사건이 있다. 우리는 오밤중에 숲속을 질주하고 철벅거리며 개울을 건넜고 경찰 헬리콥터의 탐조등이 우리를 찾으려고 덤불을 살필 때 몸을 숨기기 위해 물속에 뛰어들었다. 우리가 아주 끔찍한 일을 저질렀던 건 아니다. 그냥 폭죽을 터뜨렸을 뿐인데 폭발이 너무 컸고 아빠는 중국산 폭죽을 암시장에서 주문했을 뿐이었다. 아빠는 누구에게도 해를 입히지 않고 자신이 어떤 일을 할 수 있다면 규칙이나 규범, 심지어 법을 어기는 일에 크게 신경을 쓰지 않으셨다. 아빠는 항상 자기 삶의 주인은 자신이어야 한다고 믿으셨다.

아빠는 설령 당신이 실제로 자신의 사장이고 자기 일을 좋아한다고 해도 당신에게 반항하셨을 거다. 아빠는 당신이 아빠의 아내이고 당신을 너무나 사랑한다고 해도 당신에게 반항하셨을 거다. 새엄마는 아빠에게 더는 숲속에 표적을 세우지 말고 사격은 사격장에서만 하라고 요구하셨다. 새엄마의 요구는 너무도 합당했지만 아빠는 남들 모르게 총알받이라고 불리는 큰 강철 상자를 구매하셨다. 번개를 동반한 폭풍우가 치는 날, 마침 새엄마가 집을 비우고 천둥소리가 이웃들의 주의를 흩어 놓는 날 아빠는 벽난로에 총알받이를 설치했다. 나는 아빠와 함께 총알받이에 대고 22구경 권총으로 사격을 하곤 했다. 비록 아빠가 다른 사람들보다 더 반항적이었을 수 있지만 그런 성향 때문에 아빠가 특별한건 아니었다. 사실 반항하겠다는 아빠의 충동 덕분에 어느 정도 아빠가 순응주의자가 됐다고도 볼 수 있다. 일반적으로는 제약이나 설득을 위협으로 여기는 게 정상이다.

우리의 생존은 위협을 얼마나 잘 탐지하느냐에 달려 있어 우리 뇌는 위협 탐지를 강조한다. 악어 뇌는 재앙을 피하려고 끊임없이 환경을 살피면서 잠재적 위협을 찾는다. 위협 탐지가 빠르게 이뤄지는 탓에 우리는 빠르게 반응할 수 있다. 바꿔 말하면 때로는 과잉반응도 빠르게 이뤄진다는 뜻이다. 고양이가 오이를 보고 깜짝 놀라 어쩔 줄 몰라 하는 온라인 동영상을 본 적이 있는가? 오이는 어떻게 보면 뱀 같기도 해서 고양이가 밥을 먹고 있는 동안 뒤에 오이를 두면 고양이는 길쭉하고 녹색인 물체에 시선을 빼앗긴다. 오이를 보고 놀란 고양이는 그 순간 바닥에서 갑자기 튀어 올라 벽과 테이블에 맞고 튀어나온 공처럼 이리저리 날뛴다. 너무 심한 행동이기는 하지만 상당히 웃기다.

인간의 뇌도 고양이의 뇌와 별반 다르지 않다. 우리는 위협적인 이미지를 다른 이미지보다 빨리 식별한다. 또한 우리 뇌는 우리가 무엇을 보고 있는지 인식하기도 전에 위협을 경고한다. 공포증phobia을 연구하는 아르네 외만Arne Öhman은 전극을 이용해서 참가자들이 일련의 사진을 볼 때 나타나는 반응을 관찰했다. 몇 장은 꽃처럼 해가 되지 않는 대상을 찍는 사진이었고, 몇 장은 거미나 뱀처럼 잠재적인 위협이 되는 대상을 찍은 사진이었다. 각각의 이미지는 30분의 1초 동안만 화면에 나타났다. 짧아도 너무 짧은 시간이어서 참가자 대부분은 이미지가 무엇인지를 의식적으로 인식하지 못했다. 하지만 악어 뇌가 반응했다. 뱀이나 거미 이미지가 쌩하고 지나가자 시청자들이 땀을 흘리기 시작했다.[1]

다음 실험을 한번 해보라. 다음의 흐릿한 이미지들을 보고 새, 고양이, 물고기 그리고 뱀을 식별할 수 있는지 보라.

아무것도 보이지 않는다고 걱정할 필요는 없다. 나 역시 보지 못한다. 하지만 사람들에게 억지로라도 추측해 보라고 하면 사람들의 본능은 위험한 쪽으로 왜곡된다. 고양이가 (D), 물고기가 (C) 또는 새가 (A)라고 추측할 수 있었는가? 뱀이 (B)인 건 어떤가? 위협 탐지를 연구하는 가

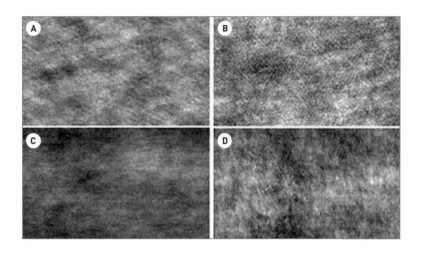

와이 노부유키Nobuyuki Kawai와 허 홍셴Hongshen He이 이미지들을 자원자들에게 보여 주자 약 절반 정도가 위협적이지 않은 동물을 식별할 수 있었다. 하지만 전체의 75퍼센트가 (B)를 뱀이라고 분간할 수 있었다.[2] 연구자들이 모든 이미지에서 흐림 정도를 달리해 가며 실험을 하자 사람들은 뱀을 가장 정확하게 식별했다. 뱀은 인간에게 잠재적 위협이기 때문이다.

악어 뇌는 유난히 위험에 민감하다. 아무리 선의라고 해도 당신이 영향력을 행사하려고 애쓰는 대상이 된 누군가는 당신이 그들의 시간, 주의, 돈이나 다른 소중한 자원을 빼앗으려 위협한다고 느낄 수도 있다. 이것이 바로 당신의 이야기가 말이 되지 않는다고 느낄 때 사람들이 '아니요'라고 말하는 이유다. 심지어 그들은 당신의 훌륭한 아이디어를 듣기도 전에 거절을 할지 모른다. 그만큼 악어 뇌는 결과에 결정적인 영향을 미친다.

위협 감지 외에도 영향력에 저항을 일으키는 것이 있다. 당신은 손실 회피라는 보편적 편향에 직면하기도 한다. 사람들은 자신이 얻을 수 있는 것과 포기해야 할 수도 있는 것을 비교해 기회를 평가하면서 이득보다 손실에 훨씬 더 무게를 둔다. 카너먼과 아모스 트버스키Amos Tversky는 손실 회피를 비롯한 의사결정 현상을 연구해 1970년대에 행동경제학 분야에 불을 지폈고 2002년에 노벨상을 받았다. 지난 50년 동안 무수한 실험을 통해 연구자들은 사람들이 손실을 비슷한 크기의 이득보다 약 두 배가량 중요하게 평가하는 경향이 있음을 밝혀냈다.[3] 우리는 20달러를 얻으려고 행동하는 만큼 10달러를 잃지 않으려고 행동한다. 어떤 변화가 그럴 만한 가치가 있다고 느껴지려면 그 변화가 정말 정말 좋아야한다. 영향력을 행사하려는 사람에게 비율은 기본 개념보다 중요성이 덜하다. 즉 사람들은 심리적으로 현상 유지를 선호한다.

사람들은 자신들의 자유를 포기하는 것을 가장 싫어한다. 인지된 자유를 박탈당하거나 위협을 받을 때면 우리는 언제나 무슨 수를 써서라도 자유를 되찾으려고 애쓴다. 특정 방식으로 행동하도록 강요당하고 있다고 느끼면 단지 거부하는 데 그치지 않고 강요에 반대하는 일로 대응한다. 그야말로 우리 내면의 두 살배기가 폭주한다. 누군가 우리를 통제하려 들면 아주 작은 조짐만 보여도 내면의 두 살배기는 소리를 질러댄다. '너는 내 주인이 아니야! 내게 이래라저래라 하지 마!' 이런 현상을 심리적 반발이라고 한다.

실제 두 살배기를 대상으로 진행한 고전적 반발 실험에서 연구자들은 아이들을 연구실로 불러 장난감 두 개 중에서 어느 것을 가지고 놀고 싶은지 물었다.[4] 장난감 하나는 쉽게 손에 닿았고 다른 하나는 특수 아크릴 수지로 만든 높은 장벽 뒤에 놓여 있었다. 우리 짐작처럼 장난감의

심리적 반발:
닭을 보지 마세요!

게임 종료

종류와 무관하게 아이들은 한결같이 장벽 뒤에 놓인 장난감을 골랐다.
우리는 선택의 자유를 원하며 누군가 자유를 제한하려 들면 반발하는
경향이 있다. "계속 집중해서 이 그림 받침대를 봐 주세요."라고 말할 때
브라운은 자신의 지시가 우리 내면의 두 살배기를 부추겨 그림 받침대
에 집중하는 대신에 여기저기 둘러보게 만드리라는 것을 알고 있었다.

무슨 말인지 알겠는가?

내가 한 회사에서 일하던 때였다. 회사는 손해를 보고 있었고 그래서
회사가 상여금을 삭감했을 때도 우리는 이해했다. 하지만 회사 회계 담
당자가 앞으로는 휴게실에 코코아 통을 비치하지 않겠다고 결정했을
때 우리는 분개했다. 코코아가 커피보다 더 비싸다는 이유였다. 한동안
코코아가 복도에서 나누는 모든 대화의 주제가 됐다.

그때 나는 코코아를 쭉 마셔 온 사람도 아닐뿐더러 전에 누군가 코코
아를 마시는 모습을 본 적이 있는지 떠올리려 해도 떠올릴 수 없다는 사
실을 깨달았다. 그렇다면 왜 나는 그렇게 화가 났던 걸까? 누군가 불

평할 때마다 이전에 코코아를 쭉 마셨었는지 물었다. 모두 이렇게 말했다. "음, 아니요. 저는 코코아를 마시지 않아요. 그래도 이 일은 터무니가 없네요." 우리가 견딜 수 없었던 건 코코아를 빼앗겼다는 사실이 아니었다. 우리가 견딜 수 없었던 건 어느 날인가 혹여 우리가 코코아를 선택하고 싶을 때 이를 선택할 수 있는 자유를 잃었다는 사실이었다.

행동주의 심리학자 스키너B. F. Skinner는 사람들이 복권의 형태로 정부에 돈을 주는 데에는 개의치 않는다는 사실을 관찰했다.[5] 사람들은 이를 선택의 문제로 받아들이고 있었다. 하지만 세금을 내라고 강요당하면 설령 자신들이 도로나 학교를 비롯해 세금으로 돈을 대는 다른 서비스에 의존하고 있더라도 대다수 사람이 화를 낸다. 세금을 내야 한다는 사실은 팬데믹 동안 마스크를 착용하라고 (반발을 불러일으킬 위험을 무릅쓰고 얻은 공동선common good의 승리다) 강요당하는 일과 마찬가지다.

2010년, '고기 없는 월요일'Meatless Monday이라는 운동이 등장해 사람들에게 고기를 더 적게 먹도록 유도했다. 고기가 빠지면 제대로 된 끼니가 아니라고 생각하는 사람도 있었다. 하지만 일주일에 하루 정도 고기가 없는 식사로도 맛과 포만감을 충분히 경험할 수 있다면 어떤 일이 생길까? 아마 음식을 바라보는 마음이 전혀 달라질 것이다. 이는 작은 발걸음이었다.

구글의 급식팀은 캘리포니아 마운틴뷰Mountain View에 자리한 구글 본사에서 고기 없는 월요일을 시험 운영해 보기로 했다. 구글 급식팀은 우선 9월 한 달 동안 매주 월요일마다 구글 카페 두 곳에서 돼지고기, 소고기, 닭고기를 제공하지 않기로 했다(단, 어류는 제공하기로 했다). 하지만 구글 캠퍼스에는 여전히 매일 육류를 제공하는 22개의 다른 카페가 있었기에 직원 대부분은 크게 개의치 않았다. 하지만 시범 사업을 언짢게 생각한 직원들은 감정을 숨기지 않았다. 급식팀은 이런 메시지를 받았다.

'더는 내 인생에 대해 이러쿵저러쿵 떠들지 마세요. 지금까지 해왔던 방식으로 공짜 밥 주기 싫으면 카페 전부 문 닫아요. 진심으로 말하는데 이 ***을 그만두세요. 그러지 않으면 마이크로소프트든, 트위터든, 페이스북이든 우리를 엿 먹이지 않는 회사로 갈 테니까.'

이런 반응은 이메일로 끝나지 않았다. 불만 가득한 직원들은 '고기 없는 월요일' 카페 바로 앞에서 항의 바비큐 파티를 열었다. 구글은 직원들의 메시지를 받아들였고 그렇게 '고기 없는 월요일' 실험은 끝이 났다.

돌아보건대 여기서 가장 큰 문제는 프레임이었다. '고기 없는'이라는 말은 정확한 표현이었지만 직원들이 잃는 것을 강조하고 있었다. '우리는 당신에게서 고기를 빼앗을 거야.' 즉 구글은 직원들의 자유를 제한하고 있었다. 숨겨진 의미도 문제이긴 마찬가지였다. '왜' 직원들은 고기 없이 지내라는 이야기를 듣고 있어야 할까? 건강상의 이유일까? 그렇지 않으면 잡아먹힐 동물들을 위해서일까? 아니면 지구를 이롭게 하기 위해서일까? 하지만 솔직히 말해서 어떤 이유도 상황을 까다롭게 만들 수 있고 사람들이 평가를 받고 있다고 느끼게 만들 수 있다. 그로 인해 사람들이 저항하거나 아니면 당신을 괴롭히기 위해 문제를 깊이 파고들 가능성이 더 커진다.[6] 채식 위주의 식사를 촉진하는 더 효과적인 접근방식은 어떤 모습일까?

이선 브라운Ethan Brown은 개 다섯 마리, 말 두 마리, 고양이 한 마리, 거북이 한 마리 그리고 윌버라는 이름의 배불뚝이 돼지 한 마리와 산다. 브라운의 가족은 그가 어렸을 때 낙농장을 하고 있었고 그는 동물을 사랑했다. 브라운은 고기, 특히 버거 종류를 무척 좋아했다. 그가 가장 좋아하는 샌드위치는 간 소고기 110그램 정도에 녹은 치즈가 묻어 있고 얇게 저민 델리햄을 켜켜이 쌓은 로이 로저스Roy Rogers의 더블 알 바 버거 Double R Bar Burger였다. 하지만 브라운은 철학 소년이었다. 왜 사람들이 개는 사랑스럽게 꼭 안아 주면서 돼지는 조각조각 잘라 내는지 궁금했다. 브라운은 육식을 그만뒀다가 다음에는 채식을 그만뒀고 다시 육식을 그만뒀다. 어려운 일이었다.

산업용 가축이 화석연료만큼이나 지구에 해를 줄 수도 있다는 사실을 알게 되자 브라운은 자신이 육식으로 되돌아가는 일은 결코 없으리라 생각했다. 그는 당시 수소연료전지 개발에 힘을 쏟고 있었다. 수소연료전지는 석유를 대체하고 지속가능성도 에너지원이었다. 브라운은 만약 동물을 대체하고 지속가능성이 더 큰 육류 공급원이 있다면 어떻게 될지 궁금했다. 그는 육류를 다시 프레이밍했다. 만약에 육류가 단백질, 지방 그리고 특별한 형태에 특별한 맛을 내는 풍미의 조합이고 꼭 동물에서 얻을 필요가 없는 것이라면 어떨까? 브라운은 미주리대학교University of Missouri의 교수 두 명과 접촉했다. 두 교수는 이미 연구실에서 식물 기반 단백질을 실험하고 있었다. 연구진이 늘어나자 브라운은 식물에서 단백질 분자를 떼어 낸 다음 이를 재조합해서 닭고기, 소고기, 돼지고기의 맛과 식감을 만들어 낼 방법을 찾기로 했다. 연구진과 함께 브라운은 버거와 소시지를 비롯해 여러 육류를 만들어 냈다. 식물을 기반으로 육류를 생산하면 동물에서 육류를 생산하는 것보다 물은 99퍼센트, 토양은 93퍼센트 적게 필요했으며 온실가스는 90퍼센트 적게 배출된다.

한때 고기 애호가였던 브라운은 자신의 비전이 불러올 저항을 예상했다. 그는 음식에 건강하다는 프레임을 입히면 맛이 안 좋다는 뜻으로 해석하거나[7] 사람들의 일상적인 식사 습관을 못마땅하게 여긴다고 해석하는 사람이 있다는 사실을 이해했다. 그는 또한 다른 모든 사람이 그렇듯 육식가들이 자신의 선택으로 자기들이 나쁜 사람이 됐다는 소리를 듣기 싫어한다는 사실도 이해했다.[8]

모든 사항을 염두에 두고서 브라운은 덕목virtues을 중심으로 고기 없는 버거의 장점을 프레이밍하지 않겠다고 마음먹었다. 대신 그는 맛있다는 사실에 집중했고 자신의 새 제품을 비욘드 미트Beyond Meat로 명명했다. 고기 같지만, 더 좋을 뿐이라고 말이다. 채식주의자들이 비욘드 미트에 입힌 프레임에 반발할 수도 있겠지만 브라운은 육식가들의 관심을 얻으려고 애를 썼다. 그는 비욘드 미트를 식료품점의 건강식품 코너가 아니라 정육 코너에 진열했다. 그는 고기를 쓰지 않은 버거에 화려한 색의 마분지 포장을 하지 않기로 했고 비욘드 버거Beyond Burgers를 다른 육류 제품처럼 보이도록 셀로판지로 덮은 식판 모양 용기에 담아 판매했다.

브라운은 자기 팀과 함께 비욘드 미트 제품이 건강함을 애써 강요하지 않는다는 메시지를 강조하고자 패스트푸드 식당과 제휴했다. 그리고 식물성 대체육을 식당의 정식 메뉴로 제공할 수 있도록 했다. 열량 낮은 채소류가 아니라 사람들이 이미 즐겨 찾는 부드럽고 끈적끈적한 치즈버거, 따뜻한 미트볼 서브머린 샌드위치, 아침 식사용 훈제 소시지 샌드

위치의 식물성 버전이었다. 비욘드 미트는 결코 도덕적으로 더 우월하다는 메시지를 전하지 않았다. 회사의 마케팅 정책도 사람들에게 결코 부담을 주지 않았다.

다른 브랜드들은 자사 제품을 홍보하는 유명인들에게 대가를 지급했지만 브라운과 그의 팀은 정반대로 접근했다. 오히려 그들은 유명 운동 선수들과 접촉해서 투자해 달라고 요청했다. 카이리 어빙Kyrie Irving, 크리스 폴Chris Paul 그리고 샤킬 오닐이 모두 회사의 투자자로 합류했다.

2018년이 되자 미국인의 대부분이 식물성 대체육plant-based meat이라는 말을 알게 됐다. 2019년 말이 되자 40퍼센트 이상이 식물성 대체육을 시식해 봤으며 심지어 대부분 육식가들이었다. 그해 비욘드 미트의 매출은 세 배로 늘어 매출액이 대략 9,850만 달러를 넘어섰다. 2021년에는 80개 국가의 식당과 식료품점 수십만 곳에서 비욘드 미트의 제품을 판매했다. 피자헛은 비욘드 팬 피자Beyond Pan Pizzas를 판매하고 있으며 맥도날드는 비욘드 미트와 공동 개발한 신제품 맥플랜트 버거McPlant Burger를 선보였다. 브라운은 수차례 백만장자 반열에 올랐고 모교 졸업식에서 연설도 하게 됐다. 이로써 브라운은 '고기가 없는'과 '건강한'이라는 말에 저항이 있으리라 예견하고 대신에 '맛 좋음'으로 관심을 집중시켜 동물의 고기를 먹는 고객들에게 건강하고 더 지속 가능한 대안을 제공하는 데 성공했다.

'고기 없는 월요일'과 비욘드 미트는 영향력을 행사하려는 시도에서 심리학이 어떻게 중요한 역할을 하는지를 분명히 보여 준다. 사람들은 당신의 훌륭한 아이디어를 부담으로 경험하고 있는가 아니면 권유로 경험하고 있는가? 고통스러운 상실로 경험하고 있는가 아니면 거부하기 힘든 이득으로 경험하고 있는가? 이제 우리는 당신의 제안에 누군가가 반대할 때 ,아니면 반대할 수 있겠다고 당신이 예상할 때 당신이 할 수 있는 일을 살펴보려고 한다. 어떻게 싸움에 휘말리지 않으면서 그들의 저항에 마음을 열 수 있는지, 어떻게 그들을 괴롭히지 않으면서 '아니요'라는 답을 듣고 다시 제자리로 돌아올 수 있는지를 배운다.

## 아이키도 사범처럼 반대를 다루기

아이키도aikido(일본의 현대 무도로, 나를 공격하는 상대방을 크게 다치지 않은 상태로 제압한다는 사상에 기반을 둔다. 한국의 합기도合氣道와 한자도 같고 원류노 같지만 현재 들은 완전히 다른 무술로 취급된다.—옮긴이)의 핵심 원리는 상대방의 기세를 다시 돌려보내서 공격에 대응하되 당신과 상대방 모두가 다치지 않게 보호하려고 애쓰는 것이다. 아이키도는 조화로운 정신의 길을 뜻한다. 나는 바로 아이키도의 정신을 따라 당신에게 다른 사람의 반대를 다루는 전략들을 제시하고자 한다. 그렇지 않으면 당신은 다른 사람의 반대를 일종의 부드러운 공격으로 받아들일 수도 있다. 당신이 공격으로 대응하면 상대가 되받아칠 가능성이 크고 점점 더 자신만의 관점이나 결정에 빠져들게 된다. 대신 당신이 시도해 볼 만한 방법이 있다. 이 방법은 단계적 과정이 아니라 당신이 원하는 만큼 여러 선택지를 고르는 일종의 메뉴다.

## 그들의 저항을 지켜보고 분석하라

나는 앞서 일류 영업직원은 '아니요'라는 말을 듣고도 여러 차례 다시 방문할 수 있다고 이야기했다. 그들이 짜증 대신에 환대를 받도록 만든 것은 앞서 허락을 구하고 다른 사람의 저항과 함께 하는 법을 배웠기 때문이다. 영업직원들은 다른 사람이 '그래요'라고 말할 준비가 돼 있지 않다면 개인적인 감정 때문이라고 받아들이지 않는다. 오히려 이를 선뜻 받아들이고 궁금해한다. 그들은 반박하거나 포기하지 않는다. 심지어 그들은 지금 이야기되는 내용이 듣기 불편하고 쉽지 않더라도 들어보고자 몸을 기울인다.

저항을 지켜본다는 것은 판단을 내리지 않고 관찰한다는 뜻이다. 반발하거나 중간에 끼어들거나 상황을 당신 위주로 만들지 않으면서 그저 당신의 관심을 상대방에게 집중해 듣고, 당신이 관찰하거나 직감한 것을 표현한다는 의미다. 다시 말해 당신은 그들이 지금 느끼고 있는 것을 말하고 속마음을 털어놓을 수 있는 공간을 만들어 낸다.

저항은 당신이 지켜보기를 원한다. 아이키도의 한 수를 따르자면 상대방이 무엇에 반대할 것인지를 당신이 알고 있다는 생각이 들거나 특정한 문제를 중심으로 저항을 감지했을 때 그들보다 먼저 그들이 저항하는 바를 말로 표현하는 것이다. "우리에게 시간이 충분치 않다고 생각하실 수도 있습니다만"이라든가 "여기에는 돈이 많이 들 것 같네요"라든가 "이사 역할을 맡기엔 제가 너무 어리지 않나 생각합니다"라고 말이다. 다른 사람의 마음을 읽고 반대를 분명히 표현하는 것은 그들의 주의를 그들 머릿속의 목소리에서 자유롭게 풀어 주는 역할을 한다. 그러면 그들은 당신의 말을 경청할 수 있다. 또한 당신은 그들의 관점을 알고 있다는 의미를 전달해 자신이 영리하고 합리적인 사람이라는 점을 보여 주는 셈이다.

당신이 매번 맞는 추측을 해야 할 필요는 없다. 그냥 이렇게 말해도 도움이 될 수 있다. "의구심이 좀 있으신 것 같군요." 당신이 그들의 감정을 고려하고 있음을 보여 주면 일종의 동질감을 구축할 수 있다. 다른 사람이 이미 반대 의사를 드러냈다면, 즉 누군가 이미 당신의 아이디어를 시도해 봤고 실패했다면 그들은 당신의 반격을 예상할 것이다. 이때 반격하는 대신에 숨을 한번 들이쉬고 차분히 그들이 더 많은 것을 공유하도록 기다리거나 그들이 느낀 감정을 다시 되짚어 줌으로써 수긍할 수 있다. "이런 끔찍하네요!" "그 일은 정말 답답했겠네요." "나라도 그렇게 느꼈을 겁니다." 물론 항상 진심으로 접근해야 한다.

한 걸음 더 나아가 그들의 저항이 어떤 성격인지를 부드럽게 분석해 볼 수 있다. 수세적인 자세를 취할 때보다 저항에 대해 궁금해할 때 그들이 경계를 늦추게 할 수 있다. 그때 이렇게 말하라. "그 이야기 좀 더 해 주실 수 있어요?" "그래서 어떻게 됐죠?" "무슨 말인지 알겠는데 더 이야기해 주세요." 이런 열린 마음으로 접근하면 상대방은 무장을 해제할 뿐만 아니라 유익한 정보도 제공할 수 있다.

"그 이야기 좀 더 해주세요."라고 말하는 게 적절하지 않다면 그들의 진술을 의문문으로 바꿔 되돌려 줌으로써 다른 사람이 마음을 열도록 권유할 수 있다.[9] 그들이 그럴 기분이 아니라고 말한다면 당신은 이렇게 대답할 수 있다. "그럴 기분이 아니라고요?" 이때 활용할 수 있는 아이키도의 한 수는 '내가 당신을 이해하고 있는지 확실히 알고 싶다'는 것이다. 사람들은 남들이 자신을 이해하기를 바란다. 당신이 그들을 이해하지 못하는 것처럼 보이면 자세히 말할 가능성이 크고 당신은 도움이 될 수도 있는 정보를 얻을 것이다. 또한 당신은 그들이 아직 꺼내어 놓지 않은 다른 문제들은 없는지 살펴볼 수 있다. "또 무슨 생각 하세요?" "아마 그것만 걱정은 아니시겠죠. 그 밖에 우리가 이야기해야 할 게 있나요?" "또 어떤 걱정거리가 있으세요?" 누군가 불평할 때마다 연습을 해보면 금방 효과가 나타날 것이다. 설령 상대의 불평이 당신과 전혀 무관하다고 해도 말이다. 그러면 사람들은 당신을 좋아하게 된다.

## 그들에게 선택의 자유가 있음을 인정하라

따지고 보면 사람들에게는 늘 선택할 자유가 있다. 심지어 당신이 누군가의 머리에 총을 겨누고 지갑을 요구할 때도 그들은 여전히 지갑을 넘겨줄지 말지 선택할 자유가 있다. 하지만 당신이 자신의 의제를 그들에게 강요할 때 그들은 자유롭다고 느끼지 않을 것이다. 그들은 강요당한다고 느끼는 순간 바로든 아니면 나중이든 출구를 찾는 방식으로 반발한다.

내가 누군가에게 영향력을 미치려고 할 때 나는 그들 스스로 상황을 주도하고 있으며 이쪽이든 저쪽이든 자유롭게 선택할 수 있다는 사실을 알아주길 바란다. 여기서 나의 동기는 너그럽지만 동시에 이기적이기도 하다. 너그러운 이유는 자신이 상황을 주도하고 있다는 느낌이 사람들을 더 행복하게 만들어서다. 이기적인 이유는 앞서 살펴봤듯이 사람들이 더 마음 편하게 '아니요'라고 말할 수 있게 되면 더 기꺼이 '그래요'라고 말할 수 있어서다. 사람들이 항상 고분고분 따른다는 뜻이 아니라 그들이 고분고분 따르지 않을 때는 적어도 합당한 이유가 있으리라는 뜻이다. 더욱이 강요받지 않았는데도 정말로 '그래요'라고 말하면 그들은 자기 선택에 책임감을 느끼게 된다. 그들은 책임감 덕분에 자신이 내린 결정에 대해 더 좋은 기분을 느끼게 되고 자신의 결정을 고수할 수 있다. 예컨대 한 연구가 보여 주는 바에 따르면 거짓말을 하라고 부드럽게 부추겼을 때 사람들이 순응하면 거짓말을 더 쉽게 받아들이게 된다 (물론 우리가 사람들에게 영향력을 미치려는 방식은 아니지만 흥미로운 방식이다).[10]

당신은 질문해도 좋을지 허락을 구함으로써 누군가가 지닌 선택의 자유를 인정할 수 있다. 사람들은 끊임없이 우리에게 이런저런 일들을 들이민다. 가령 회의 초대나 블로그 링크나 우리가 좋아할 만한 책들이나 유용한 조언 몇 마디 같은 것들이다. 누구라도 본능적으로 청하지도 않은 일에는 '아니요'라고 대답한다는 사실은 제쳐 두고라도 당신은 불쑥 무언가를 들이미는 사람이 되고 싶지 않을 것이다(한 연구에서 사람들은 공짜로 돈을 준다는 간판을 보고 무시한 채 지나가거나 길을 건너서 반대편으로 지나갔다. 연구자들이 50달러를 공짜로 주는 것을 피하려는 행동이었다[11]). 대신에 당신의 훌륭한 아이디어를 가능한 한 가장 간결하게 바꿔 누군가와 공유하라. 그리고 더 듣고 싶은지 물어라. "관심이 좀 있으세요?" "제가 링크를 보내드려도 될까요?"

상대방에게 물어봐도 좋을지 허락을 구하는 질문은 이렇게 들린다. "당신에게 조언을 부탁드려도 될까요?" "뭐가 잘못됐는지 이야기 좀 할 수 있을까요?" "앞으로의 제 진로에 관해 이야기를 나눌 수 있을까요?" "만나서 제 연봉 문제를 의논할 수 있을까요?" 마찬가지로 시간은 언제가 좋을지 물을 수 있다. 상대방이 시간을 묻는 질문에 동의하면 그들은 자신이 발휘할 수 있을 만큼 충분히 열린 마음으로 듣는 데 동의하는 것이다. 또한 당신은 그들이 이메일이든 전화든 화상회의든 아니면 만나서 커피 한잔을 마시든 어떤 방식으로 소통하는 것을 선호하는지 물을 수도 있다. 사람에 따라 자신이 강하게 선호하는 방식이 있다. 만약 자신이 선호하는 방식이 아니라 상대방이 선호하는 방식으로 소통해야 할 경우라면 이미 자신이 무언가를 희생했다고 느끼기도 한다.

조언을 구하기 전에 동의 여부를 묻는 일은 아이키도의 한 수와 일맥상통한다. 사람들이 부담감에 저항하는 게 당연하듯 호기심을 갖는 것도 당연하기 때문이다. 사람들이 조언을 구하지 않았을 수도 있지만 당신이 "제가 알고 있는 게 도움이 될지도 모르잖아요. 한번 들어 보시겠어요?"라고 말하면 호기심 탓에 당신의 요청을 거부하기 힘들어진다. 이때 자이가르닉 효과가 실제로 작동한다. 그리고 그들이 정말로 '그래요'라고 답할 때 그들은 당신의 아이디어에 더 열린 마음을 갖게 된다. 이는 당신의 아이디어를 듣겠다고 한 일이 자신의 선택이기 때문이다.

조금 이상하게 여겨질지도 모르겠지만 당신은 그들이 자유롭게 선택할 수 있다고 실제로 말함으로써 그들에게 주어진 선택의 자유를 인정할 수 있다.[12] 물론 당신이 그들에게 선택의 자유를 부여하는 건 아니다. 그들은 이미 자유를 갖고 있다. 그리고 그들에게 무슨 일이 일어나든 똑같이 행복할 거라고 말하는 것도 아니다. 당신은 그저 그들이 이미 자유롭다는 근본적인 진실을 인정하고 있을 따름이다. 그들에게 부담을 주지 않는 것 말고도 당신은 현재 자신이 그들에게 부담을 주고 있지 않다는 사실을 알릴 수 있다. 이는 앞으로도 당신이 그들에게 부담을 안겨 주지 않으리라는 사실을 시사한다. 이런 몇 문장을 실제로 사용해서 그들을 궁지에서 구할 수도 있다. "부담 느끼지 마세요." "편하게 '아니요' 라고 하셔도 돼요." "바쁘신 걸 아니까 아니라고 하셔도 개인적인 감정은 없다고 생각할게요." "완전히 납득이 되지 않으시면 승낙하지 마세요." "전적으로 당신 편하실 대로 하세요." 아니면 심지어 "제가 당신 보스는 아니죠."라고 말해도 된다. 내가 이런 표현을 자주 사용하는 것은 부분적으로는 유용해서이기도 하지만 정말로 진심을 담고 있어서다. 나는 사람들이 진짜로 옳다고 느끼는 경우에만 '그래요'라고 말하길 바란다.

위계질서상의 차이가 있다면 다른 사람이 가진 선택의 자유를 긍정하는 방식에 대해 자신이 더 세심해지기를 바랄 것이다. 그들이 더 높은 지위에 있다면 "전적으로 당신 편하실 대로 하세요."라고 말하는 것은 완전히 실패할 수 있다. 그들은 이미 자신이 결정해야 한다는 사실을 안다. 이 경우에 "바쁘신 걸 아니까 아니라고 하셔도 개인적인 감정은 없다고 생각할게요."라고 말하면 효과적이다. 그들은 자신이 바쁘고 당신이 자신의 사정을 인정해 준 것을 고맙게 생각할 것이다. 그리고 아마 당신의 감정을 다치지 않게 하는 편이 더 좋다고 생각할지도 모른다. 당신이 지위가 낮은 누군가의 자유를 긍정할 때는 우연일지라도 그들에게 부담을 주지 않도록 주의를 기울여야 한다. 당신이 "당신에게 달렸다."고 하면서도 목소리의 톤이 '당신이 잘못된 결정을 내리면 당신한테 무척 실망할 거야'라는 뜻으로 비친다면 상대방에겐 전혀 자유처럼 느껴지지 않을 것이다.

## 부드러운 요청으로 저항을 누그러뜨리기

누군가 당신의 요청을 거절했을 때 그들의 마음을 바꾸기란 어렵다(이는 마음에 생기는 일종의 주름psychological wrinkle과 관련이 있다. 사람들은 자신이 과거에 내린 결정에 가중치를 부여하는 경향이 있다). 그때는 오히려 사람들을 압박하지 않는 가상적 질문을 던짐으로써 그들이 어떻게 느끼고 있는지를 판단하는 게 좋다. 나는 이런 질문을 부드러운 요청soft ask이라고 부른다.*

부드러운 요청은 상대방에게 이렇게 들린다. "이게 당신이 흥미 있어 할 만한 일인가요?" "제가 당신에게 _____를 요청한다면 어떻게 생각하세요?" "_____를 하면 불편하다고 느끼지 않으시겠어요?" "지금 결정해 달라고 부담을 드리는 건 아니지만 우리가 지금 하나와 열 사이 어디쯤 있다고 하시겠어요? 열이 전부를 뜻하고 하나는 절대 일어나지 않는 것을 뜻한다면 말이죠."

부드러운 요청이 효과적인 이유는 다양하지만 대체로 낮은 위험으로 귀중한 정보를 획득하는 방법이기 때문이다. 일어나지도 않을 일을 놓고 논의하느라 당신이나 그들의 시간을 허비해 봐야 소용없는 노릇이다. 그들이 이미 전력을 다하고 있는 일에 시간을 들이는 일도 의미 없긴 마찬가지다. 게다가 부드러운 요청은 거절을 당할 때 당사자 양쪽의 감정을 지켜준다. 당신이 어떤 친구에게 관심이 있고 두 사람 관계가 앞으로 어떻게 될지 알아보고 싶다고 해보자. 만약 당신이 "언제 데이트

---

* 당신이 영업 분야에서 일하고 있다면 이는 (거래의) 예비 종결test close 개념과 관련이 있다.

한번 하면 어떨까?"라고 가정적으로 물었는데 그 친구가 당신에게 그냥 지금처럼 친구 사이로 지내자고 말한다면 마음에 상처가 될 것이다. 하지만 그래도 크게 잃을 것은 없다. 가정으로 묻는 질문은 그저 생각일 뿐이고 당신 두 사람은 앞으로도 여전히 같이 어울릴 것이다. 하지만 당신이 직접적으로 "나랑 데이트하지 않을래?"라고 물었다가 직접적으로 거절을 당한다면 두 사람이 친구로 남기는 더 힘들어질 것이다.

또한 부드러운 요청은 당신이 평판 조회나 추천서를 요청할 때 좋은 방법이기도 하다. "제 추천서 좀 써 주실 수 있으세요?"라고 요청하는 대신에 "제가 강력한 추천서를 부탁드려도 괜찮을까요?"라든가 "제가 강력한 평판 조회서를 부탁드려도 괜찮을까요?"라고 요청하라. 이렇게 접근하면 상대방이 '아니요'라고 말하기 더 쉬워지고 당신도 분명 상대방이 쉽게 '아니'라고 할 수 있기를 바란다. 부드러운 요청은 당신이 평범한 추천사를 받아 기회를 놓치는 일을 줄여 준다. 추천자가 정말로 '그래요'라고 말한다면 이들은 부담 없이 요청을 수락하면서 최선을 다해 열성적으로 당신에게 힘을 실어 줄 것이다.

### 점잖은 초식공룡

일류 영업직원이 거절을 당하고도 잠재 고객을 예닐곱 차례 다시 찾는다면 일반적인 영업직원은 몇 번이나 고객을 다시 찾을까? 정답은 세 번이다. 당신이 생각하기에 영업 분야에서 일하지 않는 일반인이라면 거절을 당한 후 몇 번이나 다시 확인할까? 맞다. 다시 확인하지 않는다. 끈기는 과소평가 되는 덕목이다.

내가 가르치는 학생들에게 인기 만점인 영향력 모델 한 가지는 '아니요'라는 대답을 듣지 않을 '점잖은 초식공룡'Kindly Brontosaurus이다. 이는 믿기 힘들 정도로 수동적인 기법이고 간단하다. 당신이 할 일이라고는 기다리는 것뿐이다. 하지만 눈에 띄지 않게 구석에서 행운이나 빌면서 기다리라는 말이 아니다. 오히려 눈에 번쩍 띄는 공룡처럼 낙관적인 자세로 사람들의 시야에 남아 있어야 한다. '저기요! 저 여기 있어요. (멈춰 서서) 그냥 알아 두시라고요!' 점잖은 초식공룡은 참을성 있고 정중하며 끈기가 있는 사람을 의미한다. 이 모델을 제대로 활용하려면 당신은 자신이 바라는 것을 요청하고 한 걸음 물러서야 한다. 그리고 다시 확인하고 기다리고 시간이 얼마가 걸리든 기다리고 다시 확인해야 한다. 누구도 점잖은 초식공룡을 앞에 두고 화를 낸다거나 무시하지 못한다. 점잖은 존재를 계속 거절하기란 어려운 노릇이기 때문이다. 이처럼 끈기와 공격적이지 않은 태도는 거부하기 힘든 조합이 될 수 있다.

언론인이자 작가인 제시카 윈터Jessica Winter는 점잖은 초식공룡이 예약이 꽉 찬 비행편에서 자리를 얻어 내는 방법을 제대로 설명했다.[13] 보통 사람들은 탑승 수속 직원이 자리가 날 가능성이 없다고 말하면 무언가 해결 방법이 있을 거라고 둥글둥글하게 대답하고서 물러서기 마련이다. 윈터는 이렇게 쓰고 있다.

> "조용히 서 있되 몸은 약간 앞으로 기울이고 마치 기도하는 모습처럼 보이도록 손을 느슨하게 쥐고 있어야 한다. 그리고 탑승 수속 직원의 시야 주변에 머무른다. 그 직원이 당신의 존재를 놓치지 않을 만큼 가까이, 그러나 그 직원의 시야를 꽉 채울 만큼 너무 가깝지는 않게 말이다. 눈은 계속 차분하게 그 직원의 얼굴을 바라보고 있어

야 한다. 당신의 얼굴에 직원의 사정을 이해한다는, 심지어 매우 기뻐하는 듯한 표정을 담아라. 질문을 받기 전에는 말하지 말아라. 탑승 수속 직원이 당신에게든 아니면 다른 탑승 희망 승객에게든 무슨 이야기를 할 때마다 공감하듯 고개를 끄덕여야 한다. 이렇게 계속하다 보면 어느새 탑승 수속 직원이 당신에게 좌석 번호를 건네준다. 점잖은 초식공룡은 늘 좌석 번호를 얻는다. "

예전에 내가 가르친 학생이었던 티아고 크루즈Tiago Cruz는 졸업 후 대형 컨설팅 회사에서 일자리 제안을 받았을 때 정신 나간 요청을 하나 했다. "회사 차를 한 대 받을 수 있을까요?" 어떤 회사에서도 MBA 출신 신참에게 회사 차량을 내주지 않는다. 나도 들어 본 적이 없는 일이었지만 크루즈는 누구나 '그래요'라고 답하고 싶은 부류의 사람이었고 실제로 회사에서도 그렇게 대했다. 하지만 회사는 나중에 사과했다. 사실 관리자급에는 회사 차량이 허용되지 않았다. 크루즈는 "정말 유감이네요. 음, 하지만 우리가 해결책을 찾아내길 바라요."라고 말했다. 크루즈는 다음 달에 다시 확인을 했다. 그리고 비록 정신 나간 일이기는 하지만 회사가 이 문제를 해결할 방법을 찾아낼 수 있다면 자신은 너무나 기쁠 것이라고 말했다. 회사의 대답은 여전히 '아니요'였다. 다음 달에도 똑같이 '아니요'였다. 크루즈는 집요할 만큼 끈질겼지만 상냥한 태도를 보였다. 그리고 희망을 봤다. 매달 확인에 확인을 거듭한 끝에 정말 놀랍게도 마침내 회사가 문제를 풀어냈다.

여전히 끈질기게 버티면서도 존경을 표현하고자 한다면 상황이 허락하는 한 재차 요청하라. 다시 요청하는 게 가능하다면 재차 요청하는 것이다. 그리고 시간을 언급하라. 일이 어떻게 진행되고 있는지를 확인할 때는 이렇게 말할 수 있다. "금요일 오후에 저와 통화가 괜찮겠다고 말씀하셨었는데 아직 그 시간이 괜찮으신가요?" 일의 진행을 확인할 때는 언어적 단서뿐만 아니라 비언어적 단서 모두에 주의를 기울여라. 이때가 바로 당신이 환영받는지 아니면 성가신 사람 취급을 받는지를 알아낼 수 있는 순간이다.

당신은 모든 거절에 끝까지 자신의 뜻을 고집하지도 않을 테고 (제발 부탁인데 연애 상황에서는 이러지 말자) 시간을 허비하고 싶지도 않을 것이다. 최고의 영업직원이 끈질기게 이어가는 때는 오로지 누가 그 아이디어에 마음을 열 수 있고 누가 그 아이디어를 책임질 수 있는지를 알고 난 이후뿐이다. 그러고 난 뒤에 관계에 전력을 쏟아야 한다. 그들의 언어로 말하자면 영업직원들은 자신들이 잠재 고객으로 인정하지 않은 사람에게는 시간을 쏟지 않는다. 영업직원이라고 해서 아무나 계속 다시 찾는 것은 아니다.

### 반대를 대하는 말은 어떻게 들릴까

내가 강의 중에 반대라는 주제를 다룰 때 학생들은 역할연기로 실습을 한다. 실제 시나리오를 함께 연습할 상대를 찾으면 상대방은 당신의 역할을, 당신은 반대하는 사람의 역할을 연기한다. 일반적으로 학생들은 연습을 위해 상관이나 팀원이 관련된 문제처럼 직장이나 학교와 관련된 상황을 고른다. 하지만 니브 와이젠버그Niv Weisenberg는 강아지를 키우고 싶은데 아내가 반대하는 상황을 해결하기 위해 우리가 도와줬으면 했다. 와이젠버그는 조용하지만 재미있는 학생이었고 꼭 성공했으면

하는 그런 사람이었다. 우리는 모두 그가 강아지를 키울 수 있도록 응원했다(왜냐하면 … 강아지니까).

와이젠버그와 함께한 아이키도 연습은 이랬다.


## 그들의 저항을 지켜보고 분석하라

와이젠버그: 당신 생각에 강아지를 키운다면 우리에게 가장 큰 걸림돌은 뭘까? 알고 싶은데 나 좀 도와줄래?

아내: 그거 일이야. 그냥 훈련시키는 게 아니라고. 애 하나 키우는 일이나 마찬가지야.

와이젠버그: 애 하나 키우는 거라고?

아내: 산책시켜야지, 훈련시켜야지, 집에 들어오면 씻겨줘야지. 이동 상자에 들어가 있는 훈련을 하는 동안 밤새 우는 건 어떻고. 그리고 이동할 때도 더 번거로워진다고.

와이젠버그: 할 일이 많은 것 같네. 그리고 그게 당신 몫이라고 생각하고 있는 거고.

아내: 음, 그렇지. 당신 개 키워 본 적 없잖아. 그러니 어떤 일을 겪게 될지 전혀 모르는 거지.

와이젠버그: 당신이 지금보다 더 많은 일을 추가로 떠맡고 싶지 않다는 건 알겠어. 다른 건 신경 쓰이는 거 없어? 강아지를 키운다는 생각에 대해서 말이야.

아내: 음, 개는 우리 침대에서 못 재워. 절대로. 당신도 알겠지만 나는 푹 못 자면 짜증 내잖아.

## 그들의 선택의 자유를 긍정하라

와이젠버그: 하하하, 절대로 그렇게 못 하지. 우리는 일과 잠을 해결해야만 하니까. 그리고 물론 당신이 원하지 않으면 강아지를 키울 수는 없는 거고.

아내: 응, 그래.

## 부드러운 요청으로 저항을 누그러뜨리기

와이젠버그: 하나 물어볼게. 만약에 말이야, 당신이 강아지 돌보는 일에 전혀 신경 쓰지 않아도 되고 걔가 다른 방에서 자서 당신을 깨울 일이 없다면 함께 놀 강아지 한 마리가 옆에 있는 것도 괜찮지 않을까?

아내: 당신도 알잖아, 내가 강아지 좋아하는 거. 그러니까 여동생이 여행 갔을 때 주미를 돌봐 줬던 거고. 그때 강아지 돌본다고 일하다가 점심시간에 짬을 내서 집에 들러야 했는데 정말 스트레스였어. 게다가 당신도 이제 새 일을 시작할 거잖아. 그 일이 어떻게 될지도 모르고 어디에서 살게 될지도 모르는 상황인데 당신이 어떻게 강아지까지 신경 쓸 수 있을지 잘 모르겠어.

## 점잖은 초식공룡이 되자

와이젠버그: 알겠어. 음, 나랑 같이 이 문제를 고민해 줘서 고마워. 그리고 내 생각에도 당신이 옳아. 때가 될 때를 기다리는 게 합리적이란 거 말이야. 우리가 일과 생활 여건을 어떻게든 해결하고 난 다음에 당신에게 어리고 작고 엄청나게 귀여운 강아지 이야기를 다시

꺼내는 건 괜찮아?

아내: 그건 좋아. 그동안 직장부터 얻으시고.

와이젠버그: 좋았어. 맡겨 두라고!


이 대화는 역할연기에 불과하다. 심지어 이 대화 속에는 아이키도의 수가 마술처럼 와이젠버그의 아내를 '아니'에서 '그래'로 바꿔 놓지도 않았다. 하지만 와이젠버그는 강아지를 키우는 문제에 반대하는 아내를 꽤 누그러뜨렸다. 심지어 상황이 더 나아지면 아내가 마음을 열고 이 문제를 다시 이야기해 볼 수 있으리라고 느낄 수 있었다. 이것이 바로 아이키도의 수가 당신에게 해줄 수 있는 일이다. 만약 당신도 연습을 거듭한다면 자신의 저항 일부를 흐트러뜨리고 상대방과의 대화를 더 쉽게 만들 인어를 얻을 수 있다.

앞에서 '아니요'의 힘을 이야기하면서 '아니요'가 완결된 문장이라고

말한 바 있다. 이는 사실이지만 그렇다고 영원히 '아니요'라는 뜻은 아
니다. 다른 사람의 관심사를 살핌으로써 우리는 그들이 마음을 열고 협
력하거나 장래에 마음을 바꿀지 알 수 있다. 당신이 사람들의 의사와 지
성과 근본적인 자유를 존중할 때 그들에게 영향력을 미치려는 당신의
시도는 더 원활하게 이뤄진다. 당신이 점점 더 전문가가 돼 가면 저항을
반기게 되고, 단순한 '그래요'가 가르쳐 주는 것보다 (단순한 '그래요'도 좋
기는 하지만) 당신의 협상 상대에 관해 더 많은 것을 가르쳐 주는 방식을
반기게 될 수도 있다.

여담이지만 와이젠버그가 끈질기게 설득한 끝에 와이젠버그와 아내
모두 자기들의 결정에 행복해하고 있다. 사진에 있는 개가 바로 그들이
키우는 팅크다.

# 귀 기울여 듣기

때로는 다른 누군가의 저항을 수긍하는 일이 너무 힘들다고 느껴지기도 한다. 당신에게도 해결하려고 노력해야 할 자신만의 저항이 있기 때문이다. 당신은 자신의 머릿속에 붙들려 있다. 우리 모두 그렇다. 심지어 우호적인 대화에서조차 우리는 과거 자신이 겪었던 비슷한 경험을 기억하거나 다음에 무슨 말을 해야 할지를 생각해 내느라 여념이 없다. 의견이 다른 상황이 펼쳐지면 마음속에선 충동이 증폭된다. 악어 뇌는 당신이 들은 것 대부분을 걸러 내고 판사 뇌는 어떤 정보가 흘러나오든 간에 신랄하게 비판한다. 그 과정에서 우리는 자신과 의견이 다른 사람들을 희화화해서 보게 되고 그들이 실제보다 훨씬 더 극단적이라고 상상하게 된다.

마음속 왜곡은 개인이나 직업이나 정치를 비롯한 모든 영역에서 벌어진다. 미국에서 민주당 지지자와 공화당 지지자는 양쪽 모두 상대 정

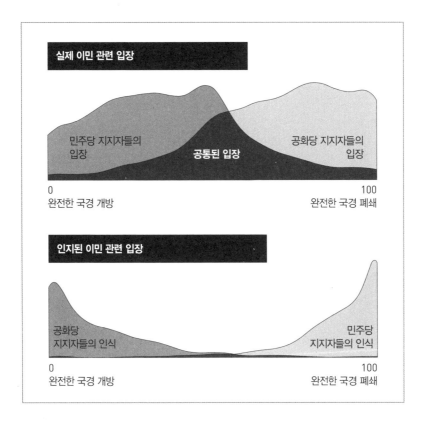

실제 이민 관련 입장

민주당 지지자들의
입장

공통된 입장

공화당 지지자들의
입장

0
완전한 국경 개방

100
완전한 국경 폐쇄

인지된 이민 관련 입장

공화당
지지자들의 인식

민주당
지지자들의 인식

0
완전한 국경 개방

100
완전한 국경 폐쇄

당 지지자들이 자신들보다 더 극단적인 견해를 가지고 있다고 생각한다. 예컨대 논쟁이 격심한 이민 문제 앞에서 민주당 지지자들은 공화당 유권자들이 완전한 국경 폐쇄를 원한다고 가정하지만, 공화당 지지자는 민주당 유권자들이 국경의 완전한 개방을 원한다고 가정한다. 하지만 둘 다 틀렸다. 이민에 관한 견해에는 서로 공통된 입장이 상당히 큰 부분을 차지한다.

연구자들은 거짓 극화 편향false polarization bias [1]으로 알려져 있는 현상을 온갖 영역에서 입증해 왔다. 종교나 인종 집단을 구성하는 사람들은 다른 사람들이 자신들을 실제보다 더 부정적으로 인식한다고 생각한다. 사람들은 총기 규제, 인종차별이나 종교같이 민감한 여러 쟁점에서 자신들과 의견이 다른 상대편 측 지지자가 얼마나 될지를 틀리게 예측한다.[2] 그리고 우리 자신의 견해가 격렬해질수록 상대편 측의 견해를 더 극단적인 것으로 상상한다.[3]

극단의 간극을 메우는 열쇠는 듣는 것이다. 이때 과소평가하기 쉬운 첫걸음은 다른 사람의 목소리를 실제로 듣는 일이다. 사회심리학자인 줄리아나 슈뢰더Juliana Schroeder와 닉 에플리Nick Epley는 우리가 단순히 누군가가 쓴 글을 읽을 때보다 그 사람 목소리를 들을 때 그를 더 유능하고 사려 깊고 똑똑하다고 여기고 그를 채용하는 편이 좋겠다고 생각한다는 사실을 알아냈다. 이때 '우리'는 전문적인 인사 담당자를 포함한다. 누군가 우리와 의견이 달라도 우리가 그들의 목소리를 듣고 있는 동안에는 그들의 의견을 무턱대고 무시하지 못한다.[4] 그들의 목소리가 우리에게 그들이 생각하고 느끼는 동료 인간이라는 사실을 상기시키기 때문이다.

하지만 서로 의견이 달라 자기 내면에만 집중할 동기가 생긴다면 어떻게 다른 사람의 이야기를 들을 수 있을까? 학생들에게 상대방이 말하는 딱 1분 동안만 이야기를 들으라고 요청하면 모두 주의력 분산이 일어났다고 보고한다. 주의력 분산은 대부분 '내가 말할 차례가 되면 무슨 이야기를 하지?'로 귀착된다. 하지만 당신은 자신의 듣기 목표를 더 구체적인 것으로 바꾸는 식으로 자신의 초점을 다른 사람에게로 이동시켜야 한다.

가장 간단한 목표는 '사람들의 생각을 듣기'다. 한번 자기 생각이 아니라 다른 사람의 의식적인 생각을 들으려고 시도해 보라. 당신이 독심술가는 아니지만 다른 사람의 말을 토대로 추론을 할 수는 있다.

더 깊이 들어가면 사람들의 악어 뇌 반응에 맞춰 '사람들의 느낌을 듣기'가 가능해진다. 사람들의 감정에 '화난', '걱정하는', '자부심 넘치는'이나 무엇이든 당신이 느낀 대로, 소리 없이 또는 소리 내어, 꼬리표를 붙이는 식으로 사람들의 느낌을 들을 수 있다. 다른 누군가의 감정을 말로 옮기면 당신 뇌의 스트레스를 낮춰 주는 효과가 있다.[5] 당신이 계속 집중을 유지하는 데도 도움을 줄 수 있다. 아니면 당신의 악어 뇌가 사람들의 감정을 경험하도록 시도해 볼 수 있다. 이 방법은 설령 당신이 느끼는 바가 다른 사람들이 느끼는 바와 똑같지 않더라도 그 사람과 더 가깝다고 느끼도록 도와준다(우리는 잠시 후에 정확성에 이르게 된다).

훨씬 더 깊이 들어가면 당신은 '말하지 않은 채로 남겨져 있는 생각을 듣기'가 가능해진다. 당신은 추론과 직관을 모두 사용하면서 당신 안의 셜록 홈스를 드러낸다. 언젠가 헨리 키신저Henry Kissinger는 추론과 직관을 사용한 듣기가 성공적인 외교의 관건이었다고 설명한 적이 있다. 비록 당신이 틀릴 수도 있지만 놀라우리만큼 유용한 방법이다. 이런 식의 듣기는 만약 발언자가 미처 깨닫지 못했거나 알고 싶지 않은 사항을 당신이 찾아냈다고 생각할 때 우월감을 촉발할 수 있는 위험이 있다. 그런 우월감을 자제해 보라. 현재로서 당신은 이제 막 가설을 세웠을 뿐이고 당신의 판단이 틀렸을 수도 있다.

계속해서 더 깊이 들어가면 '다른 사람이 입 밖에 내지 않은 가치관을 듣기'가 가능해진다. 왜 그들은 자신이 말한 것에 신경을 쓸까? 그들이 격분한다면 어떤 기본 원칙이 위협을 당하거나 침해당하고 있는 것일까? 그들이 고무돼 있다면 어떤 가치가 실현되거나 옹호되고 있는 것일까? 이처럼 가장 깊은 듣기의 형식은 갈등과 불만이 있을 때 특히 유용하다. 하지만 당신은 언제라도 이런 식의 듣기를 사용할 수 있다. 당신은 흔히 자신에게서 똑같은 가치관의 속삭임을 알아차릴 수 있고 이는 당신의 공감 능력을 키우고[6] 자신이 지금 이야기를 듣고 있는 사람과 당신을 연결하는 데 도움을 준다.

듣기를 마치면 당신이 들었거나 직관으로 파악한 내용을 상대방에게 다시 들려줘라. 그러면 당신이 얼마나 잘 이해했는지를 파악하고 더 정확히 이해할 수 있다. 누군가의 감정을 말로 옮기는 일은 그들이 느낀 것을 보고 이해하는 데 도움이 되며 뇌가 공포심과 스트레스를 처리하는 장소인 편도체amygdala가 활성화되는 것을 진정시킨다.[7] 이때 당신은 그저 사람들이 말한 것을 앵무새처럼 다시 따라 하는 것이 아니라 자신만의 해석, 즉 사람들이 말하지 않은 뭔가를 덧붙인다. 이는 대화를 훨씬 더 깊은 수준으로 이끄는 초대장 역할을 한다. 따라서 당신은 서로를 훨씬 잘 이해할 수 있다. 상대방에게도 자신을 잘 이해하도록 돕는 선물이 될 수 있다.

한번은 친구 한 명이 고통스러운 가정사를 붙잡고 씨름하느라 몇 주 동안 정신과 치료를 받았던 순간을 설명해 줬다. 가정불화가 과열될 때면 그의 부인과 딸은 어김없이 남편이 그리고 아빠가 자기 편을 들어주리라 기대했다. 하지만 그는 중간에 끼이는 것을 너무나도 싫어했다. 그의 이야기를 조심스럽게 듣던 치료 전문가는 그에게 이렇게 말했다. "당신은 화목함에 너무 많이 마음을 쓰는 것 같네요."

내 친구는 잠시 침묵하며 생각을 정리하고는 이제야 사태가 이해된다는 심오한 느낌을 받았다. 그 순간까지 그는 자신이 우유부단하거나 약해서 고통스러운 경험을 하고 있다며 자책하고 있었다. 그가 판단하지 않고 자신의 감정을 더 분명히 알게 되자 어깨를 짓누르던 무거운 부담이 사라졌다.

당신은 치료 전문가도 아니고 수십 년에 걸쳐 내 친구가 겪은 것과 같은 문제를 실제로 다뤄 보지도 않았으니 당신이 옳아야 할 필요는 없다. 그저 시도해 볼 따름이다. 구체적인 목표, 즉 누군가의 생각이나 감정, 말하지 않고 남겨진 것이나 그들의 가치관 또는 이 모두를 마음에 두고 그들의 이야기를 듣고 나서, 판단을 내리지 않은 채 당신이 내린 최선의 추측을 다시 들려줘라. 그러면 그들은 당신이 자신들을 이해하려고 노력하고 있다는 사실에 고마워할 것이다.

당신의 능력을 시험할 필요는 없다. 그저 대화면 충분하다. 만약 가치관에 관해 들었다면 이렇게 말할 수 있다. "당신은 ＿＿＿＿에 대해 확고한 생각을 가지고 계신 것 같군요." (빈칸을 학습이나 정의나 창의성이나 자유나 무엇이든 당신이 지켜본 가치로 채워라). 만약 당신이 틀렸다면 그들은 분명히 말할 테고 당신은 그들을 더 잘 이해할 수 있게 된다. 당신이 들은 내용을 다시 들려주면 양쪽에서 느껴지는 대화의 방식이 완전히 바뀐다. 우호적인 대화라면 친밀함이 구축될 것이다. 불일치가 있는 상황이라면 적대적 감정은 억누르고 협력적 감정을 강화한다.

# 공감 챌린지

내가 가르치는 학생들은 사람들의 가치관을 이해하기 위한 듣기 실습인 공감 챌린지Empathy Challenge 연습을 한다. 챌린지에 참가하면 당신은 세 명의 다른 사람이 하는 이야기를 듣게 된다. 그들은 당신이 관심을 두는 쟁점에 대해 다른 의견을 가지고 있다. 당신은 다른 사람은 똑똑하며 선의를 갖고 있다는 가정, 즉 프레임을 가지고 각각의 대화를 시작한다. 그들이 자기 입장을 설명할 때 당신은 그들의 기본적인 가치관을 듣는다. 마지막으로 당신은 그들의 가치관을 다시 들려줌으로써 공통되는 기반을 찾는다. 이게 전부다.

공감 챌린지를 과제로 주기 전에 내가 직접 시도해 본 적이 있다. 때는 2016년, 미국 대통령 선거가 치러지기 두 달 전이었다. 나는 똑똑하고 선의를 가진 사람들이 왜 공화당 후보에게 투표하려는지 이해하지 못했다. 그래서 직접 그들의 이야기를 들어 보기 시작했다. 진보적인 친구 몇몇은 내 프로젝트에 짜증을 냈다. "왜 항상 우리만 들어야 하는 거야?" 하지만 나는 내가 실제로 귀 기울여 들어 보지 않았음을 알고 있었다. 거짓 극화 편향 덕분에 나는 다른 사람의 견해를 물어보지도 않고 그들의 견해를 희화화하고 있었다.

그래서 나는 공화당 유권자들과 세 차례에 걸쳐 대화하는 자리를 마련했다.

첫 번째 대화 상대는 뉴욕에 사는 남성으로 정통 유대교 신도였다. 그는 자기 차에 붙인 트럼프 지지 스티커 때문에 낯선 사람들로부터 주기적으로 괴롭힘을 당했고 친구들이나 가족들과도 갈등을 빚고 있었다.

내가 그에게 왜 도널드 트럼프를 지지하느냐고 묻자 그는 큰 소리로 힐러리 클린턴에 대한 비판을 늘어놓았다. 나는 그가 말을 마칠 때까지 입을 다물고 있었다. 그다음에 내가 말했다. "사람들이 당신을 향해 경적을 울려 대고 소리를 지르는데도 계속해서 범퍼 스티커를 당신 차에 붙여 놓고 있는 걸 보니 트럼프의 진짜 팬이 틀림없네요. 궁금해요. 당신이 트럼프의 어떤 점을 좋아하는지 알고 싶은데 도와줄 수 있나요?"

그는 자신의 신념과 자신이 믿는 종교 때문에 박해를 받는 사실에 관해 이야기하기 시작했다. 트럼프의 딸과 사위가 유대교인이라는 사실은 그에게 큰 의미가 있었다. 그다음에 그는 자신이 트럼프에 관해 들은 바를 이야기했다. 트럼프가 중병을 앓고 있는 정통 유대교인 소년의 의료비를 전부 부담했다는 이야기였다.

나는 그 이야기가 사실인지 알 방도가 없었다. 내 목표가 아등바등 논쟁에서 이기려는 것이었다면 이야기의 정확성에 이의를 제기했을 것이다. 그러는 대신 나는 잠깐 조용히 앉아 있다가 이렇게 말했다. "당신은 다른 사람을 돕는 데 마음을 많이 쓰는 것 같군요."

"당연히 그렇죠. 당신도 그래야 하고요."

"그리고 영웅에 대한 특별한 애착이 있는 것도 같고요."

그는 웃으며 말했다. "그럴지도 모르죠."

"저도 그래요."

우리는 정통 유대교 공동체 안에서의 생활과 내가 가르치는 강의에 관해 더 이야기를 나눴다. 나는 자신의 영웅에 관한 충실함과 다른 이를 돕는 사람을 돕고 싶은 마음에 공감했다. 내가 트럼프를 절대적으로 지지하는 그의 믿음을 공유했더라면 나 역시 MAGA<sub>Make America Great</sub>

Again("미국을 다시 위대하게 만들자"는 도널드 트럼프의 슬로건—옮긴이) 범퍼 스티커를 붙였을지도 모르겠다. 이후 우리의 대화는 원만하게 마무리됐다.

놀랍게도 다음 두 번의 대화도 마찬가지였다. 나는 몇 번이고 내 입술을 깨물어야 했지만 다른 사람들이 똑똑하고 선의를 가지고 있다고 기대하면서 대화를 이끌어 가는 것은 유용했다. 두 번째 대화에서 나는 자유를 향한 한 러시아 망명자의 열정에 진심으로 동의했다. 세 번째 대화에서 나는 진정성을 추구하는 한 변호사의 깊은 욕구에 공감했다.

내가 나눈 대화들은 대통령 후보에 대한 그 누구의 의견도 바꾸지 못했다. 물론 그것이 목표도 아니었다. 하지만 나는 공감을 키우는 한편, 다른 쟁점에서 합의의 근거가 될 만한 공통된 기반을 찾는 중이었다. 그리고 나와 의견이 다른 사람들이라고 해서 꼭 그들 서로 간에 의견이 일치하는 것도 아니라는 사실을 배우는 중이었다. 특별한 경험이 그들의 의견에 영향을 미쳤고, 트럼프에 대한 서로 다른 수준의 열정을 가졌으며, 각자가 서로 다른 이유로 트럼프의 공약에 연결돼 있었다. 그리고 그들 중 어느 누구도 내가 예상했던 사람들과 일치하지 않았다. 우리가 실제로 그들의 이야기를 듣지 않았을 때 우리 견해를 그들에게 투사하고 있다는 사실을 모르기 쉽다.

내가 가르치는 학생들이 공감 챌린지를 수행하는 동안 때때로 그들의 경험은 큰 변화를 일으켰다. 낙태 반대론자인 한 학생은 자신의 친구가 왜 낙태 찬성론자가 됐는지 설명하는 이야기를 들었다. 그의 친구는 과거 성폭행을 당해 임신했었다는 사실을 밝혔다. 학생들은 불가피한 상황에서 낙태를 고려할 수도 있다는 사실을 깨달았다. 또 다른 학생은 중

매 결혼을 둘러싼 가족 간의 갈등을 치유했고, 부모가 자신들의 가치관이 자녀에게 긍정적으로 받아들여지고 있다고 느꼈을 때 자신의 딸이 계속 대학을 다니는 것에 더 열린 마음을 갖게 됐다. 그리고 과거 자신을 재단했던 가족들에게 연락을 취한 성소수자 학생들은 가족들에게서 자신들이 기대했던 것보다 더 큰 사랑을 깨달았다.

우리가 강의에서 수행했던 듣기 연습과 공감 챌린지는 모두 우리가 불일치를 평화적인 방식으로 받아들이는 데 도움을 준다. 또한 사람들이 강한 의견을 갖는 원천이 무엇인지를 찾아보도록 상기시킨다. 만약 당신의 남자 형제가 경찰이고 당신이 그의 안전을 걱정하는 경우와, 만약 당신이 흑인 남성으로 자신의 안전을 걱정하고 누구도 당신을 두려워하지 않도록 항상 하고 싶은 말을 속으로 삼켜야 하는 경우를 생각해보라. 각각의 경우에 당신이 '흑인의 생명은 중요하다'Black Lives Matter 운동을 느끼는 방식은 다르며 듣기 연습과 공감 챌린지 같은 방법을 활용하면 그러한 사실을 받아들이는 법을 배울 수 있다.

이런 대화가 모두 아무 문제 없이 행복한 것kumbaya(대표적인 흑인 영가. 원래 영어 가사인 'Come by here'를 흑인 노예들이 자기 귀에 들리는 대로 발음한 것이 'kumbaya'라고 한다. 원래 아무 문제 없이 완벽한 화합과 행복을 뜻하지만 오늘날에는 이렇게 생각하는 사람들에게 주의를 환기할 목적으로 부정적인 맥락에서 자주 사용된다.—옮긴이)은 아니다. 대화가 과열되기도 한다. 하지만 우리는 노력하고 있다. 공감한다는 것은 누가 옳고 누가 그른지를 밝히는 일이 아니다. 우리는 동료 인간으로서 서로를 이해하려고 애쓰고 있을 뿐이다. 다른 사람의 경험을 이해하기 위해서 요령 있게 듣고 개방성을 본보기로 삼고 우리의 어젠다를 포기함으로써 우리는 서로에게 공감이 어떤 모습이고 어떤 느낌일지를 보여 준다. 이렇게 연결하며 우리는 (자신의 마음과 정신을 포함해서) 마음과 정신을 영향력에 열어 놓는다.

제7장

창의적

협상

맹수 사냥 금지구역 인근에 자리한 잠비아 시골의 한 작은 마을에서 글로리아 스타이넘Gloria Steinem(미국의 페미니즘 저널리스트이자 사회운동가—옮긴이)은 한 무리의 여성들과 함께 황무지 한가운데 펼쳐놓은 방수포 위에 앉아 있었다. 스타이넘은 최근에 성매매를 주제로 한 회의에 참석했고 마을 주민은 성매매업자들에게 끌려갔다가 최근 사망한 젊은 여성 두 명의 죽음을 애도하고 있었다. 조언을 건네기보다 스타이넘은 먼저 질문을 던졌다. "그런 일이 다시 일어나지 않게 하려면 '뭐가 필요하죠?'"

마을 주민은 스타이넘에게 전기 울타리라고 말했다.

"전기 울타리요?"

마을 여성들은 옥수수가 일정 높이까지 자라면 코끼리들이 와서 옥수수를 먹어 치우고 밭을 밟아 뭉개놓는 바람에 가족들이 굶주리게 되고 결국에는 쉽게 성적으로 착취당하는 상태에 놓이게 된다고 말했다.

"알았어요. 내가 돈을 모으면 밭을 정리하고 울타리 세우는 일을 전부할 수 있는 거죠?" 스타이넘이 물었다.

마을 여성들은 그렇다고 대답했다. 스타이넘은 수천 달러를 모았고 여성들은 바위와 그루터기를 손으로 치웠다. 다음에 스타이넘이 마을을 찾았을 땐 코끼리가 밭을 망치지 않은 덕에 옥수수 농사가 대풍작인 모습을 보았다. 울타리가 올라간 이래로는 마을의 젊은 여성 중 아무도 성매매를 당하지 않았다.

"뭐가 필요하죠?"

나는 이 물음을 '마법의 질문'이라고 부른다. 내가 가장 좋아하는 영향력 전략이기도 하다.

MBA 과정 학생이었을 때 나는 심장 수술 관련 제품을 만드는 가이던트Guidant라는 생명공학 기업에서 인턴으로 일했다. 가이던트가 신제품 스텐트stent(혈관 폐색 등을 막기 위해 좁아지거나 막힌 혈관 등에 삽입하는 원통형의 의료용 재료—옮긴이) 장치를 출시했을 때 회사는 자신들의 신제품이 시장을 장악할 수 있으리라고 예측했다. 하지만 회사는 시장 자체도 역시 빠르게 성장할 것이고 수요가 빠르게 공급을 앞지를 것이라는 사실을 내다보지 못했다. 좋은 문제였지만 문제는 문제였다. 가이던트가 물밀듯 쏟아지는 주문을 제대로 처리하려면 직원들이 추수감사절과 크리스마스를 포함해서 주 7일 하루 3교대로 근무해야만 했다.

수요에 대응해 제품을 생산하는 문제는 회사 고위 경영진 한 사람이었던 진저 그레이엄Ginger Graham[1]의 손에 달려 있었다. 의무적으로 초과근무를 하도록 요구할 수도 있었지만 그랬다간 직원들의 사기만 더 떨어질 터였다. 그레이엄은 의무적으로 초과근무를 요구하는 대신에 상황을 설명하면서 이렇게 물었다. "우리가 함께 협력해 주문을 처리하려면 '뭐가 필요하죠?'" 직원들은 머리를 맞대고 희망 사항을 담은 목록을 작성했다. 직원들이 제시한 목록에는 피자 배달, 심야 택시, 아이 돌봐주기, 크리스마스 선물 포장하기 등이 포함됐다. 경영팀과 함께 그레이엄이 직원들의 요청 사항을 제공하자 직원들은 24시간 내내 출근하며 열심히 일했다. 생산은 거듭 신기록을 세웠고 매출은 세 배가 늘었으며 모두가 두둑한 상여금을 받았다. 그레이엄이 이뤄 낸 일은 협상의 결과처럼 느껴지지 않았다. 공동의 노력처럼 느껴졌다. 협상과 협조, 둘 다였다.

연봉 인상이나 승진을 두고 벌이는 협상은 굉장히 스트레스가 커서 사람들은 대부분 협상을 절대 하지 않는다.[2] 하지만 마법의 질문을 활용하면 협상 상황이 불편하거나 적대적으로 느껴지지 않도록 프레임을 다시 짤 수 있다. 마법의 질문은 당신과 당신의 상사 모두가 바라는 결과를 향하도록 주의를 환기할 수 있고 당신이 즐거운 마음으로 협상을 훌륭히 해내도록 돕는다. 당신이 그저 "내 경력에서 다음 단계로 나아가려면 내게 '뭐가 필요하죠?'"라거나 "이 직무의 연봉 밴드salary band(특정 직급이나 연차에 지급할 수 있는 연봉의 폭—옮긴이)에서 최고가 되려면 내게 '뭐가 필요하죠?'"라고 질문하면 무슨 일이 생길까?

한 직원이 당신에게 이런 질문들을 던지면 관리자로서 당신은 어떤 기분일까? 아마도 당신은 흔쾌히 "여기 필요한 일들이 있어요."라고 설명할 것이다. 그러면 곧 직원이 다시 와서 이렇게 말할 수 있다. "제 연봉이 인상되려면 이러저러한 게 필요하다고 하셨죠. 그간 제가 한 일들을 말씀드릴게요. 그러니 이제 저 좀 도와줄 수 있으시죠?" 직원이 한 일들이 당신이 제시한 조건을 충족한다면 당신은 직원에게 힘을 실어 주고 싶어질 것이다.

마법의 질문은 고객이든 아이든 그 누구에게든 효과가 있다. 심지어 반복해서 같은 사람에게 사용할 수 있다. 설령 당신이 그들에게 마법의 질문이 어떻게 작동하는지 가르쳤다고 해도 말이다. 내가 가르치는 학생, 친구, 가족은 마법의 질문을 서로에게도 그리고 내게도 사용한다. 내가 모두에게 가르친 탓이다. 마법의 질문을 들을 때면 우리는 웃곤 하지만 "…하려면 필요한 건 말이지 … "라고 대답한다. 그리고 정말 말 그대로 마법처럼 효과가 있다. 마법의 질문은 협상에서 당신이 찾고 있는 구성요소를 여러 개 제공한다.

첫째, 마법의 질문은 창의성을 촉발하는 촉매다. "뭐가 필요하죠?"라는 질문은 고리타분한 생각을 버리고 새로운 접근방식을 생각해 보라는 초대와 같다.

둘째, 마법의 질문은 존중을 전한다. 질문을 던짐으로써 당신은 자신이 상대방의 상황이나 그들의 욕구나 거래 타결의 장애물을 잘 아는 전문가가 아니라는 사실을 인정하게 된다. 전문가는 '그들'이다. 그리고 마법의 질문은 그들의 악어 뇌가 보이는 위협 반응을 누그러뜨리고 눈앞의 협상이 양쪽 당사자 모두에게 손쉬운 승리가 될 가능성을 열어 놓는다. 게다가 친절함처럼 존중 역시 화답을 받을 가능성이 크고 모두를 행복하게 한다.

셋째, 마법의 질문은 중요한 정보를 찾아낼 수 있다. 만약 마법의 질문이 없었다면 스타이넘은 마을의 성매매 문제가 실은 코끼리 때문에 일어난 문제라는 사실을 절대 알지 못했을 것이다. 그레이엄은 크리스마스 선물 포장할 사람을 고용할 생각을 절대 하지 못했을 것이다. 정보 수집은 모든 협상에서 필수이고 당신이 상대방을 잘 대우한다면 그들은 당신에게 최고의 정보원이 될 수 있다.

끝으로 마법의 질문은 대화가 대립에서 벗어날 뿐만 아니라 협력을 향해 움직이도록 이끈다. 이것이 바로 창의성, 존중 그리고 정보를 통해 당신이 얻을 수 있는 것들이다. 협력은 그 과정을 더 쉽고 더 즐겁게 만들 뿐만 아니라 해결책의 효과가 더 오래가도록 만든다. 일단 마을 여성들이 전기 울타리라는 아이디어를 생각해 내고 협상에서 자신들이 할 일에 동의하자 그들은 협상 결과에 모든 것을 쏟아부었다. 마을 여성들은 직접적으로 말하지 않아도 전기 울타리가 세워지고 난 후에 성매매로부터 자기 마을을 지켜야 한다는 데 동의하고 있었다.

마법의 질문은 종종 기대 이상으로 더 단순해서 당신이 기꺼이 하려던 것보다 더 적은 노력을 들여도 되는 해결책으로 이어지기도 한다. 하지만 항상 단순한 방향으로만 흘러가지는 않는다. 마법의 질문은 보통 더 많은 논의로 이어진다. 그리고 우리를 다시 협상의 영역에 밀어 넣는다.


협상은 합의에 이르는 걸 목표로 하는 대화에 지나지 않는다. 그게 전부다. 영향력에 관해 배웠던 모든 내용이 협상에 적용된다. 타이밍, 프레이밍, 저항을 다루는 방법 등 모두가 적용된다. 지금까지 우리는 당신에게 뛰어난 아이디어가 있고 다른 사람이 '그래요'나 '아니요'라고 답하는 상황이나 단순히 당신의 요점을 이해시키거나 관계를 만들려고 애쓰는 상황에 관해 이야기해 왔다. 여기에 협상은 복잡성이라는 층 하나를 더한다. 단순히 '그래요'나 '아니요'라고 답하는 대신에 이리저리 왔다 갔다 하는 토론을 해야 한다.

그런데 왜 일반적으로 사람들은 협상을 그토록 싫어할까? 조사해 보면 사람들은 협상을 '팽팽한', '공격적인', '비열한' 그리고 '옥죄는' 같은 말로 묘사한다. 하지만 대부분 자신이 실제로 겪은 경험보다는 자신이 느끼는 두려움을 묘사하고 있을 따름이어서 협상에 대한 일반적인 묘사는 제한적이기 쉽다. 정말 중요한 협상은 막후에서 이뤄진다. 우리가 겪고 지켜본 협상은 대체로 소설이나 다름없다. 소설가와 극작가들이 드라마를 너무 좋아한 탓에 수많은 이야기에는 제로섬 상황에서 기를 쓰고 서로에게 을러대는 패거리가 등장한다. '내가 이겼어. 넌 졌다고, 하하하, 이 호구야.' 하지만 현실에서는 이야기 속에 등장하는 공격적인 협상은 드물다. 이야기 속 협상이 실제로 벌어지는 경우는 초보 협상가가 공격적인 협상이 벌어지리라고 지레 겁먹었을 때가 대부분이다.

강의를 하다 보면 협상의 경험 부족이 어떻게 드러나는지를 목격한다. 몇 주에 걸쳐 학생들은 따뜻하고 적극적이며 영향력 있는 존재가 되는 법을 연습하고 있었다. 우리는 다른 사람들이 '그래요'라고 말하고 싶은 사람이 돼 가는 중이었다. 하지만 모의 협상을 하려고 짝을 지어 주자 곧바로 학생들 대부분은 긴장했고 일부는 이제껏 배운 내용을 전부 잊기도 했다. 학생들은 버티다가 최후통첩을 날리고 거짓말을 하고 상대방을 쥐어짰다. 아니면 항복하고서 이렇게 말했다. "그래, 전부 네 거야!" 둘 다 악어 뇌가 보인 위협 반응이다. 이렇듯 협상에서 강경한 자세를 취하면 교착 상태 아니면 항복으로 이어진다. 교착 상태라면 아무도 이기지 못하고 굴복이라면 깨질 수도 있는 취약한 합의로 이어진다.

당신의 생각과 달리 괴롭히기식의 접근은 현실에서 성공률이 낮다.

학생들에게 협상 연습을 소개하면서 강경한 협상가의 이야기를 들려주면 놀라곤 한다. 어떤 학생은 냉철한 전략과 기만은 단지 협상 게임이 진행되는 방식의 일부라고 가정하고 있었다. 많은 학생이 호구 잡히지 않으려고 필사적으로 애를 쓰면서 자신들이 수비하고 있다고 생각했다. 전형적인 협상 초보의 모습이다. 대부분의 사람들이 초보처럼 느껴지는 이유는 평생 국제평화조약을 교섭하거나 형사사건의 양형 거래를 하거나 기업 인수 합병을 진행해 본 적이 없기 때문이다. 때때로 생활에 필요한 물건을 사면서 흥정을 해봤겠지만 앞으로 십중팔구는 중대한 이해관계가 걸린 협상에 관여하게 될 것이다. 하지만 거대한 협상을 앞둔 경우라 해도 자신을 대신해 협상을 도맡을 대리인이나 변호사를 두는 쪽을 택한다. 사람들 대부분이 기를 쓰고 호구가 되지 않으려 하는 것은 당연하다. 자신이 지금 무슨 일을 하고 있는지 모르겠다고 느끼기 때문이다.

그럼에도 불구하고 우리는 협상에 임한다. 우리가 기저귀를 차고 있을 때부터 쭉 협상을 해왔다는 사실을 기억하라. 그리고 일이 이뤄지도록 이끌 사람과 방법을 두고 가족과 동료와 상사와 일상적인 대화를 늘 나누면서 여전히 협상하고 있다. "너 비디오게임 하려면 숙제부터 끝내라." "일 끝나고 한잔하려는데 몇 시에 만날까?" "제가 이 신규 프로젝트를 맡게 되면 기존 프로젝트에 관한 업무를 중단해야 합니다. 기존 프로젝트를 누구에게 넘기면 될까요?" 일상적으로 이뤄지는 대화는 협상처럼 느껴지지 않지만 협상이 맞다.

심지어 낯선 사람과 협상을 하거나 돈이 관련된 거래를 할 때 기대 이상으로 나쁜 결과를 얻는 경우는 흔치 않다. 비록 누구나 협상해야 하는 상황을 상당히 싫어하고 협상 과정에서 스트레스를 받는다는 사실을 알고 있지만 결과적으로 기분이 좋은 경우가 일반적이다. 전반적으로 '치열하다'라는 말로 협상을 묘사했던 사람들에게 가장 최근에 진행했던 협상 과정을 이야기해 달라고 부탁하면 이들 중 80퍼센트가 '행복했다'거나 '자신감이 생겼다'처럼 긍정적인 감정을 느꼈다고 말했다. 그리고 그들의 묘사처럼 거의 모두가 합의에 도달할 수 있었다.

최고로 숙련된 협상가는 서로 합의할 수 있을 만한 해결책을 모색한다. 만약 협상이 파이 한 개를 두고 벌어진다면 그들은 작은 파이를 다 먹어치우고 당신이 부스러기만 쳐다보게 만들려고 애쓰지 않는다. 그들은 모두가 배부르고 행복한 마음으로 떠날 수 있도록 큰 파이를 구워 조각으로 나누려 한다. "호박을 좋아하지 않으시나 봐요. 알았어요, 그럼 사과는 어때요? 좋네요, 그게 제가 할 일이죠. 그럼 아이스크림 좀 사다 주시겠어요? 버터 피칸 맛으로요."

당신은 이미 최고의 협상가 중 하나가 되는 길 위에서 잘하고 있다. 아직 많은 것을 알고 있지는 못하더라도 말이다. 이번 장에서 나는 준비와 협력 그리고 종종 자신을 호구로 만들까 우려되는 불한당들과 선을 긋는 법에 대해 몇 가지 조언을 건네려고 한다. 나는 수백 명에 이르는 학생과 친구들을 지도해 직업 제안, 연봉 인상, 승진, 사업 거래, 대량 구매처럼 중요한 협상 사안에서 행복한 결과를 얻도록 도왔다. 좋은 협상은 심지어 이혼할 때도 모두에게 덜 불행하다는 느낌을 남길 수 있다.

내게 협상에 필요한 조언을 얻으려 하는 사람들은 내가 종종 뽐내듯이 떠벌렸던 제다이 마인드 트릭처럼 다른 사람을 자기 뜻에 따르게 만드는 뭔가를 기대한다. 하지만 우리는 그런 트릭이 좋은 생각이 아니라는 사실을 이미 알고 있다. 제다이 마인드 트릭을 시도하면 저항을 불러올 테고, 협상에서 이긴다 해도 원망만 들을 것이다. 그렇다. 나는 대화에 유용할 몇 가지 전략을 보여 줄 생각이지만 진정한 협상의 기술은 당신이 무엇을 말하는가보다 당신이 어떤 마음가짐을 가졌는지 그리고 대화가 시작되기 전에 당신이 어떤 준비를 했는지와 더 큰 관계가 있다.

## 더 큰 파이에 들어갈 재료 모으기

가능성이 가장 큰 협상을 시작도 하기 전에 실패하는 이유는 우리가 협상할 수 있다는 사실조차 깨닫지 못해서다. 자주 협상에 임하다 보면 결국 협상은 언제나 가능하다는 사실이 분명해진다. 항상 성공하지는 못하더라도 항상 시도할 수는 있다. 당신은 이렇게 말할 수 있다. "가능성이 없을 수도 있겠지만 당신이 여기서 어떤 마법을 발휘할 가능성이 조금이라도 있을까요?" 따뜻함과 유머 감각을 이용해 요청하면 사람들은 화를 내지 못한다.

협상에 관해 뭔가 생각이 번뜩이는 순간이 찾아오면 사람들은 의기양양해진다. 그다음에는 알아차리지 못하고 쌩하고 지나가 버린 모든 기회가 생각나고 후회의 감정이 찾아온다. 지금까지 우리는 대부분 부모님의 다양한 조언과 역할 시범을 따라 왔다. 부모님의 조언이나 역할 시범은 사회경제적 분할선에 따라 불균등하게 분포돼 있기도 하다. 사회학자인 제시카 칼라르코Jessica Calarco는 《협상으로 기회 얻기》Negotiating

Opportunities에서 여러 해 동안 한 중학교에서 진행된 연구를 설명한다. 칼라르코는 어떤 아이들이 추가적인 도움과 더 나은 성적과 더 나은 상황을 위해 협상하려고 하는지를 관찰했다. 또한 칼라르코는 부모들을 인터뷰해 그들이 자기 아이에게 무엇을 하라고 가르치는지를 이해하고, 교사들을 인터뷰해 그들이 어떻게 자신의 결정을 내리는지를 이해하고자 했다.

연구 결과는 적나라한 현실을 보여 줬다. 중산층 가정 출신 아이들이 교사들과 협상하는 비율은 노동계급 가정 출신 아이들보다 일곱 배나 높았다.[3] 교사들은 요청을 받아들이는 데 편향을 보이지 않았다. 교사들은 가능하다면 모든 아이에게 '그래'라고 대답하려고 노력했다. 하지만 칼라르코가 밝힌 것처럼 "중산층 학생들은 '안 돼'라는 대답을 거의 듣지 않았다. 대신에 학생들은 '안 돼'라는 말을 교사가 대등한 협상을 시작하면서 제시하는 말로 받아들였다." 중산층 가정 출신 아이들은 협상을 통해 자신들이 더 큰 창의성을 발휘할 수 있고 더 편한 환경이나 처벌을 더 적게 받을 수 있는 환경을 확보했다. 노동계급 출신 아이들은 혼자서 상황을 이해하려고 애썼고 고군분투하느라 더 많은 시간을 썼으며 끝까지 마무리한 과제가 더 적었다. 칼라르코는 중산층 부모들이 자기 아이들에게 영향력 있는 사람이 되라고 가르치는 반면, 노동계급 부모들은 자기 아이들에게 고분고분한 사람이 되라고 가르친다고 설명한다.

여기서 우리는 특권이 적어도 부분적으로는 협상의 대상이라는 사실을 목격한다. 가능성과 이점이 있는 세상을 열려면 먼저 협상이 가능하다는 사실을 알 필요가 있다. 그다음으로 협상을 편하게 여길 필요가 있다. 이는 단지 학교에 다니는 아이들에게만 해당하지 않는다. 경영 컨설팅 회사인 액센츄어Accenture(기업의 경영 전략, 디지털, 기술, 사업 전반을 지원하는 미국의 다국적 경영 컨설팅 기업 — 옮긴이)는 전 세계의 경영자 수천 명을 대상으로 연구한 결과 낮은 연봉과 기회 부족에 가장 큰 불만이 있다는 사실을 발견했다. 하지만 경영자들은 연봉 인상이나 승진 같은 문제로 절대 협상하지 않았다(하지만 협상했을 때 72퍼센트가 자신이 요청한 바를 얻었고, 25퍼센트는 훨씬 좋은 결과를 얻었다).[4] 그들은 똑똑하고 성공을 거둔 사람들이다. 어떤 사람들은 자기 아이에게 교사와 협상하라고 가르칠지도 모르겠지만 정작 자신들은 자기 상급자와 협상하지 않는다. 사람들은 대부분 직무 협상을 겁나는 것으로 인식한다.

하지만 겁낼 필요가 없다. 일단 어떤 것이든 협상 가능하다는 사실을 깨달으면 다음 단계는 한쪽이 잃는 만큼 다른 쪽이 얻고 한쪽이 이기면 다른 쪽은 진다는 마음가짐을 극복하는 일이다. 협상의 장애물이 되는 마음가짐은 악어 뇌의 방어를 활성화하고 협상가인 우리 안에서 최악의 모습을 끄집어내거나 아니면 우리가 협상하는 것을 아예 차단해 버린다. 만약 우리가 마법의 질문에 생기를 불어넣는 창의성을 발휘한다면 우리는 협상을 승패가 갈리는 문제가 아니라 양측이 가치를 더할 기회로 볼 수 있다.


## 함께 더 큰 파이를 굽기


협상을 가르치는 교수인 킴벌리 엘스바크Kimberly Elsbach는 성공적 거래로 이어진 제안에서 특별했던 것이 무엇인지 알아보기 위해 과거 6년 동안 할리우드 경영자들이 제안을 받은 50편의 대본 아이디어를 살펴 봤다. 스튜디오가 승인할 수 있는 프로젝트는 소수에 불과했고 각본가 는 빅히트작 하나면 성공할 수 있었다. 그런 만큼 양측이 부담해야 하 는 위험은 굉장히 높았다. 엘스바크는 성공한 제안과 실패한 제안 사이 의 가장 큰 차이는 협력적 대화의 여부라는 사실을 알아냈다. 성공한 제안의 당사자 양쪽은 모두 질문을 던졌고 아이디어를 공유했으며 '우 리'라는 대명사를 사용했다. 단순히 개인적인 상성相性의 문제가 아니 었다. 노련한 제안자는 당사자들 사이에 역동적 관계를 만들어 내고 있 었다. 그들 중 한 사람이 말했듯 "당신은 그들을 자극하고 그들의 호기 심이 계속되길 바란다. 그다음에는 그들이 당신과 같은 팀 플레이어가 되길 바란다." 최고의 협상을 성사시킨다면 당신은 들어올 때 가져왔 던 것보다 훨씬 더 나은 아이디어를 가지고 걸어 나갈 수 있다.

여기에 세 가지 질문이 있다. 이 질문은 당신이 더 나은 아이디어, 더 큰 파이에 이르는 데 도움을 준다.

### 가치를 창출하는 질문

당신은 협상 전이거나 협상 중이거나 협상 후에 훨씬 더 나은 아이디 어를 떠올림으로써 가치를 창출할 기회를 모색할 수 있다. 자신에게 질 문해 보고 말이 된다면 상대방과 논의할 문제는 다음과 같다.

'어떻게 하면 이게 나에게 훨씬 더 좋을 수 있을까?'

'어떻게 하면 이게 그들에게 훨씬 더 좋을 수 있을까?'

'달리 누가 이익을 볼까?'

질문들은 꿈을 크게 가지라는 권유가 핵심이다. 질문들은 당신 자신과의 대화에서 시작하므로 당신의 악어 뇌의 쾌락 중추가 제멋대로 날뛰도록 하라(그리고 장애물을 지적하는 판사 뇌의 이야기에 아직은 귀 기울이지 말라).

'어떻게 하면 이게 나에게 훨씬 더 좋을 수 있을까?' 새 일자리를 얻는 협상에서 꼭 질문해야 할 분명한 문제는 돈이다. 더 높은 연봉, 사이닝 보너스signing bonus(회사에 새로 합류하는 직원에게 근로계약 시 연봉 외에 별도로 주는 일회성 인센티브로, 계약금이라고도 불린다. ─옮긴이), 이주비 지원이나 더 많은 스톡옵션 같은 문제 말이다. 어쩌면 회사가 학자금 대출을 다 갚아 줄 수도 있다! 당신의 새 고용주가 당신이 새로운 도시에서 집을 보러 다니는 동안 발생하는 여행 경비를 전부 보전해 준다거나 당신이 매입할 집을 찾는 동안 집세를 보전해 준다면 생각이 달라질 것이다. 당신이 일을 더 잘한다는 건 당신이 일하는 분야의 콘퍼런스에 참석할 자금을 얻는다거나 심지어 더 많은 사람을 고용할 예산을 확보한다는 뜻일지도 모른다. 어쩌면 당신의 새 고용주가 당신이 훨씬 더 전문가에 가까워지도록, 예를 들어 두 번째 석사학위를 따는 데 들어가는 비용을 전부 지원해 준다면 정말 감동할지도 모른다.

하지만 자신을 돈에 한정하지 말라. 꿈을 크게 가져라. 당신은 집에서 일할 때 더 행복하고 더 생산적일 수 있다. 마찬가지로 버뮤다 해변에서 일하면 안 될 이유도 없다. 그리고 회사에 비용 지불을 요청할 만한 강좌를 듣기 위해 매주 금요일마다 휴가도 필요할지 모르겠다. 어쩌면 당신이 이사할 때 가장 큰 걱정거리는 아이의 유치원을 찾는 문제일 수도 있다. 대기 순번이 한참 남은 최고의 유치원에 아이를 보내고 싶을 때 당신의 새 고용주가 수단을 발휘해 한 자리를 마련해 준다면 정말 환상적일 것이다. 당신 배우자에게 일자리가 필요할 수도 있다. 어쩌면 당신은 마음이 내키지 않으면 다른 부서의 회의에 참석하지 않는 것이 꿈일지도 모른다. 과연 그런 일들이 가능할까?

요청하지 않은 사항을 얻는 일은 드물다. 또 발생하지 않은 일에 대해 요구할 수도 없다. 그렇기 때문에 협상에서 요청할 것들을 떠올리는 창의적 단계에 시간을 쏟을 만한 가치가 있다. 무엇보다 이 일은 즐겁다. 당신은 자신의 특별한 상황과 대화가 진행되는 과정을 토대로 어떤 것을 요청하고 얼마나 요청할지를 결정할 것이다. 당신은 대화 끝에 말도 안 되는 요청을 한두 가지 정도 더할 수 있다. 이는 온전히 대화가 흘러가는 방향에 달려 있다. 또 당신은 상대방이 쉽게 허락할 몇 가지 희망 사항을 생각해 낼 수 있다. 당신은 "어떤 대안이 있을까요?"라거나 "달리 제안하실 게 있나요?"라는 간단한 질문으로 상대방과의 대화가 당신에게 훨씬 더 유리해질 방법을 계속 탐색할 수 있다.

내 학생과 친구들은 협상을 통해 위에 열거된 모든 특전과 그 이상의 것을 많이 얻어 냈다. 지레짐작으로 이뤄지지 않을 거라고 생각해 마법이 이뤄지는 일을 막지 말라.

꿈은 중요하다. 하지만 최고의 협상은 창의성과 준비와 모두 관련이 있다. 따라서 가치를 창출하는 질문Value Creation Questions을 활용해 전통적인 경계를 무너뜨리면서 자신의 주장을 뒷받침할 증거를 수집하고, 자신이 관여하는 특정한 과정에 필요한 조언을 구하고, 자신이 협상하게 될 상대방에 대해 알아내야 한다.

여기서 판사 뇌가 개입해 발생 가능한 저항과 마주하도록 당신을 준비시킨다. 당신의 현업에서 벌어지는 협상이라면 회사의 인재 유출 방지 정책에 대해 알아 두면 유용하다. 즉 경쟁사의 이직 제안에 대응하기 위해 마련된 자금이 있는지를 확인한다. 이직 제안을 받은 직책에서, 혹은 조직이나 업계에서 다른 이들이 연봉을 얼마나 받고 있느냐는 어떤 일자리 협상에서도 유용한 기준점에 포함된다. 당신이 해당 업계에서 다른 이들이 연봉을 일하는 친구나 협력자, 학교 동문, 채용 담당자, 심지어 당신이 인터뷰하면서 만난 사람과도 마음이 잘 맞는다면 그에게서 자료를 얻을 수 있다. 또한 과거 다른 사람들이 협상을 통해 무엇을 성공적으로 얻어 냈는지 알 수 있다. 그들에게 연락을 취해 협상에 필요한 조언을 구하라. 당신은 그들이 놀라울 만큼 솔직하고 기꺼이 도움을 주려 한다는 사실을 깨달을 것이다.

이제 두 번째로 '어떻게 하면 이게 그들에게 훨씬 더 좋을 수 있을까?'라는 질문을 살펴볼 준비가 됐다. 이 질문은 먼저 당신이 무엇을 제공할 수 있는지 자유롭게 생각해 보도록 이끈다. 그리고 대화가 진행되면 그들이 무엇을 신경 쓰는지, 즉 그들의 가치관과 그들의 구체적인 우선순위와 관심 사항을 듣고 이해할 수 있다. 당신이 이야기를 나누고 있는 사람뿐만 아니라 그들이 대표하는 사람이나 조직에도 적용되는 방법이다. 하지만 당신 앞에 있는 사람이 항상 그가 대표하는 회사와 똑같은 이해관계를 공유할 거라고 짐작해 버리는 우를 범하지 말라. 개인적으로 그들이 당신과의 거래에서 얻어 낼 것은 그리 크지 않다. 따라서 결과를 극대화하기보다 번거로운 상황을 최소화하고자 집중할 수 있다.

마지막으로 '달리 누가 이익을 볼까?'라는 질문은 처음 두 질문처럼 당신 혼자 브레인스토밍을 하고 난 다음 대화 중에 더 많은 정보를 모으는 데에서 시작한다. 이익을 얻을 수 있는 사람 가운데 당신이 알거나 신경을 써야 할 사람이 있는지를 찾아야 한다. 그리고 상대방이 알거나 신경 쓰는 사람은 없는지, 당신이 역할 모델 노릇을 할 기회가 있는지를 살핀다. 다른 사람이 당신과의 합의를 기반으로 뭔가 훨씬 더 나은 것을 할 수 있는지도 살펴야 한다.

협상을 거쳐 도달한 합의는 거의 대부분 꿈과 데이터가 핵심 구성요소라는 점에서 비슷할 것이다. 만약 당신이 제대로 준비하고 있다면 호구가 될 일은 없다. 모든 협상 가운데 사람들이 가장 골치를 앓는 자동차 구매를 예로 들어 보자. 당신은 당신이 중요시하는 기능을 갖춘 완벽한 차를 꿈꾼다. 온라인으로 검색도 하고 대리점을 직접 방문하기도 한다. 그러다 당신이 무엇을 원하는지 명확히 알게 되면 최저가 부근에서 특정한 차를 검색한다. 당신은 업그레이드 패키지나 금융 그리고 보증 연장 같은 옵션이 얼마나 들어가는지 알 수 있다. 마침내 꿈에 그리던 차를 찾아내고 좋은 가격에 나와 있다는 사실을 알게 되면 나머지는 일사천리다.

당신이 대량 구매 협상을 진행한다면 대안을 조사한다. 이혼에 관한 협상이라면 법률 자문을 얻는다. 대담하게 꿈꾸고 준비하라. 그러면 따뜻하고 자신감 있게 다른 사람과 잘 어울릴 뿐만 아니라 정통한 사람이 되는 데 도움이 된다. 노련한 협상가는 미숙한 협상가보다 두 배나 많은 질문을 하고 이야기를 듣는 데 두 배나 많은 시간을 들인다.[5] 창의적이라는 느낌이 들고 자신이 통제하고 있다는 느낌이 들면 행복감이 커진다. 설령 다른 사람의 행복에 신경 쓰지 않더라도 (물론 당신은 신경 쓰겠지만) 그들이 살맛 나는 기분을 느끼길 원하는 것은 현명한 처사다. 행복한 사람은 더 너그럽고 더 창의적이며 이는 더 좋은 합의로 이어지고 그 협상을 지킬 가능성은 더 커진다. 대부분의 경우, 너그러움은 믿음과 보답을 불러온다(하지만 우리는 몇 가지 예외 또한 다룰 것이다).[6]

'가치를 창출하는 질문'이 실제 대형 협상에서 작동했던 방식에 관한 이야기는 내 코치인 맨디 킨과의 대화에서 시작됐다. 킨은 내게 마법의 질문을 가르쳐 준 바로 그 사람이다.

내가 박사 후 과정 연구자였을 때 처음으로 강연 초청을 받았다. 건강 증진을 주제로 한 업계 학회였는데 내가 몸담은 업계도 아니고 내 전문지식을 다루는 주제도 아니었다. 어쨌거나 그들은 나를 원했다. 끝내줬다! 나는 내가 수행한 건강 관련 연구 한 편을 제출하는 데 동의했다. 동료인 라비 다르Ravi Dhar와 함께 나는 행동경제학의 부드러운 개입 조치, 즉 넛지를 현실에 적용하기 위한 기본 틀을 만든 적이 있다. 또 에린 라텔리스Erin Ratelis, 로 키츨루Ro Kichlu와 함께 백서를 발간했다. 여기서 우리는 직원 복지를 지원하기 위해서 기본 틀을 어떻게 적용할지를 논의했다.

내가 학회에서 우리 연구를 발표하기로 동의한 후, 학회 주최 측에서 '건강에 대한 사회적 영향력'이라는 추가 세션 하나를 맡아 달라고 요청해 왔다. 나는 비록 그에 대해 아는 게 거의 없었으나 그러겠다고 했다. 학계에 몸담기 전에 나는 사람들을 가르치기 위해 데이터베이스 프로그래밍, 이탈리아어, 남자 꼬시는 법 등 온갖 것을 공부해야 했다. 학회가 열리려면 아직 몇 달이 남았었기에 기분 좋게 수락했다. 하지만 시간이 거의 다 됐을 무렵에도 나는 준비되지 않았기에 완전히 망했다고 생각했다. 나는 킨에게 회의 세션들을 준비하려면 꼬박 며칠의 작업이 필요할 테고 내 진짜 일이 학문적 연구이고 학계에서 자리를 잡으려고 애쓰고 있는 때에 그 일을 하겠다고 약속하는 게 아니었다고 말했다.

"그러니까 그 초청을 받지 말았어야 한다는 거지. 적어도 두 번째 건은 말이야." 킨이 내게 말했다. "그런데 받았으니 말이야. 취소할 수는 없어?"

"안 돼. 학회가 다음 주야. 약속도 약속인 데다가 벌써 학회 프로그램에 들어가 있어. 취소하는 건 생각도 못 할 일이야."

"그러면 이 행사에서 네가 얻는 건 뭐야?"

"마땅히 해야 할 일을 다했다 … 그리고 이런 일을 두 번 다시는 하면 안 된다는 교훈을 얻었다?"

"음, 어떤 '고무적인' 결과를 얻을 수 있을까? 뭐가 네 참여와 지금 네가 하려는 준비를 가치 있게 만들 수 있을까?"

"이 행사에 참석한다고 해서 교수 자리를 얻을 수 있는 건 아닐 테고, 어쩌면 컨설팅 일은 좀 할 수 있을지도 모르겠네."

킨은 만약 그 일을 돈으로 따지면 얼마나 되겠냐고 물었다. 얼마만큼의 컨설팅을 해야 내가 투자한 시간이 값어치 있는 것이 될까?

"글쎄, 돈을 엄청나게 벌려면 일도 엄청나게 해야겠지. 그런데 난 그럴 시간이 없어. 하지만 현실적으로 상상할 수 있는 거액이라면? 5만 달러 정도라고 해보자고."

킨은 나를 부드럽게 자극해서 이 상황이 나에게 훨씬 더 좋을 수 있는 방법을 생각하게 만들고서 마법의 질문을 던졌다.

"네가 이번 행사로 컨설팅을 해서 5만 달러를 벌려면 뭐가 필요하지?"

킨의 말이 내 관점을 바꿨다. "우선은 명함이 좀 필요할 것 같은데."

킨은 웃음을 터뜨렸다. "좋아, 네 발표는 언제? 네가 바라는 컨설팅 성과를 얻는 데 그들이 어떤 도움을 줄까?"

"글쎄, 내가 되도록 많은 가치를 제공해야겠지."

"그러면 넌 그걸 어떻게 할 건데?" (킨은 내가 실행 의도를 갖도록 나를 돕고 있었다.)

"사실 나는 참석자들이 어떤 어려움에 직면해 있는지 잘 몰라. 이 학회가 어떤 학회인지도 마찬가지고. 하지만 내 공동 연구자인 라텔리스와 키츨루도 그 자리에 참석한다니까 두 사람에게 물어보면 되겠지."

나는 준비 작업에 들어갔다. 급하게 명함을 주문하고, 라텔리스와 키츨루와 함께 즐겁지만 배울 게 많았던 저녁 식사를 같이했고, 가능한 한 유용하고 실제로 써먹을 수 있는 강연을 준비했다. 나는 여전히 두 번째 세션에서 가르쳐야 할 내용을 생각해 내야 했고 슬라이드를 만들었다.

라텔리스와 키츨루가 도와준 덕분에 첫 번째 세션은 성공이었다. 강연이 끝나고 내가 복도를 걸어 내려가고 있을 때 "조이!"라고 부르는 목소리를 들었다. 청중 가운데 한 여성이 나를 붙잡았다.

"당신 발표 너무 좋았어요. 우리 얘기 좀 해요. 난 미셸 해치스Michelle Hatzis라고 하고 구글에서 일해요. 내일 같이 아침 식사 어때요?"

"감사해요. 그런데 죄송해서 어쩌죠? 내일 세션 준비를 해야 해서요."

해치스는 나에게 명함을 줬고 막 떠나려던 참에 킨의 목소리가 내 머릿속에 들려왔다. '… 하려면 뭐가 필요해?'

"잠깐만요, 미셸. 마음이 바뀌었어요. 아침 식사 좋을 거 같아요."

아침 식사는 좋았다. 해치스는 아주 영리했고 재미있는 사람이었다. 해치스는 구글 급식팀의 새 책임자였고 전 세계에 적용될 회사의 새로운 지침에 행동과학이 어떻게 영향을 줄 수 있는지를 알아보고 있었다. 해치스는 내 기본 틀이 딱 구글에서 필요한 것일 수 있겠다고 생각했다. 큰 프로젝트가 될 참이었고 그 후로도 몇 주 내내 이야기를 나눴다. 그리고 마침내 해치스는 나를 자문가로 채용하고 싶다는 마음을 굳혔다. 명성과 돈을 안겨 주고 인생을 크게 바꿔 놓을 프로젝트였다. 여러 이유에서 이 프로젝트는 흥미진진한 기회였지만 상당히 많은 시간이 필요해 보였다.

내가 '어떻게 하면 프로젝트가 내게 훨씬 더 도움이 될까?'라고 스스로 질문했을 때, 프로젝트에 시간을 덜 써서 학문적 연구에 집중할 수 있으면 좋으리라고 생각했다. 게다가 우리가 회사의 지침에 공을 들이기보다 출간 가능한 연구에 공을 들이는 일이 훨씬 좋을 것이었다. 이는 내가 학계에서 자리를 찾는 데도 도움이 될 터였다. 그게 가능할까?

내가 '어떻게 하면 해치스에게 훨씬 더 도움이 될까?'라고 스스로 질문했을 때 해치스가 공동으로 연구를 수행하는 데 관심이 있을지 궁금했다. 해치스는 박사학위를 소지한 연구자였고 예일에 열광하는 것처럼 보였다. 해치스가 예일에서 수행되는 우리 연구에 참여하고 싶어 하지는 않을까? 내가 이런 질문을 해치스에게 적용하면서 우리는 일련의 논의를 시작했고, 구글과 다르가 운영하는 싱크탱크인 예일 고객 통찰력 센터Yale Center for Customer Insights, 이하 YCCI의 학생과 교수진의 양자 간 연구 및 컨설팅 제휴를 맺는 것으로 결론이 났다. 우리는 우리의 공동 연구를 학술지, 교과서 그리고 〈하버드 비즈니스 리뷰〉Harvard Business Review에 실었다. 컨설팅 수입을 바라지 않았지만 YCCI로부터 내 연구 예산에 추가될 기부금도 조금 받았다. 구글 프로젝트가 도움이 됐는지는 잘 모르겠으나 예일대학교는 다음 해에 내가 꿈꾸던 교수 자리를 마련해 줬다.

'달리 누가 이익을 볼까'라는 질문에 대한 답변은 많은 사람이었다. 구글의 경우, 단순히 나라는 개인이 아니라 예일대학교와 공동 협력하면서 얻은 긍정적인 측면은 컸다. 똑똑한 인재 여럿이 구글에서 진행하던 여러 과제에 노력을 쏟았고 회사의 발전을 가속할 수 있었다. 구글은 우리가 제시한 행동경제학적 기본 틀을 바탕으로 새로운 급식 지침을 만들었고 이로써 당시 5만이었던 구글의 직원들은 더 건강한 선택을 내릴 수 있었다. 그리고 예일대학교 학생들이 우리와 협력해서 일련의 연구 프로젝트에 참여했다. 프로젝트에서는 사람들을 부드럽게 자극해 채소를 더 많이 먹도록 하거나 아무 생각 없이 하는 군것질을 줄이거나 일회용 물병 사용을 줄이는 방법 등의 문제들을 다뤘다. 학생들은 컨설팅 경험을 얻었고 구글 프로젝트를 자신의 이력서에 더했다. 심지어 구글에서 일자리를 얻은 학생도 몇 있었다.

예일대학교와 구글을 넘어 대중매체에 우리 연구 일부가 발표되면서 다른 조직들은 자체적으로 급식 정책을 다시 생각하게 됐다. 그리고 우리는 생산적인 산학 공동제휴의 모범을 보임으로써 다른 조직들이 같은 일을 더 쉽게 할 수 있도록 만들었다. 흔하게 벌어지는 일이라고 생각할지 모르겠지만 결코 그렇지 않다. 나는 우리의 제휴처럼 서로에게 이익이 되는 제휴에 관해 들어 본 적이 없다. 모두가 승자였다. 우리가 얻은 이익은 계속해서 확장됐다. 구글의 직원 휴게실을 설계했던 건축회사는 다른 회사 직원들이 더 건강한 선택을 내리는 걸 돕기 위해서 우리의 연구 결과를 활용하겠다고 결정했다. 그리고 삶과 일이 보기 좋게 결합하면서 해치스는 가까운 친구이자 내가 좋아하는 사람 가운데 한 명이 됐다.

나는 이후 몇 년이 지날 때까지 내가 킨에게 제안했던 금전적 목표를 까맣게 잊고 있었다. 내가 결국 다른 프로젝트에 집중하기 위해서 구글 프로젝트에서 물러났을 때 나는 기부금 전액을 구글과의 제휴에서 얻었던 내 연구 예산에 합했다. 그 금액은 정확히 5만 달러였다. 정말 마법 같은 일이 벌어졌다.

'가치를 창출하는 질문'은 해치스와 내가 했던 것처럼 협력하길 원하는 사람들에게 아주 훌륭한 도구다. 그뿐만 아니라 해결해야 할 문제가 있을 때도 도움이 될 수 있다.

내 학생 중 하나였던 나탈리 마Natalie Ma는 영향력이 너무 커서 문제를 만들었다. 마는 우리 강의의 모금 프로젝트에 기부를 요청하려고 예일 졸업생 데이터베이스를 활용했다. 문제는 졸업생에게 금전을 요청할 권리는 오직 학교에만 있다는 사실을 알지 못했다는 것이다. 기금개발실에서는 마의 모금 활동을 전해 듣고 친절하게도 내게 정지 통지서를 보냈다. 나는 사과와 재발 방지 약속을 담아 답신을 기금개발실에 보낼 수도 있었다. 하지만 나는 호기심이 생겼다. 기금개발실에 근무하는 사람이라면 어쨌든 간에 영향력 분야의 전문가일 가능성이 크다.

나는 그 팀의 리더 두 명과 커피를 마시면서 우리가 처한 상황에 대해 논의했다. 나는 학생들이 자금 요청처럼 두려움을 느끼는 일을 연습하길 바랐고 그 과정에서 신뢰를 쌓길 원했다. 물론 기금개발실에서는 모금 활동을 인정할 수 있었다. 학교를 위한 모금도 필요하다. 하지만 그들에겐 졸업생들이 너무 많은 요청을 받는다고 느끼지 않도록 하는 일도 그만큼 중요했다.

우리는 모금 문제를 해결할 창의적인 방법을 논의하기 시작했다. 이 상황을 우리 모두에 더 좋은 상황으로 만들려면 무엇이 필요할까? 그리고 달리 누가 이익을 볼까? 이 논의는 졸업생들에게 연락을 취했던 내 학생들과의 공동 논의였기에 누가 맨 처음에 장학금 모금을 위한 권유 전화의 밤 행사를 공동 주최하자고 제안했는지는 기억이 나지 않는다. 학생들은 단 하룻저녁만 모금을 요청하는 연습을 하기로 했다. 졸업생들은 재학생들과 함께 강의나 교수들에 대해 공유하는 경험을 즐겁게 이야기했다. 친밀한 대화로 졸업생들은 더 큰 소속감을 느끼며 기부 의향이 더 커졌다. 앞으로 입학할 학생들은 장학금을 받을 테고, 기금개발실은 목표를 달성할 테고, 나는 내가 가르쳤던 학생들에게 '안녕'이라고 인사하게 되길 즐거운 마음으로 기다렸다. 문제해결을 위한 대화는 문제 하나에 공을 들이는 일처럼 느껴지지 않았고 심지어 협상처럼 느껴지지도 않았다.

학생들은 권유 전화를 걸어 수만 달러를 모금했고 일이 잘 진행된 덕분에 모금 행사는 해마다 열리는 전통이 됐다. 모금 행사는 외뿔고래인 나월narwhal 복장을 하고 피자를 먹고 맥주를 마시는 파티로 발전했다. 마는 내가 다음 해에 내 강의 조교가 돼 달라고 부탁할 정도로 스타가 됐다. 졸업 후 마는 1년간의 휴가 동안 전 세계를 한 바퀴 돌겠다는 계획을 이뤘다. 이후 한 생명공학 신생기업의 사업 개발을 주도하면서 바이러스를 프로그래밍하는 연구에 필요한 수백만 달러의 투자 협상을 성공으로 이끌었다. 성공의 연속이었다.

'어떻게 하면 이게 나에게 훨씬 더 좋을 수 있을까?'

'어떻게 하면 이게 그들에게 훨씬 더 좋을 수 있을까?'

'달리 누가 이익을 볼까?'

## 협력을 고무하는 그 밖의 방법들

협력을 고무하는 방법 중 간단한 한 가지는 다른 사람에게 선택권을 주는 것이다. 누군가가 어떻게 행동하는 게 최선일지 알고 있다고 생각하더라도 단 하나의 제안을 하는 순간 그들에게 부담감을 주는 상황으로 이어질 수 있다. 선택지가 있다는 말은 자신들이 통제할 수 있다는 뜻이므로 상대방은 저항을 누그러뜨린다. 비교할 대상이 전혀 없는 상황에서 무언가를 평가하기란 어려운 일이다. '이게 좋아? 나빠? 영리해? 비싸? 빨라? 뭐랑 비교한 건데?'

마케팅을 가르치는 교수인 대니얼 모촌Daniel Mochon은 텔레비전이나 카메라 같은 제품이 하나만 단독으로 제시될 때보다 대안과 함께 제시될 때 사람들이 제품을 구매할 가능성이 훨씬 더 크다는 사실을 알아냈다. 여러 연구에서 모촌이 한 가지 선택지만을 제시했을 때 97퍼센트가 구매하겠다는 결정을 내리기보다 기다리는 쪽을 선택했다.[7]

대안을 제시할 때도 마찬가지로 추천할 수 있다. 건축가는 이렇게 말할 수 있다. "여기 설계 두 개가 있어요. 제 생각에는 첫 번째가 더 나아 보여요. 당신이 원했던 대로 공용공간에 채광이 풍부하기 때문이죠. 하지만 두 번째 설계를 고르면 안방이 더 커요." 상대방이 당신이 제시한 제안의 장점을 다른 열등한 선택지와 비교해 깨달으면 그들은 당신을 믿을 만한 사람으로 여기고 자신의 결정을 스스로 통제한다고 느낀다. 또한 당신은 그들에게 협력과 창의성을 요청한 셈이다. 당신이 상대방

236

과 함께 선택지를 고려하면 훨씬 더 좋은 뭔가를 생각해 낼 수 있다.

가격, 범위, 인도일, 대금 지급 조건 등과 같이 협상할 쟁점이 여럿인 복잡한 거래에서 당신은 선택의 조합을 제안해 결정을 유도할 수도 있다. 가령 당신이 건축가라면 현금으로 시급을 지급하는 안, 설계와 인허가가 완벽하게 포함된 조금 더 비싼 패키지, 공사의 프로젝트 관리를 포함한 훨씬 더 비싼 패키지를 제안할 수 있다. 무엇을 선택하더라도 똑같이 만족하도록 선택 조합을 설계하라. 즉 당신은 동시에 다수의 대등한 제안multiple equivalent simultaneous offers, MESO을 제시하며 거래를 유도한다.[8] 사람들은 그중 한 선택지를 고를 수 있다. 설령 고르지 않더라도 이어지는 대화에서 그들이 무엇에 관심을 기울이는지를 파악할 수 있으므로 협력을 진전시킬 것이다.

당신이 좋은/더 좋은/최고의 유형이나 소/중/대 유형의 선택지를 제안할 경우 사람들이 중간 선택지를 선택하기 쉽다는 사실을 알면 도움이 된다.[9] 양극단과 비교하면 중간의 선택지는 실용적이고 정당화하기 쉬운 결정으로 여겨진다. 그리고 중간의 선택지는 대표적인 상황이나 대표적인 사람에게 적합해야 하는 것처럼 여겨진다. 한 과학박물관에서 이뤄진 실험에서 방문객들은 우비를 하나씩 선택해 달라는 요청을 받았다. 평균적인 체구의 사람들은 우비의 실제 크기와 무관하게 '중'이라는 꼬리표가 붙은 우비를 골랐다.[10] 심지어 방문객들은 우비를 볼 수 있었고 중간 크기의 우비 중 일부가 상당히 작다는 사실을 알 수 있었다. 칼 샤피로Carl Shapiro와 할 배리언Hal Varian은 사람들이 중간이라는 선택지를 선호하기 쉽다는 사실을 파악하고서 이른바 골디락스 전략Goldilocks Strategy을 발견했다.[11] 다른 사람에게 이상적이라고 생각되는 안을 제시하면서 그들에게 필요하다고 여겨지는 것보다 훨씬 작은 대안과 그보다 훨씬 큰 대안을 함께 제시한다. 그러면 중간 선택지는 너무 크지도 너무 작지도 않게, 즉 딱 적당하게 느껴진다. 그들의 마음을 조종해 그들에게 필요하지도 않은 것을 선택하도록 만드는 것이 아니다. 당신은 그저 선택을 미루기보다 행동을 취하도록 사람들을 부추길 뿐이다.

## 까다로운 사람들을 다루는 법

사람들은 대부분 협력에 열린 마음을 가지고 있고 경쟁보다 협력을 더 좋아한다. 따라서 협상을 시작하면서 호의와 융통성을 보이면 일반적으로 협상의 상대편에게서 비슷한 따뜻함과 열린 마음가짐을 끌어낼 수 있다. 하지만 때때로 어떻게 접근하든지 간에 까다로운 사람들이 있다. 그들이 까다롭게 구는 데에는 여러 이유가 있을 수 있지만 대부분은 악의적이지 않다. 많은 사람이 협상의 순간에 크게 불안해하면서 몸을 사린다. 그들은 경험이 많지 않거나 강경한 태도를 보이는 것이 협상 방식이라고 여긴다. 그들은 절대로 인색한 게 아니라 진짜로 자신의 최종 제안을 이미 제시한 상태다. 그리고 일부는 당신을 당혹스럽게 만드는 것을 즐긴다. 그들은 우월함을 과시하고자 자기 손을 비틀어 상대의 손 위에 두는 악수처럼 유치한 일들을 한다.

협상의 상대편이 무슨 의도로 행동을 하든 손을 내밀지 않으려는 사람과 협력하기란 어렵다. 상대방이 비협력적이라면 굳이 애써서 그들에게 창의력을 발휘하거나 새로운 좋은 아이디어를 제공하며 협력하지 않아도 좋다. 까다로운 사람과의 협상을 끝까지 끌고 가기로 마음먹었다면 당신의 압박 수단을 확인하고 당신의 희망 사항과 한계를 명확히 전달하는 것으로 끝낸다. 이보다 더 창의적인 것은 없다.

### 압박 수단

협상에서 압박 수단은 각각의 당사자가 상대방을 압박하기 위해 사용할 수 있는 힘이다. 그들은 상대방에게 가치 있는 어떤 것을 가지고 있는가? 합의가 없다면 그들은 무엇을 포기해야 하는가? 합의가 있다면 그들은 무형의 것을 포함해서 가치 있는 어떤 것을 포기해야 하는가?

티나 페이Tina Fey의 시트콤 〈써티 록〉30 Rock(티나 페이가 제작해 2006년부터 2013년까지 미국 NBC에서 방영한 텔레비전 시트콤—옮긴이)에서 알렉 볼드윈은 갑질을 좋아하는 네트워크 텔레비전의 부사장 잭을 연기한다. 에이드리언 레녹스Adriane Lenox는 잭이 고용한 트리니다드 출신 유모 셰리를 연기한다. 여기서 잭은 셰리의 근무시간을 줄였고 셰리는 그래도 받아야 할 주급은 똑같다고 말한다.

> 잭: 제가 당혹스러워하는 이유를 잘 아시겠지요. 여기서 반만 일하는 데도 실제로는 더 많이 드리는 거잖아요.
>
> (셰리는 잠자코 있다.)
>
> 잭: … 그러니까 당신이 시장에 갔어요. 감자 사러요. 그런데 10파운드짜리 감자 한 자루가 … 그러니까 400달러라고 쳐요. 그런데 그때 … 식자재 구매대행자가 5파운드짜리 감자 한 자루가 400달러라는 거예요. 그럼 충격적이잖아요?

(셰리는 잠자코 있다.)

잭: 그러니까 내 말은 우리는 당신 일을 존중해요. 존중하는데 이런 주급은, 음 … 불합리해요.

셰리: 그래서, 뭘 워쩌라구유?So, what you wan' do?

잭: … 당신에게 나를 압박할 수단이 있다고 생각하겠지만 아니에요. 난 아이는 상관없어요. 안 지도 몇 주밖에 안 됐고, 에이버리(이 시트콤에서 잭의 부인이자 리디의 엄마다. ─옮긴이) 가슴 좋아하는 거 빼면 리디와 나는 공통점이 전혀 없어요. … 게다가 리디가 날 닮았다는 생각도 안 들어요. 그러니까 진화론적으로 보면 그 사실이 내가 그 애를 먹고 싶게 만든다고요. 바꿔 말할게요. 주급을 깎거나 아니면 가서 다른 일을 찾아보든지 해요. 이제 누가 칼자루를 쥐고 있죠, 셰리? 이제 당신 차례예요.

(아기가 울고, 셰리는 떠날 채비를 한다.)

잭: 제발 가지 마요. 당신 가족 모두 대학에 보내 줄게요.


바깥세상에서 잭은 돈과 권력도 더 많고 지위도 더 높다. 역시 두 사람의 업무 관계에서도 잭은 셰리를 해고할 수 있는 권력을 가지고 있다. 이것이 바로 압박 수단이다. 압박 수단이 얼마나 강력한지는 셰리가 얼마나 자신의 일을 원하는지에 달려 있다. 또 셰리가 바깥세상에서 가지는 선택지와 셰리의 기분에 달려 있다. 그저 짐작만 할 수 있는 이유로 보자면 셰리는 주급이 깎이는 일을 받아들이느니 차라리 일을 관두려 한다. 그리고 잭은 셰리가 그만두지 않기를 바란다. 잭은 바쁜 경영자고 셰리가 떠나면 처리해야 할 육아가 고스란히 자기 몫이 될 것이다. 또

믿을 만한 새 유모를 찾는 일도 번거롭고 아마 리디의 엄마와 한바탕 큰 싸움을 해야 할지도 모른다. 따라서 겉으로 보이는 관계와 다르게 셰리가 더 큰 압박 수단을 가졌다. 그래서 셰리가 이긴다.

까다로운 사람과 협상을 하고 있거나 협상을 준비하고 있다면 압박 수단에 집중하라. 당신이 원하는 무언가를 그들이 가지고 있는지, 당신은 그들이 원하는 무언가를 가지고 있는지를 파악하라. 그리고 서로의 자부심을 비롯해 양 측이 잃을 염려가 있는 것은 무엇인지도 파악하라. 당신은 자신의 대안을 개선할 수 있는가? 자신에게 대단한 압박 수단이 없다고 느낀다면 자신이 틀렸을 가능성을 고려하라. 외부 관찰자가 보기에는 셰리에게 큰 압박 수단이 없는 것처럼 보였지만 사실은 차고 넘쳤다. 비록 자신은 모를 수도 있지만 직원들은 관리자를 압박할 수단을 갖고 있다. 아이들에게도 부모를 압박할 수단이 있다. 당신에게는 이유가 뭐든 당신이나 관계 혹은 잠재적 거래에 관심이 있는 그 누구라도 압박할 수단이 있다.

압박 수단이 있으면 할 일이 그다지 많지 않다. 까다로운 사람과 협상을 앞두고 있다면 두말할 것도 없다. 바깥에서 얻을 수 있는 자신의 선택지가 무엇이고, 자신이 원하는 게 무엇이며, 어디에 선을 그을지 알 수 있도록 준비하라. 그런 다음 셰리가 했던 것처럼 상대방에게 당신이 무엇을 원하는지 말하고 그냥 가만히 있으면 된다. 이것이 바로 협상에서 필요한 잠시 멈춤의 힘이다. 진지하게 공격을 할 필요도, 일일이 대응할 필요도 없다. 상대방에게 화를 낼 필요도 없거니와 그들과 머리를 맞대고 브레인스토밍할 필요는 더더욱 없다. 자신만의 창의적 해법을 찾거나 협력자들에게 연락해 지지와 조언을 구하려 애쓸 수도 있다. 하지만 까다로운 사람과 함께라면 일을 단순하게 처리하는 것이 바람직하다.

화내지 않으면서 '아니요'라고 말하는 일은 정신적 수행이나 다름없을지도 모르겠다. 때때로 나는 점잖은 초식공룡의 평정심을 유지하려 애를 쓰곤 한다. "죄송하지만 할 수 없어요." "유감입니다만 그건 불가능해요." "그건 그냥 현실적이지 않아요." 그리고 가끔은 내 짜증을 열정으로 바꾼다. "오, 이런 안 돼요!" "농담이시죠?" "하, 역대 최악의 생각이네요." 까다로운 사람이 당신 발 앞에 공을 떨어뜨리거든 차분히 되돌려줘라. 그리고 잠시 멈춰라. "그래서, 뭘 워쩌라구유?" 조용히 당신의 한계를 정하고 그들이 결정하게 하라.

### 체면 세워 주기 제2안

단 하나의 협상 전략만을 숙지하고 있다면 아마도 손쉬운 승리를 예상하는 허세를 부리기 쉽다. "주급을 깎거나 아니면 가서 다른 일을 찾아보든지 해요." 하지만 허세 전략은 쓰지 않길 바란다. 〈써티 록〉의 잭이 실패한 것처럼 허세 전략은 내가 현실에서 실패하는 모습을 가장 숱하게 본 수법이다. 허세 전략은 상대방과 당신의 자존심을 위협해 당신의 체면을 깎을 수 있다. 당신이 최후통첩을 하면 모두 패자가 되는 상황, 즉 기회를 잃거나 아니면 당신에게 굴복해 체면을 구기는 상황에 놓일 수 있다. 결국 자신이 가진 선택의 자유를 빼앗긴다. 우리는 사람들이 자기 자유를 잃는 일을 얼마나 싫어하는지, 자신들이 강요당하고 있다고 느끼면 아무리 좋은 기회라도 기꺼이 포기할 수 있다는 사실을 살펴본 바 있다. 게다가 당신의 자존심 때문에 문제가 된다면 자신의 허세를 강제로라도 끝까지 밀어붙이려고 생각할 수 있다.

　내 친구 하나가 그리스에서 예쁜 가죽 샌들 한 켤레를 봤는데 거의 살 뻔했다가 결국 사지 못했던 이야기를 들려준 적이 있다. 친구는 신발을 만든 솜씨가 너무 뛰어나서 신발 상인이 부르는 가격보다 훨씬 더 많은 돈을 내고서라도 사고 싶었다. 하지만 친구는 그리스에서는 부르는 대로 다 주면 안 되고 가격을 흥정해야 한다는 여행 안내서의 주의를 기억하고 있었다. 상인이 가격을 깎아 주지 않으려 하자 친구는 자리를 떠나려 했다. 그렇게 하면 상인이 최종가격을 부르리라 생각했기 때문이다. 그런데 친구가 샌들 가격을 깎아 달라고 하자 상인은 절대 가격을 가지고 흥정하지 않는다고 말했다. 친구가 다시 한번 요청했지만 상인은 요지부동이었다. 상인은 까다로운 사람이었던 게 확실했다. 친구는 가격 흥정은 없던 일로 하자고 말하고 자리를 떠나려 했다. 친구의 허세 전략에 맞선 상인의 전략은 침묵이었다. 친구는 자존심을 지키려 계속 걸어갔다. 벌써 40년 전 일인데도 친구는 여전히 당시의 샌들 한 켤레를 기억한다.

　자존심의 방해를 받지 않도록 하는 전략이 '체면 세워 주기 제2안'Face-Saving Plan B이다. 자신의 몸을 낮추는 태도에서 강점을 보여 주는 접근방식이다. 당신은 대안을 언급하거나 그저 당신에게 대안이 있음을 알리면서 그렇게 되지 않기를 바란다고 말한다. 그리고 당신의 말은 진심이다. 체면 세워 주기 접근방식을 취할 때 상대의 악어 뇌에서는 위협 반응이 활성화되지 않는다. 상대가 당신의 제안에 정말로 동의한다면 상대는 너그럽게 행동할 것이다. 당신은 고마움을 느끼고 상대는 뿌듯함을 느낀다. 상대가 그렇게 하지 못하거나 그렇게 하지 않는다고 해도 당신이 자신을 막다른 골목으로 몰아넣지 않았기 때문에 당신에게는 여전히 쓸 수 있는 선택지가 남아 있을 것이다.

당신은 곤란한 거의 모든 상황에서 체면 세워 주기 제2안을 사용할 수 있다. 외교관이라면 이렇게 말할 수 있다. "들어 보세요. 이게 현 정부 하에서 제가 당신에게 제시할 수 있는 겁니다. 하지만 곧 선거가 다가오고 그 이후에는 어떤 약속도 장담하지 못합니다." 만약 당신이 고객으로서 엉망인 서비스를 경험했는데 그 문제가 아직도 해결되지 않았다면 이렇게 말할 수 있다. (만약 그게 사실이라면) "나는 온라인 평을 많이 올리는 사람이고 긍정적인 평을 올리는 걸 좋아하죠. 부정적인 평은 거의 올려 본 적이 없어요. 그런데 지금은 너무 답답한 마음에 부정적인 평을 올려야 하나 싶은 마음도 드네요. 부탁하는데 좀 제대로 된 해결책을 찾아봐 줄 순 없나요?"

당신이 외부의 이직 제안을 연봉 인상에 필요한 압박 수단으로 쓰길 바랄 때도 마찬가지다. 당신이 떠나겠다고 엄포하면 정말로 떠나야 할 수도 있으니 대신에 이렇게 말할 수 있다. "높은 연봉을 주겠다는 다른 제안을 받았습니다만 저는 여기서 일하는 게 정말 좋습니다. 연봉 제안을 맞춰 주실 수만 있다면 저는 꼭 여기 남을 겁니다." 회사가 제안을 맞춰 준다면 더없이 좋은 일이다. 만약 회사가 그럴 생각이 없어도 당신은 여전히 스스로 마음을 결정할 여지를 남겨 둔 셈이다. 무슨 일이 있든지 체면 세워 주기 제2안 전략을 사용할 때 당신에게는 선택지가 남는다. 그리고 선택지가 있다는 건 좋은 일이다.

까다롭게 보이는 사람들 대부분은 그저 당신이 요청하는 사항에 '그래요'라고 말하지 못할 뿐이다. 하지만 당신이 따뜻함과 열린 마음으로 훌륭한 프레임을 가지고 접근하면 그들은 '그래요'라고 말하고 싶어 한다. 그리고 때때로 그들은 당신이 더 나은 생각을 떠올리는 데 도움을 준다. 협상으로 종이 클립을 자동차와 바꿨던 학생 맥카프리는 파타고니아Patagonia라는 회사와도 인상적인 협상을 했다. 팀 동료들과 함께 맥카프리는 칠레 파타고니아 일부 지역이 유네스코 세계 유산UNESCO World Heritage site으로 지정받을 수 있도록 NGO 한 곳과 함께 일하고 있었다. 때마침 그들은 가을 휴가 동안 캠핑 여행으로 그곳에 가려던 참이었다. 맥카프리는 뉴헤이븐에 있는 파타고니아 매장 관리자를 찾아가 이렇게 말했다. "안녕하세요? 우리는 당신 회사가 자연 보호에 큰 노력을 기울이고 있다는 사실을 잘 알고 있습니다. 우리도 그렇거든요. 이게 우리가 지금 진행하고 있는 프로젝트예요. 파타고니아에서요. 혹시 우리에게 무상으로 몇몇 장비를 지원해 주실 수 있을까요? 거긴 진짜 춥거든요!"

매장 관리자는 공짜로 장비를 지원하는 건 불가능하지만 절반 이상 할인된 가격을 제안할 수는 있다고 말했다. 놀라운 일이었다. 그리고 맥카프리와 동료들은 매장에서 모금 행사를 주최할 수 있었다. 게다가 운 좋게도 매장 관리자는 공짜 맥주를 기부해 줄 맥주회사 소유주도 알고 있었다. 맥카프리는 팀 동료들과 함께 업체에 경품 추첨용으로 쓰일 상품을 기부해 달라고 요청했다. 밴드에서 연주하는 친구들에게는 공연을 부탁했다. 우리는 모두 파티를 하러 파타고니아 매장으로 갔다. 모두 즐거운 한때를 보냈고 물론 몇 가지 물건을 구입하기도 했으니 매장에도 역시 도움이 됐다. 또한 이미 맥카프리와 그의 팀을 후원하고 있던 파타고니아의 본사 임원 한 명이 맥카프리와 그의 팀에게 3천 달러어치의 장비를 무상으로 제공했다. 맥카프리가 처음에 제안한 대담한 요구보다 훨씬 더 좋은 결과였다.

좋은 협상 하나를 이룬 파급효과는 기대 이상으로 확대될 수 있다. 당신은 자신이 뿌린 좋은 생각의 씨앗이 자라 무엇이 될지 결코 알지 못한다. 잠비아의 마을에 스타이넘이 방문했을 때 들판에 펼쳐 놓은 방수천 위에 처음 모였던 여성들은 모임을 계속 이어가겠다고 결정했다. 8년 동안 여성들의 모임은 확장을 거듭해서 이웃 마을 출신의 여성들을 받아들일 만큼 성장했다. 노동자 공동사업도 두 개나 시작했다. 하나는 여성들이 운영하는 양계장이었고 다른 하나는 봉제 작업장이었다. 이들은 자신들의 모임을 '와카 심바'Waka Simba, 즉 '강인한 여성들'이라고 부른다.

# 여성으로 협상하기

제니퍼 로렌스는 나이 스물넷에 이미 아카데미상을 받았고 〈타임〉에서 선정한 가장 영향력 있는 인물 100인 가운데 한 사람으로 이름을 올렸다. 로렌스는 다재다능하고 부유하고 아름답고 너그럽고 세상 물정에 대단히 밝았다. 팬들은 그녀가 자신들의 내면을 대변하는 인물임을 공공연하게 드러내는 티셔츠를 입었다. 로렌스는 성공했고 그것도 혼자 힘으로 대단한 성공을 거뒀다. 사회 불안 장애를 겪는 고집불통 말괄량이였던 그녀는 중학교를 중퇴하고 열네 살의 나이에 부모와 떨어져 혼자 뉴욕시로 이사했다. 그녀는 자신이 무엇을 원하는지 알았고 아무도 자신을 멈추지 못하도록 할 작정이었다. 그녀에게는 확실히 패물이 있었다.

그녀의 추진력과 성공을 고려하면 당신은 로렌스가 자신의 협상 역시 잘 간파해 냈으리라 기대할지도 모르겠다. 하지만 2014년 소니 픽처스의 이메일 시스템이 해킹을 당했을 때 숨은 진실이 드러났다. 그녀가 〈아메리칸 허슬〉American Hustle로 번 금액이 함께 공연했던 남자 배우인 브래들리 쿠퍼나 크리스천 베일보다 수백만 달러나 적었다는 사실이 온 세상에 밝혀졌다. 이후 그녀는 온라인에 공개서한을 올렸다.[1] 그녀는 해킹 소식을 듣고 과거에 무슨 일이 벌어졌는지를 깨달았다고 적었다.

> "소니에 화가 나진 않았어요. 나 자신한테 화가 났죠. 내가 협상에 실패한 건 내가 일찌감치 포기한 탓이겠죠. 솔직히 몇십억 원 가지고 계속 싸우고 싶지 않았어요. 두 개의 프랜차이즈 덕분에 더 필요하지도 않고요. … 당시에는 그게 좋은 생각 같았죠. 인터넷에서 올라온 출연료를 보고, 같이 일하고 있던 남자들 모두가 '까다롭게' 보이거나 '버릇없어' 보이는 걸 털끝만큼도 걱정하지 않았다는 사실을 깨닫기 전까지는요."

여기에는 풀어 놓지 않은 내용이 더 많이 있다. 영업이나 대중 강연처럼 영향력 기술에 관한 워크숍을 진행할 때 때때로 젠더 문제가 제기되곤 한다. 협상 워크숍에는 젠더 문제가 항상 제기된다. 그리고 일군의 여성들에게 협상을 가르칠 때면 좀처럼 강연을 진행하기 힘들다. 이는 우리 모두 하고 싶은 말이 너무 많기 때문이다. 우리는 모두 불평을 토로하고 질문하고 조언하고 성공을 축하하고 투쟁을 분석한다. 의자를 당겨 앉아 봐라.

협상을 즐기는 여성은 거의 없다. 내 조사에서는 남성의 40퍼센트가 자신들은 협상을 좋아하거나 매우 좋아한다고 답했지만 여성은 17퍼센트만이 그렇다고 답했다. 앞서 살펴봤듯이 연봉 협상은 가장 스트레스가 큰 협상 유형 가운데 하나다. 따라서 여성들이 남성보다 협상을 더 적게 한다는 사실은 새롭지 않다. 세계적 인재 파견 회사인 로버트 하프 Robert Half는 일자리 제안을 받았을 때 남성은 66퍼센트가 연봉을 협상했으나 여성의 경우에는 46퍼센트만이 협상했다는 사실을 알아냈다.[2] 그들은 일자리 제안이 협상 가능한 일이라는 사실을 확실히 아는 전문가들이었다. 한 가지 좋은 소식은 협상의 격차가 줄어들고 있다는 사실이다. 젊은 여성들은 자기 엄마 세대보다 훨씬 더 많이 직장에서 협상에 임하고 있다.[3] 협상 경험은 급여 격차를 좁히는 데 도움이 되며 협상 훈련은 교육 격차를 좁히는 데 도움이 된다.[4]

여성은 생물학적으로 더 쉽게 스트레스를 받고 겁이 날 때는 공격하거나 도피하기보다 돌보고 돕는 경향이 더 크다. 따라서 스트레스가 큰 협상에서 여성들이 다른 사람을 배려하고 평화를 유지할 가능성이 더 크다. 반면 남성은 큰 목표를 세우고 계속 밀고 나갈 가능성이 더 크다. 한편으로 여성은 위험을 더 정확하게 판단하는 경향이 있어 월스트리트 증권 거래인으로서 남성보다 더 좋은 실적을 내는 편이다. 다른 한편으로 정확한 판단에 따라 현직 의원을 상대로 한 선거전에 뛰어들 가능성이 낮다.[5] 아마도 여성들은 위험과 스트레스를 판단하고 나서 선거전에 그만한 가치가 없다는 결정을 내릴 것이다.

지금까지 우리가 살펴본 바에 따르면 여성들은 협상을 피하려는 시도로 곧바로 자신들의 최종 금액을 제시할 수 있다. 여성의 관점에서 보면 이렇게 하는 것이 너그러운 일이고 실제로도 그렇다. 정말로 여성들은 가능한 한 모든 것을 제시한다. 하지만 상대방이 정말 최종 금액을 제안

받은 것을 알지 못하는 경우에는 상황이 복잡해진다. 상대방이 최종 제안을 출발점으로 받아들이고 조금도 움직이려 하지 않는 모습을 보며 여성들은 상대방이 완고하거나 인색하다고 해석한다. 여성들은 자신이 처한 상황 자체로 그리고 협상을 해내지 못하는 자신의 무능력함에 답답함을 느낄 수 있다. 어쩌면 너무 답답한 나머지 협상 자리에서 벗어날 수도 있다. 하지만 이는 창의적이고 협력적이며 더 좋은 해결책을 찾을 기회를 사전에 차단해 버리는 일이기도 하다. 곧바로 본론으로 들어가 실제적인 최종 제안을, 즉 이 제안을 받아들이지 않는다면 협상을 접겠다는 식의 제안을 하겠다고 마음먹는 건 잘못된 일이 아니다. 하지만 그렇게 하려면 소통 방식이 특히 중요하다. 열정, 따뜻함, 존중 같은 것들이 필요하다.

신지어 우리는 협상해야 한다는 생각만으로도 불편해지곤 한다. 자신이 일은 하지 않고 요청만 한다거나 너무 많은 걸 요청한다고 평가받지 않을까 하는 두려움 때문이다. 이는 정신 나간 행동이 아니다. 자신이 제시한 요청에 반발하는 경우에 직면하기도 한다. 로렌스가 자기 계약을 협의하고 있을 즈음에 안젤리나 졸리는 자신의 계약 요구사항 때문에 '버르장머리없는 계집애'라고 불리고 있었다. 때때로 여성이 권력을 추구하거나 이용하려고 할 때는 다른 젠더를 특정하는 욕설로 불리곤 한다. 누구도 남자가 우두머리 행세한다고 비난하지 않는다. 이는 여성이 아무것도 요청할 수 없다는 말이 아니다. 누구라도 자신이 원하는 것을 요청할 수 있어야 한다. 이는 그저 여성은 따뜻해야 한다는 기대와 같이 헤치고 나아가야 할 성차별의 물결이 존재하며, 그처럼 빌어먹을 일들을 사탕발림하지 않고 그냥 내뱉으면 사람들이 업신여김을 당했다고 느끼는 경향이 있다는 사실을 뜻할 뿐이다. 이게 나를 열받게 한다. 나는 언제나 따뜻하지 않다. 그리고 누구도 거짓으로 꾸며 내지 않는 한 항상 따뜻할 수 없다. 하지만 사람들이 내게 따뜻한 태도를 기대한다는 사실을 이해할 수 있다. 내가 그런 따뜻함의 표시를 보이지 않으면 사람들은 자신들에게 무슨 악감정이 있다고 받아들이거나 나를 제멋대로 판단한다.

설령 내 태도가 따뜻하더라도 그것이 내가 만만한 사람이라는 의미는 아니다. 그것이 바로 사람들이 친절하다고 해서 약한 게 아니라고 말할 때 뜻하는 바이기도 하다. 내가 무엇을 요청하든 내가 무엇에 동의하든 내가 사람들과 교류하는 방식과는 완전히 별개의 문제다. 따뜻한 태도를 보여 주면 사람들이 마음 편해하고 이는 내가 늘 목표로 삼는 일이기도 하다. 그리고 따뜻한 태도를 보이면 나 역시 마음이 편해진다. 나는 대체로 친절한 사람이고 자신이 원하는 것이 있다면 무엇이든 요청한다. 나는 내 경계를 명확히 알고 있으며 '아니요'라고 말할 때 따뜻함뿐만 아니라 유쾌함까지도 담아 전달하고자 애쓴다. "지금 저 놀리는 거죠?" "그게 가능할 리 없잖아요!" "절대, 절대, 절대로 안 돼요." "차라리 물고문을 당하는 게 낫죠." 이게 나다. 당신은 당신 좋을 대로 하면 된다.

무엇을 얼마나 요청할지 그리고 우리 경계는 무엇이어야 하는지 이해하는 문제에 대해서라면 여성들은 불리한 입장이다. 적어도 직장에서는 실제로 벌어지는 일이고 여성이 남성만큼 친구가 많지 않은 경향이 있는 것도 사실이다. 소셜 네트워크를 연구한 허미니아 아이바라Herminia Ibarra는 남성이 직장에서 동료들과 교제할 가능성이 더 크고, 여성은 직장 바깥의 친구들과 어울리는 경향이 있다는 사실을 알아냈다.[6] 만약 로렌스가 쿠퍼나 베일과 더 가까웠다면 더 마음 편하게 이렇게 질문할 수 있었을지도 모른다. "이봐요, 그쪽에서 당신에게 뭘 제안하고 있죠?" 그리고 쿠퍼 같은 여러 남성 배우들이 공동 주연을 맡기로 약속한 여성 배우들에게 그들의 연봉정보를 공유해 주기를 바란다.

여성들은 대부분 열심히 일하고 주어진 일을 끝내고 집으로 돌아가라고 배웠다. 결과가 무엇이든 우리가 받을 만한 자격이 있는 인정과 보상을 얻게 되리라 기대하면서 말이다. 경영자 코치인 타라 모어Tara Mohr는 이를 '모범생의 습관'이라 부른다.[7] 《나는 더 이상 휘둘리지 않기로 했다》에서 이렇게 적고 있다. "만약 여자애가 학교 성적이 좋은데 그 이유가 학교에서 '착한 여자애' 되기 같은 여러 능력과 행동, 즉 권위를 존중하고 그에 복종하고, 조심해서 규칙을 따르고, 사람들의 비위를 잘 맞추고 외부에서 부과된 평가 기준에서 성공을 거두는 것 같은 능력과 행동을 요구하기 때문이라면 어떻게 될까?" 그녀는 이어서 이렇게 쓴다. "잘하면 그것으로 충분하다는 생각은 학교에서 강력하게 강화된다. 학교에서 좋은 성적을 받는 일에는 자기 홍보가 필요하지 않기 때문이다. 그냥 과제를 잘해서 교사에게 제출하기만 하면 된다." 하지만 교사는 상사가 아니고 학교는 직장이 아니다. 우리는 연봉을 인상해 달라고, 승진시켜 달라고, 근사한 프로젝트에 배치해 달라고 요구해야 한다. 우리는 우리가 굉장한 일을 하고 있다는 사실을 사람들에게 알리는 법을 알아야 하고 직장에서 서로 밀어주는 남성과 여성 모두로 이루어진 강력한 인맥이 필요하다.

여성이 자신의 협상 목표를 남성만큼 높게 설정할 때 여성도 남성만큼이나 잘 해내는 경향이 있다.[8] 이는 당신이 만들어 낸 결과가 그만큼 중요하기는 하지만 당신이 '어떻게' 요구하는가보다 '얼마나' 요구하는가에 훨씬 더 크게 좌우된다는 사실을 보여 준다. 경제학자 니나 루실Nina Roussille은 한 온라인 플랫폼에서 일자리를 찾는 엔지니어 수천 명의 데이터를 분석한 후 다음과 같은 사실을 알아냈다. "연봉 요구에 나타난 젠더 차이가 최종 제안의 거의 모든 차이를 설명한다.[9] 여성에 대한 차별의 증거를 찾지 못했다. 실제로 자기 이력서의 특징을 조건으로 하면 여성들이 남성보다 약간 더 많은 제안을 받으며 면접을 조건으로 하면 여성들이 최종 제안을 받을 가능성이 남성과 거의 같다." 최소한 이런 사례만 놓고 보면 고용주는 기꺼이 여성에게 남성만큼 연봉을 지급하려 하지만 몇 번이라도 남성이 받는 만큼을 요구할 책임은 여성에게 있다.

지금까지 우리는 협상이 이미 진행 중인 상황을 이야기했다. 하지만 협상에서 가장 큰 젠더 차이 가운데 하나는 여성이 협상할 수 있다는 사실을 스스로 깨달을 가능성이 남성보다 훨씬 더 적다는 사실이다. 여러 조사와 현장 연구 그리고 실험을 살펴보면 상황이 모호할 때 협상의 젠더 격차가 가장 크다는 사실이 밝혀졌다. 내 동료인 바버라 비아시Barbara Biasi는 위스콘신주가 교사와 계약을 체결할 때 교사 연봉에 일정한 재량을 인정하는 방향으로 교원노조와의 계약을 변경하자 남성 교사의 연봉이 여성 교사의 연봉보다 많아지기 시작했고 젠더 격차가 해마다 확대되고 있다는 사실을 알아냈다. 일단 남성들은 자신들이 협상할 수 있다는 사실을 깨닫고는 실행에 옮겼다. 반면에 협상한 여성들은 그렇게 많지 않았다.[10]

마케팅을 가르치는 데버라 스몰Deborah Small 교수는 자기 동료들과 함께 실험 참가자들을 연구실에 불러 모은 다음 단어 찾기 게임인 보글

Boggle을 하도록 요청했다. 이 게임을 하면서 참가자들은 3달러에서 10달러 사이의 금액을 받는다고 들었다. 게임이 끝날 때 한 연구자가 이들의 점수를 합산한 다음 3달러를 건네면서 이렇게 말했다. "여기 3달러요. 3달러 맞죠?" 더 많은 금액을 요구한 참가자는 자신이 요구한 금액을 받았다. 만약 이들이 계속 요구했다면 최대 10달러까지 받을 수 있었다. 여성 참가자 가운데 단 3퍼센트만이 더 많은 금액을 요구했다. 남자는 23퍼센트가 더 많은 금액을 요구했다.[11]

보글 실험의 공동 연구자로 젠더와 협상을 다룬 책인《여자는 어떻게 원하는 것을 얻는가》Women Don't Ask를 쓴 린다 뱁콕Linda Babcock은 심지어 자신조차 젠더에 관해 맹점을 가지고 있음을 발견했다.[12] 뱁콕은 자신이 박사과정의 남학생들에게 가장 좋은 강의를 배정해 주고 있다는 것을 깨달았다. 왜? 그 남학생들이 그것을 요청했기 때문이다.

우리 자신과 우리가 마음을 쓰는 이들을 대표해서 우리는 뱁콕의 박사과정 남학생들처럼 요청할 수 있다. 젠더와 상관없이 우리는 요청해야 한다. 우리가 권력을 가진 위치에 있을 때는 상대가 요청할 때까지 기다려서는 안 된다. 우리가 리더십을 발휘해야 하는 역할이라면 권력과 돈과 특권이 가장 큰 목소리를 내고 가장 빈번하게 요청하는 사람들에게 저절로 흘러가지 않도록 할 수 있다. 우리가 어떤 사람의 요청을 들어줄 때 우리는 과거에 그것을 요청했던 사람에게도 똑같은 제안을할 수 있다. 뱁콕은 일단 협상의 이면에 숨은 진실을 알게 되자 더 공평하게 강의를 하기 시작했다.

여성이 다른 사람을 대신해 협상할 때 남성만큼 잘하거나 때로는 남성보다 낫다는 이야기를 들어 본 적이 있을 것이다.[13] 중요한 건 이타심이 아니라 접근방식의 차이다. 여성은 다른 사람을 위해 협상할 때 목표를 더 크게 세우고, 끈기를 더 발휘하며, 더 큰 자신감과 따뜻함을 가지고, 부족한 티를 크게 내지 않는다. 더 편안함을 느끼고 스트레스를 덜 받으며 눈앞의 상황을 개인적인 감정으로 받아들이지 않는다. 우리가 더 행복해지면 협상 상대도 역시 더 행복해진다. 하지만 서로에게 이로운 협상의 방법은 우리 스스로 찾아야 한다.

다른 사람을 위해서 협상한다는 생각이 자신의 마음을 편안하게 만들어 준다면 자신을 위한 협상에서 일종의 프레임으로 활용해 보라. 생각해 보면 그게 맞다. 협상할 때마다 당신은 다른 여성이 미래에 성공적으로 협상할 수 있도록 길을 닦고 있다. 당신은 역할 모델이나 마찬가지다. 자신을 위해 더 많은 돈을 얻으려 협상하는 것은 당신이 다른 이들에게 더욱 너그러워지도록 만들어 준다. 자신을 위해 더 많은 시간을 얻으려 협상할 때 당신은 더욱 자주 최선을 다할 수 있고 이는 다른 사람들에게도 이익이 된다.

소니 픽처스의 이메일 해킹 사건이 벌어지고 일 년이 지나 제니퍼 로렌스는 협상 테이블로 되돌아왔다. 이번에는 영화 〈패신저스〉Passengers의 주인공 역이었다. 나는 로렌스가 얼마만큼의 금액을 목표로 요구했는지 알지 못한다. 하지만 로렌스가 협상으로 2천만 달러를 받아 냄으로써 할리우드에서 가장 몸값 비싼 여배우가 됐다는 사실은 안다. 그리고 같이 연기한 남자 배우들보다 대략 800만 달러를 더 벌었다는 사실도 안다. 로렌스가 자신의 고향인 켄터키주의 코세어 아동병원Kosair Children's Hospital에 200만 달러를 기부했고 루이스빌 예술 기금Louisville's Fund for the Arts의 주요 후원자가 됐다는 사실 또한 안다.

과거에 로렌스는 필요하지도 않은 200만 달러를 가지고 계속 싸우고 싶지 않아서 협상을 포기해 버렸다. 〈패신저스〉 계약을 놓고 협상을 벌일 때에도 그녀에게 돈은 여전히 필요하지 않았다. 하지만 이번에는 그 돈이 만들어 낼 수 있는 차이가 무엇인지, 자신을 우러러보는 수백만 명의 여성들을 위해 자신이 이런 행동의 전범을 세우는 것이 왜 중요한지를 명확히 알았다. 로렌스가 협상하기로 결정한 것은 그녀 자신에게 그리고 엄청나게 많은 다른 사람들에게도 선물이었다.

당신이 협상하겠다고 결정했을 때 누가 이익을 보는가?

제8장

# 어둠의 마법
# 방어술

상어에 관한 여러 사실 가운데 가장 흥미롭지만 가장 위험한 사실 한 가지는 상어는 거의 눈에 띄지 않는다는 점이다. 상어 주둥이와 볼 부분에 점점이 흩뿌려진 검은 구멍들을 보려면 상어 얼굴에 바짝 다가가야 한다. 구멍들은 피부 아래에서 젤리 성분의 물질로 채워진 좁은 관으로 이어지고, 관들은 로렌지니 기관Ampullae of Lorenzini이라 불리는 체강cavity(주로 고등 동물들이 가지고 있는 신체 내부의 한 형태로, 체벽과 내장 사이에 있는 빈 공간을 말한다.—옮긴이)으로 연결된다. 이 기관을 처음으로 묘사했던 17세기 해부학자 로렌지니의 이름을 딴 명칭이지만 그는 해당 기관이 어디에 쓰이는지 알지 못했다. 1960년대가 돼서야 연구자들은 비로소 이 기관이 여섯 번째 감각 구실을 한다는 사실을 발견했다. 이 기관은 전기의 흐름에 동조돼 있다. 모든 생명체는 전자기장을 방출한다. 그중 상어는 심지어 먹이가 모래 밑에 숨어 있더라도 로렌지니 기관으로 먹잇감의 정확한 위치를 찾아낼 수 있다. 상어는 동물계에서 가장 예민한 전기수용기electroreceptor(전기 자극을 받아들이는 생물의 능력, 주로 수생생물들에게 발달해 있다.─옮긴이)를 가지고 있다. 백상아리는 100만 분의 1볼트 크기만큼 미세한 전자기 변화도 감지할 수 있다. 상어는 정말 말 그대로 힘에 끌린다.

이번 장에서는 영향력의 어두운 측면을 살펴보려 한다. 당신의 힘이 증폭될수록 당신은 상어 같은 개인들로부터 한층 더 주목받는다. 그들에게 당신은 경쟁 상대이자 먹잇감이다. 그들은 냉혹하며 자신이 원하는 것을 얻을 수만 있다면 기꺼이 사람들을 괴롭히고 속이고 조종하고 기만한다. 어떤 사람은 지배를 바라고 어떤 사람은 성관계를 바란다. 하지만 그들 대부분은 그저 돈을 좇고 있을 뿐이다.

지닌 로스Geneen Roth[1]는 남편인 매트와 함께 자신들의 돈을 관리해 줄 자문가를 찾고 있었다. 지닌은 작가이자 섭식 문제로 고통받고 있는 여성들에게 조언하는 상담가였고 매트는 기업 강연가였다. 로스 부부는 그렇게 부유하지는 않았지만 안락한 삶을 누리고 있었고 조금 더 편안한 삶을 원했다. 루이스 이사로Louis Izarro는 두 부부에게 도움을 줄 만한 사람으로 여겨졌다. 그들은 와인의 고장에 있는 이사로의 집에서 만날 참이었다. 이사로는 멋진 맞춤 양복을 입고 구찌 구두를 신었으며 장식 번호판이 달린 메르세데스 벤츠를 몰았다. 지닌의 악어 뇌는 이사로의 세세한 부분을 알아봤고 지닌에게 이렇게 말했다. '이 남자, 돈을 아는 사람이네.' 로스 부부는 이사로에게 자격증이 없다는 사실을 알았지만 그를 세무 자문으로 고용했다. 이사로는 로스 부부가 자기 돈을 안전하게 지킬 수 있도록 부부에게 신탁증서를 작성해 줬다.

수년 간 이사로는 출판 기념회며 만찬 모임에서 로스 부부와 교류했다. 결국 직업적인 경계는 흐릿해지고 그들은 우정에 가까운 사이가 됐다. 한번은 이사로가 지나가는 말로 자기만 아는 투자 정보가 있다고 말했다. 그는 아직 상장되지 않은 기술주에 투자할 기회가 있는데 오로지 자기 고객 중에서도 가장 특별한 사람에게만 제안하는 것이라고 덧붙였다. 지닌은 흥분감에 속이 울렁거리는 기분이었다. '이사로가 우리를 특별하게 생각하는구나.'

"저는 작가님 부부가 가진 전부를 여기에 집어넣으셨으면 합니다. 여기에 투자하면 수십억 달러를 버실 테니까요. 만에 하나라도 일이 잘못되면 집어넣으신 돈을 한 푼도 빠짐없이 돌려드릴게요."

로스 부부는 생각지도 않게 비밀의 복도를 지나 하룻밤 새에 억만장자가 되는 왕국을 발견한 기분이었다. 비록 부부가 그간 돈을 모으면서 자신들의 온 노력을 쏟아부은 것은 아니었지만 예기치 못한 기회가 욕망이라는 감정의 방아쇠를 당겼다. 로스 부부가 다른 사람들처럼 두 번째, 세 번째 집과 보트와 멋진 옷들을 가지면 안 될 이유는 없다. 물론 기회가 너무 좋아서 도무지 믿기지 않을 수 있다. 하지만 더 부유해지기 위해 자기 돈을 최대한 활용해서 더 많은 돈을 만들어 내는 것이 나빠 보이지는 않았다. 이사로에게 로스 부부의 돈으로 투자할 자격이 없을 수도 있었지만 어쨌거나 이사로는 부부의 친구였다. 게다가 이사로는 위험이라고는 아예 없는 제안을 했다. 안전한 방법을 찾고 싶었던 부부는 이사로에게 자신들의 노후 대비 저축 가운데 4분의 1만을 맡겨 기술주에 투자하도록 했다. 부부는 억만장자까지는 바라지도 않았다. 백만

장자만 되도 차고 넘쳤다.

1년 하고도 반이 지나 부부가 투자한 주식이 막 상장되려고 할 때가 됐다. 로스 부부는 신규 상장이 어떻게 진행되는지 자세히 알고 싶어서 이사로에게 연락을 취하려 했다. 하지만 어디에서도 그를 찾을 수 없었다. 부부는 허둥지둥 이사로가 지난 수년간 자신들을 위해 관리했던 투자 건을 전부 조사하기 시작했다. 하지만 결국 부부는 자신들의 돈이 투자 계좌에 들어간 적이 없다는 사실을 발견했다. 이사로는 자신이 로스 부부의 친구인 척하면서 보낸 모든 시간을 부부에게서 훔쳐 가고 있었다.

이사로에게 속아 마음의 상처를 입고 이제는 중년을 훌쩍 넘긴 로스 부부는 번듯하게 차려입은 자문가나 일확천금을 노리는 계획과는 더 이상 엮이고 싶지 않았다. 부부는 크지 않아도 견실한 수익률을 내는 안전한 투자처가 필요했다. 마침 부유하고 성공한 친구였던 리처드가 자기 아버지가 수년 전에 찾아낸 투자 펀드에 참여해 보라고 제안했다. 펀드는 시장보다 나은 성과를 내고 있었고 투자를 시작한 이후 한 번도 손해를 본 적이 없었다. 이사로에게 많은 것을 잃은 후이기에 로스 부부는 이번에야말로 진짜 친구와 가족들에게만 공개된 투자처를 찾았다고 생각했다. 게다가 세계에서 두 번째로 큰 증권 거래소인 나스닥 증권 거래소Nasdaq Stock Market의 전임 위원장이 자신들의 돈을 관리한다고 생각하니 펀드에 참여하지 않을 수 없었다.

로스 부부는 입출금 계좌에 넣어둔 5천 달러와 집에 걸어 놓은 보증금을 빼고 자신들이 가진 전부를 버니 메이도프Bernie Madoff에 투자했다. 주식 시장이 때때로 급락하기도 하고 뮤추얼 펀드에 투자한 친구들은 신음을 터뜨리기도 했지만 시장의 변동성은 결코 메이도프 투자자들에게 타격을 주지 못했다. 로스 부부는 매달 프린터로 출력된 보고서를 받았다. 메이도프의 보고서는 자신들의 투자가 견실하게 성장하고 있음을 보여 줬다.

비록 보고서가 상당히 예스러워 보였지만 마음을 안심시키는 면이 있었다. 그러나 상황이 썩 좋아 보이지 않는 면도 있었다. 한 친구가 메이도프에 투자하는 문제로 조언을 구했을 때 지닌은 이사로에게 겪었던 좋지 않은 경험 때문인지 친구에게 분산해서 투자하라고 말했다. 지닌은 달걀을 한 바구니에 담는 일은 현명하지 않다고 말했다. 정작 자신은 달걀을 한 바구니에 담았으면서 말이다.

하지만 의심은 작은 속삭임일 뿐 요란하게 경고하는 사이렌이 되지 못했다. 게다가 희망 때문에 명확하게 생각하지 못했다. 수년간 지닌은 리처드에게 메이도프가 꾸준한 수익률을 거둘 수 있는 비결을 물었다. 그때마다 리처드는 고도로 정교한 메이도프의 분할-태환split/strike conversion(메이도프는 S&P 100지수에 속한 우량기업 주식을 매수하고 동시에 그 주식의 풋옵션(팔 권리)을 사고 콜옵션(살 권리)을 팔면 증시 폭락에 대비할 수 있다고 주장했다. 하지만 증권 전문가들이 이 기법을 현실에 적용해 본 결과는 달랐고, 메이도프가 폰지식 다단계 수법을 쓰고 있다고 의심했다.─옮긴이) 전략에 대해 장황한 설명을 늘어놓기 시작했다. 존 올리버John Oliver는 이렇게 농담한 적이 있다. "뭔가 나쁜 짓을 하고 싶거든 그걸 지루한 것 속에 넣고 포장하라." 분할-태환이라는 전략이 꼭 그랬다. 아니나 다를까 너무 지루하고 복잡한 전략을 들으며 지닌은 헛갈리기 시작했고 이는 불가피한 일이었다. "리처드가 한 말이 무슨 말인지 하나도 못 알아들었고

5분이 지나자 나는 그가 입을 다물 때까지 기다릴 수 없었다." 지닌은 자신의 회고록《잃고 난 뒤 되찾은 것》Lost and Found에서 이렇게 쓰고 있다. "나는 내가 이해하지 못하는 틈을 스스로 만들어낸 공상으로 메웠다. 리처드가 체포되는 날까지 나는 버니 메이도프가 리처드 아버지의 가까운 친구고 이들이 자기 가족들과 대략 서른 명쯤 되는 가까운 친구들을 참여시켜 작은, 아주 작은 투자 사업을 시작했다고 믿고 있었다. 내 공상은 매력적이었지만 완전히 엉터리였다."

2008년 12월 11일에 FBI 요원들이 메이도프의 뉴욕 아파트 현관문을 두드렸을 때 메이도프는 그들이 자신을 찾아온 이유를 알고 있었다.

"우리가 여길 온 목적은 혹시 무죄 해명이 있을까 알아보기 위해서입니다."

"무죄 해명 같은 건 없소." 메이도프가 대답했다.

적어도 16년 동안, 아니 어쩌면 더 길게 수십 년 동안 메이도프는 다단계 금융 사기Ponzi scheme를 이끌어 왔다. 금융 사기 금액의 규모가 엄청나서 실제로 남아 있었더라면 자산 규모가 월스트리트의 어떤 은행도 초라해 보이게 만들 지경이었다. FBI의 조사를 통해 136개국에서 3만 7천 명의 투자자가 메이도프에게 650억 달러에 달하는 금액을 투자했다(고 생각했다)는 사실이 드러났다. 하지만 투자금이 모두 리처드의 펀드처럼(밝혀진 바에 따르면 리처드 역시 공모자가 아니라 피해자였다) 자구펀드feeder fund를 통해 들어왔기 때문에 투자자들은 자신들이 운 좋게도 특별한 기회를 잡은 소규모 그룹의 일원이라고 믿고 속을 수밖에 없었다. 메이도프는 질문을 받을 때면 답변을 피해 가도록 자신과 투자에 대한 신비감을 키우는 전략을 취했다. 만약 당신이 꼬치꼬치 캐묻는 사람이라면 메이도프는 당신의 돈을 원하지 않을 것이다. 그리고 만약 당신이 메이도프에게 돈을 끌어다 주는 펀드매니저 가운데 한 사람이라면 너무 깊이 파고들지 않도록 두둑한 사례금을 챙겨 받고 있었을 것이다.

로스 부부가 자신의 노후 대비 저축을 메이도프에게 넘길 무렵 그는 이미 드림웍스 애니메이션DreamWorks Animation의 CEO인 제프리 캐천버그Jeffrey Katzenberg, 나치 홀로코스트의 생존자이자 노벨상 수상자인 엘리 위젤Elie Wiesel, 미국 프로야구 뉴욕 메츠의 구단주 그리고 (모든 사람과 연결됐을 것이 정말 분명한) 배우 케빈 베이컨을 비롯해 헤지펀드, 자선기금과 주요 은행을 끌어들인 상태였다. 만약 메이도프가 모든 펀드를 한 번에 해 먹었더라면 발각됐을지도 모르겠다. 하지만 펀드를 운용하는 과정에서 돈을 찾아간 투자자도 있었으므로 겉으로 보기에 펀드가 법적으로 아무런 문제도 없다는 인상을 심어 줬다. 펀드에서 돈이 인출되면 로스 부부 같은 새로운 투자자들이 대신 메운 셈이다. 폰지 사기 또는 다단계 금융 사기가 딱 이렇게 작동한다.

메이도프에게 투자한 사람들은 바보가 아니었다. 사기꾼들은 성공한 사람들, 즉 더 높은 연봉을 받고,[2] 더 많은 교육을 받았으며,[3] 심지어 더 높은 금융 문해력을 갖춘[4] 사람들을 먹잇감으로 삼는다. 이유는 간단하다. 이들에게 돈이 더 많기 때문이다. 이들은 자신이 지금 뭘 하고 있는지 안다고 생각하거나 적어도 자신이 믿는 사람들이 지금 뭘 하고 있는지 안다고 생각하는 사람들이다. 하지만 바로 이런 사고방식 때문에 이들은 너무도 쉽게 조종을 당한다.

우리는 거짓말하는 사람을 가려내는 데 끔찍할 정도로 소질이 없다. 1만 5천 명 이상이 참가한 실험에서 심리학자인 폴 에크먼Paul Ekman은 사람들이 거짓말한 사람을 찾아낼 수 있는 확률이 무작위 확률보다 고작 5퍼센트밖에 높지 않다는 사실을 알아냈다. 심지어 고도의 훈련을 받은 거짓말 탐지 전문가들조차 무작위 확률보다 고작 10퍼센트 정도 나을 뿐이었다. 비록 전문가들이 자신의 판단을 상당히 크게 확신하고 있었지만 말이다.[5] 거짓말 탐지기만으로는 신뢰성이 낮아 법원에서 증거로 받아들여지지 않는 수준이다. 당신이 만약 부모라면 당신의 아이가 언제 거짓말을 하는지 알고 있다고 상당히 확신하겠지만 그런 확신도 틀렸다. 우리가 의지하는 단서, 즉 불편하게 느끼는 신호가 오해를 불러온다. 진실을 말하는 사람들 대다수는 불편해하지만 거짓말을 하는 사람들은 대부분 완전히 침착하다. 특히 연습을 많이 한 사람들이 그렇다. 당신은 이런 사람들을 가장 눈여겨봐야 한다. 이것이 우리가 다른 신호들을 살펴야만 하는 이유다.

미국에서는 매년 성인의 10퍼센트에서 15퍼센트가 각종 신용사기를 당한다. 하지만 거의 모든 경우 자신들이 무엇을 찾아야 하는지 알고 있었더라면 이들에게 위험을 경고해 줄 수 있었던 위험 신호red flags가 있었다. 상어 탐지기shark detectors 말이다.


## 조종되고 있음을 알리는 위험 신호

조종자들은 나름 최선의 노력을 한다고 해도 당신이 경계하게 만드는 단서, 즉 위험 신호를 흘린다. 하지만 최초의 위험 신호는 알아차리기 힘들다. 조종 수법은 당신이 그 상황을 이성적으로 판단하는 대신 그저 상황에 반응하게 만드는 악어 모드로 바뀌도록 설계된다(이것이 다른 누군가가 표적일 때 위험 신호를 알아차리기 훨씬 더 쉬운 이유다. 당신은 판사 모드인데 그들은 악어 모드에 붙잡혀 있다). 노련한 조종자는 어떤 소란을 만들어 내야 당신의 자기 보호 본능이 자신을 거스르도록 그 방향을 돌릴 수 있는지 안다.

따라서 당신이 상어의 관심을 불러일으켰을지도 모르는 조짐들을 자세히 살펴보자. 이런 조짐 중 어느 것도 그 자체로 꼭 문제가 되지는 않지만 만약 이런 신호 중 어느 하나를 발견하면 더 많은 것을 예의 주시하라.

### 위험 신호 #1 "들뜬 상태"

상어의 희생자가 된다는 건 상당히 당혹스러운 일이다. 당신은 무슨 생각으로 자신의 은행 정보를 생면부지의 사람에게 넘겨줬을까? 당신은 무슨 생각으로 밤 10시에 비즈니스 미팅을 한다고 그의 호텔 방에 찾아갔을까? 당신은 무슨 생각으로 지갑을 잃어버렸다는 공학도에게 교과서를 살 현금을 전부 줘버렸을까? 우리는 모두 이런 상황을 한 번쯤 겪는다. 하지만 "무슨 생각으로 그랬어요?"라는 질문에 대한 대답은 당신 스스로를 놀라게 만들지도 모른다.

우리는 생각하지 않았다. 적어도 당신이 일반적으로 생각하는 방식은 아니다. 한 사기꾼은《신용사기범에 한 수 앞서는 법》Outsmarting the Scam Artists의 저자인 더그 셰이델Doug Shadel에게 자신의 전략을 이렇게 설명했다. "사기를 마무리 짓는 주역이었던 나는 피해자를 '들뜬 상태에' 빠지게 만드는 걸 첫 번째 목표로 삼았어요. 들떠 있다는 건 당신 감정이 강한 자극을 받고 동요한 나머지 앞뒤 분간도 못 하는 모호한 상태예요. 한번 이런 상태에 빠지면 당신이 똑똑하든 멍청하든 그건 중요하지 않아요. 들뜬 상태가 언제나 지성을 이기거든요."

판사 뇌가 개입할 기회를 잡기 전에 악어 뇌에 과부하가 걸리면 들뜬 상태에 빠지게 된다. 이런 착란 상태는 위기 상황에 흔히 나타나는 이상 행동을 설명한다. 한 경관은 오발로 자신을 쏘고 나서 계속 411번으로 전화를 하다가 결국에는 교환원에게 911번으로 연결해 달라고 했다. 2001년 9월 11일, 비행기가 자신이 있는 타워에 충돌한 사실을 안 세계무역센터 사람들은 귀중한 30분을 자기 물건을 챙기고 가족들에게 전화하느라 허비하고 나서야 천천히 계단을 걸어 내려왔다.

사기꾼을 비롯해 다른 조종자들은 사람들이 명확히 생각하지 못하도록 그들의 감정을 휘저어 놓는다. 안타깝게도 사람들은 들뜬 상태에 빠지면 그 사실조차 알지 못한다. 흡사 술에 취해 있으면서도 자신 있게 자동차 키를 손에 쥐는 사람과 같다. 상황이 바뀌어도 그 사실을 알지 못한다. 지나고 보면 그런 결정들을 설명하기란 불가능하다. 이것이 바로 들뜬 상태다.

감정이 엄청나게 고조되면 누구나 취약한 상태에 빠질 수 있다. 어느 늦은 밤, 나는 낯선 번호로 멕시코에서 걸려 온 전화 한 통에 잠에서 깼다. 그 사람은 심한 사투리를 썼고 모르는 사람이었다. 그는 급박하고 고통스러운 어조로 말했다. "당신 남동생이 조금 전 끔찍한 교통사고를 당했어요."

오, 안 돼! 가슴이 쿵쾅거리기 시작했다. 목이 바짝 탔다.

"당신 남동생은 지금 의식이 없어요. 사람들이 병원으로 데려가는 중이에요."

그런데 누가 교통사고를 당했다고? 내 여동생 미카를 말하는 거야? 내가 알기로 미카는 필라델피아 집에 있을 텐데 여행 중이었다는 말에 나는 혼란스럽고 겁이 났으며 필사적으로 도우려 했다. 나는 말했다. "난 남동생이 없어요. 하지만 말해줘요. 무슨 …" 전화가 끊어졌다. 돌이켜보건대 사기꾼이 혹여라도 '당신 여동생이'라고 말했다면 나는 모든 말을 곧이곧대로 믿었을지도 모르겠다.

들뜬 상태를 낳는 또 다른 대표적 요인은 탐욕이다. 업튼 싱클레어 Upton Sinclair는 이렇게 쓴 적이 있다. "월급이 이해가 안되는 것에 달려 있을 때 그것을 이해시키기란 어렵다." 강한 열망은 들뜬 상태를 낳는 강력한 동인이다. 분노도 마찬가지다. 어느 사기꾼은 자랑하듯 이렇게 떠벌렸다. "믿거나 말거나 내가 했던 최고의 영업은 내게 전화를 걸어 자기네가 이 제품에 어떻게 속았는지 소리치면서 하소연하는 불만 가득한 고객들 덕분이었죠. 나는 그들이 기진맥진할 때까지 감정을 터뜨리도록 그냥 내버려 둬요. 그런 다음에 일을 마무리하는 거죠. 감정은 감정일 뿐이에요. 분노하면 흥분하거나 두려워하는 것만큼이나 좋죠."

들뜬 상태는 신체적으로 유도될 수도 있다. 최근 한 연구가 확인한 바에 따르면 사제나 무당이나 장군이나 추종 집단의 지도자들은 오래전부터 사람들이 북을 치거나 행진을 하거나 춤을 추거나 기도문을 읊조리는 것처럼 동시에 움직이는 집단행동에 관여할 때 더 순응적인 상태가 된다는 사실을 알고 있었다. 사람들은 기운이 차오르고 집단과 하나가 된다고 느끼면 더욱 협조적으로 움직인다. 그리고 들뜬 상태는 율동과 같은 집단행동이 마음을 뒤흔들 만큼 큰 음악 소리나 화려하게 번쩍이는 섬광등 혹은 수면 부족 상태가 결합할 때 훨씬 더 강력해진다. 흥분, 희열, 불안, 혼란, 유대감, 영적 황홀감, 이 모든 상태가 명확한 생각을 하기 어렵게 만든다. 들뜬 상태는 우리 중 누구라도 언제든 희생자로 만들 수 있다. 우리가 얼마나 영리하든 상관없다. 아마 우리는 자신이 들뜬 상태에 사로잡혀 있음을 깨닫지 못할 테니까 말이다. 여기 상어가 주변을 어슬렁거리고 있다는 몇 가지 다른 신호가 또 있다. 가장 눈에 띄는 신호 중 하나는 들뜬 상태와 아주 밀접한 관계가 있다. 바로 절박함이다.

## 위험 신호 #2 절박함

절박함은 독일어로 '토어슐루스파니크'Torschlusspanik('마감 시간이 될 것에 대한 공포심', '인생에서 중요한 것을 놓치지는 않을까 하는 공포심'을 뜻한다.—옮긴이) 또는 '문이 닫히지 않을까 하는 공포심'으로 알려진 비이성적 상태를 낳을 수 있다. 이 말의 유래는 중세시대로 거슬러 올라간다. 땅거미 질 무렵이 되면 소작농들은 성 밖에 남겨질지 모른다는 두려움에 떨면서 성문이 닫히기 전에 집으로 돌아가려고 급히 발걸음을 재촉했다.

2020년에 '화장지 대란'을 유발했던 것이 바로 토어슐루스파니크였다. 코로나바이러스 감염증이 전 세계적으로 유행하고 공급 사슬에 지장이 생기자 전 세계인들은 밖으로 달려가 자기 양팔로 최대한 들 수 있을 만큼 화장지를 구매했다(몇 년 동안 계속 쓰고도 남을 만큼인 경우도 있었다). 사람들의 행동은 주변에 불안감을 조성하고 토어슐루스파니크를 퍼뜨려 마침내 상점의 선반이 바닥을 보일 지경에 이르게 됐다. 호주 시드니와 캘리포니아에서는 화장지를 두고 싸움을 벌이는 사람들을 경찰이 나서서 뜯어 말려야 했다. 홍콩에서는 무장 강도들이 슈퍼마켓에서 화장지 600롤을 훔쳐 달아나기도 했다. 그들은 금전등록기에는 손도 대지 않았다.

절박함은 시간이든 공급품이든 기회든 충분히 얻지 못할지도 모른다는 두려움에서 온다. 놓치거나 제외될까 하는 두려움 또는 고립 공포감FOMO은 일상적인 상황이라면 꿈도 꾸지 못했을 법한 행동을 하게 만든다. 신경과학자들은 절박함이 가치 평가(난 이걸 꼭 가져야 해!)를 돕는 뇌의 부위를 과도하게 자극하는 한편, 계획(예산? 무슨 예산?)을 돕는 부위는 옆으로 밀어 둔다는 사실을 알아냈다. 사람들은 거래 때문에 영업이 흥미진진해진다고 짐작하지만 우리를 훨씬 더 흥분시키는 것은 그런 영업이 만들어내는 절박함이다.

거의 모든 거래상의 구매 권유는 일정한 형태의 절박함을 활용한다. 영업직원이 이렇게 말할 수도 있다. "우리 회사는 가격 가지고 협상하지 않습니다. 하지만 당일 우대 보상을 제공합니다. 그러니까 오늘 구매를 결정하시면 일정 금액을 할인해 드리겠습니다. 공평하지 않나요?"

물론 공평하게 들린다. 아니 공평한 것보다 훨씬 더 낫다고 생각할 수 있다. 하지만 당일 우대 보상은 판사 뇌가 시간을 들여 숙고하기 전에 악어 뇌가 본능적인 결정을 내리도록 만드는 수법이다. 시간이 촉박하거나 한창 FOMO에 빠져 있으면 현명한 결정을 내리리라고 기대할 수 없다. 나는 중대한 결정을 내릴 때 하룻밤 자면서 생각해 보는 걸 내 방침으로 삼고 있다. 다른 누군가에게 중대한 결정을 요청할 때도 하룻

밤 자면서 생각해 보라고 권유한다. 시간을 두고 생각하면 악어 뇌와 판사 뇌 모두가 '그래요'라고 답하는지를 확실히 알 수 있다. 그리고 이내 절박함을 적극적으로 활용하는 전략이 곧 엄포라는 사실을 알아차리게 된다. 그들이 당신에게 오늘 뭔가를 팔려고 하는데 정말로 내일이 되면 당신을 외면하리라 생각하는가?

당신 스스로 상어의 입장에서 절박함을 활용하려는 계획을 세울 수 있다. 하지만 종종 역효과를 내기도 한다는 사실을 알아야 한다. 31만 건의 구매 결정을 대상으로 한 마케팅 연구 실험에서 구글 영국 마켓 인사이트Market Insights 소속 연구자들은 '오늘 단 하루!'라든가 '객실이 딱 두 개 남아 있습니다' 따위의 전략이 실험에서 분석한 모든 행동 전략 가운데 가장 효과가 없는 전략이었다는 사실을 알아냈다.[6] 게다가 이 방법은 사람들을 언짢게 할 가능성이 가장 컸다. 연구자들처럼 점잖게 말하자면 이 전략은 '부정적 반응을 불러일으키기' 딱 좋은 전략이었다.

### 위험 신호 #3 배타성

배타성은 이용 가능성이 제한된 상황을 다룬다는 점에서 절박함과 관련이 있지만 살짝 차이가 있다. 자신의 자격이나 자신이 소유한 부에 따라서 당신은 특별한 극소수만 이용할 수 있는 배타적인 기회에 접근할 수 있다. 절박함이 당신 내면의 두 살배기에게 호소하는 것이라면('넌 이걸 가질 수 없어'), 배타성은 당신 내면의 10대에게 작동한다('잘 나가는 스타가 되고 싶어?'). 배타성은 VIP용 배지, 아이비리그에 소속된 대학교, 유명인이 참석하는 행사, 다이아몬드 또는 플래티넘 등급, 회원의 추천이 있어야 들어갈 수 있는 클럽이나 사회적 인맥이다. 배타성은 지위를 약속한다. 당신의 잠재의식 중 일부가 '내가 가치가 있어?'라고 물을 때 배타적 기회는 '응, 만약 그렇다면'이라고 대답한다.

배타성 전략은 아부나 불확실성이나 FOMO 또는 이 모두에 의해 강화된다. 아부를 다룬 연구는 간단히 이렇게 요약할 수 있다. 아부는 아마도 당신에게 효과가 있을 것이다. 설령 당신이 자신에게는 아부가 효과가 없다고 생각할 때조차, 아부 이면에 숨은 동기가 있음을 알고 있을 때조차, 당신에게 아부하는 상대가 당신이 얼마나 멋진지를 말하는 컴퓨터에 불과할 때조차 그렇다. 지위에 대한 불확실성 때문에 우리는 배타성에 특히 취약해진다. 그리고 FOMO가 그 불에 기름을 붓는다.

1파운드에 600달러나 되는 코피 루왁kopi luwak은 세계에서 가장 비싼 커피다. 원산지는 인도네시아의 구릉지대로 '루왁'이라 불리는 말레이사향고양이의 고향이다. 황갈색을 띠는 말레이사향고양이는 집고양이나 주머니쥐의 새끼처럼 보인다. 루왁은 커피체리를 좋아한다. 커피체리가 루왁의 소화기관을 지나면서 소화되지 않은 커피콩이 특별하게 조합된 효소들을 모은다. 효소들은 커피콩이 배설될 때 낮은 산성을 유지하도록 만든다. 우리는 말레이사향고양이가 배설한 커피콩을 씻고 볶고 발효해서 커피를 만들어 마신다.

그렇다. 세계에서 가장 비싼 커피는 주머니쥐를 닮은 고양이 똥에서 만들어진다.[7] 조금 추접스럽게 들릴지도 모르겠다. 하지만 당신이 서부 자바섬의 산악지대를 여행하다가 구매 권유를 받는다면 당신 마음의 한 부분에서는 '얼마를 주든 이 고양이 똥 커피를 꼭 손에 넣어야 해!'라고 느낄 것이다. 하지만 서부 자바섬 산악지대에 사는 원주민들에게 코피 루왁은 관광객들이 제값보다 더 치르고 사는 또 다른 어리석은 물건에 지나지 않는다. 물론 나도 이걸 샀다. 코피 루왁은 그렇게 특별하지는 않았다. 게다가 나는 동물들이 학대를 받고 있으며 어쨌거나 코피 루왁의 80퍼센트가 가짜라는 사실을 나중에서야 알았다.

버니 메이도프가 자신에게 사람들이 돈을 갖다 바치도록 만드는 데 성공한 이유 중 하나는 그가 누구도 고객으로 여기지 않았다는 것이다. 사람들은 추천을 받아야만 투자를 할 수 있었다. 자기 계발이든 사업이든 영적 분야든 어떤 추종 집단에서 배타성은 카리스마 넘치는 지도자를 접견할 수 있는 값비싸고 제한된 기회라는 형태를 띤다. 소규모 집단으로 이뤄지는 피정은 수십만 달러가 들기도 한다. VIP 모임의 연간 회원자격을 유지하고자 수억 원이 넘는 비용을 지불하기도 한다. 이런 조직 대다수는 고압적 영업 전략을 활용한다. 조직의 지도자는 헌신적인 추종자가 현재 가지고 있지도 않은 돈을 쓰도록 부추겨 신용카드의 한도를 초과하거나 퇴직연금을 현금으로 찾게 만든다. 그들은 모든 것이 추종자들의 자유로운 선택이라고 말한다. 하지만 그들이 취약한 상태에 놓인 사람들을 상대로 들뜬 상태와 배타성을 섞어 마음을 미혹하는 방법을 사용한다면 단언컨대 이는 자유로운 선택이 아니다.

만약 추종자들에게 생각할 시간이 주어지면 배타성의 영향력이 꽤 줄어들 수 있다. 그렇다고 해서 반드시 사라지지는 않는다. '오, 반가워, 자아ego야. 너 거기 있구나.' 긴장감이 느껴지거든 주변에 포식동물이 없는지 확인해 보라.

**위험 신호 #4 너무 좋아서 믿기지 않아**

마리아 코니코바Maria Konnikova가 《뒤통수의 심리학》에서 쓰고 있듯이

"누구나 '너무 좋아서 믿기지 않는다면 가짜일 가능성이 크다'라는 말을 들어 본 적이 있을 것이다. 하지만 그것이 자기 자신에 관한 일이라면 우리는 가짜의 가능성을 말 그대로 가능성으로만 여기는 경향이 있다."[8]

너무 좋아서 믿기지 않는다는 주장은 흔히 절박함이라는 계책을 동반한다. 더 많은 시간이 있었다면 허점을 보기 시작했을 것이다. 영국 TV 쇼 〈리얼 허슬〉Real Hsutle에서 연기자 한 팀이 아무 의심도 하지 않는 일반인을 상대로 유명한 사기를 치는 동안 촬영진은 숨어서 연기자 팀의 뒤를 쫓는다. '검은돈'이라는 에피소드에서는 말발이 아주 좋은 사람이 벼룩시장에서 한 무리의 사람들을 상대로 스프레이로 칠한 종이를 판다. 여기 모인 사람들은 결국에는 서로를 밀치고 현금을 꺼내 흔들면서 가능한 한 종이를 많이 사려고 필사적으로 노력한다.

판사 모드에서 상황을 관찰하는 당신에게는 연기자 팀의 사기가 분명히 우스꽝스럽게 보인다. 하지만 여기 모인 사람들은 국가 조폐국이 지폐를 너무 많이 찍어냈는데 지폐를 함부로 폐기하는 건 범죄이기에 남아도는 지폐를 검게 칠해 사용 불가능하게 만들었다는 말을 들었다. 또 지폐의 새 주인들이 트럭 한 대 분량의 지폐를 탈취하고 나서 특수한 화학물 스프레이와 롤러를 이용해 지폐를 복원하는 방법을 찾아냈다는 말도 들었다. 행상인은 복원 과정을 시연해 보이면서 검게 칠해진 종이 한 장을 바로 이들 눈앞에서 10파운드 지폐로 바꾼다. 이들은 화학 용액과 롤러와 함께 검게 칠해진 지폐 10장을 단돈 10파운드에 살 수 있다. 제대로 들은 게 맞다. 스프레이로 검게 칠해져 쓸 수 없지만 쉽게 복원 가능한 100파운드다. 이들이 내려는 금액의 10배 가치가 있다. 하지만 서두르는 게 좋을 듯싶다. 행상인은 검은돈을 즉시 처분하려고 하니까 말이다.

똑똑한 사람이라면 속지 않을 것이다. 하지만 전 세계에서 돈세탁 사기는 성공적으로 먹혀들었고 똑똑한 사람들이 수천 달러를 사기당했다. 사기의 피해자들이 사기 범죄를 경찰에 신고한 경우는 아주 드물었다. 당연히 피해자들이 민망해했기 때문이기도 하고 때로는 검은돈 사례에서처럼 피해자들 스스로 뒤가 깨끗하지 않은 거래에 가담했기 때문이다.

들뜬 상태에서 벗어난, 즉 설득력 있는 호객꾼과 흥분한 군중에서 한 발짝 떨어진 안전한 거리에서는 사기에 쓰인 제안이 너무 달콤한 말이라 거짓이라는 사실을 쉽게 알아차린다. 도둑들에게 트럭 한 대 분량의 지폐와 그 지폐를 복원할 수 있는 수단이 있다면 도대체 왜 사기꾼들이 90퍼센트 할인한 가격에 팔려는 걸까? 그리고 왜 사기꾼들은 자기들이 저지른 범죄를 이렇게 공공연하게 자백했을까? 이 시나리오는 말이 되지 않지만 빠르게 전개됐고 피해자들은 스프레이로 덧칠해진 지폐가 10파운드 지폐로 바뀌는, 분명히 실재하는 증거를 목격했다. 사회적 증거 또한 말할 필요가 없었다. 많은 사람이 (아마 이 사기에 가담한 이들이겠지만) 이 지폐를 사겠다고 북새통을 이뤘으니 말이다.

### 위험 신호 #5 절반의 진실

거짓말은 문제가 있다는 분명한 신호다. 하지만 엄포, 호도, 허위 진술, 과장 또한 위험 신호이기는 마찬가지다. 사실을 아무 생각 없이 다루는 사람들은 당신 역시 아무 생각 없이 대한다. 한번은 한 요가 지도자가 내게 단 10분이면 차를 몰아 로스앤젤레스의 한쪽 끝에서 다른 쪽 끝까지 갈 수 있다고 했다. "당신이 영적으로 진화했을 때 시간의 기본 규칙이 더는 당신에게 적용되지 않기 때문"이란다. 나는 나중에 여러 여성이 그를 성범죄자로 고소했다는 사실을 알았다. 그리고 그에게 적용되지 않았던 규칙은 시간의 규칙만이었던 건 아니라고 짐작했다.

마케팅 담당자들은 진실이 선택적이라는 생각에 적지 않은 책임이 있다. 영화 《엘프》Elf의 윌 페럴Will Ferrell은 북극에서 엘프들 손에 자란 남자를 연기한다. 이 남자가 뉴욕시에 도착하고 얼마 지나지 않아 한 식당 밖에 걸린 네온 간판을 보고서는 안으로 들어가 기쁨에 찬 목소리로 이렇게 외친다. "해냈군요! 축하해요! '세계 최고의 커피'라니. 수고하셨어요, 모두. 만나서 반가웠어요!"

우리는 광고에 사용되는 문구를 무시하는 데 너무 익숙해져 있다. 그래서 그의 순진함이 재미있는 것이다. 세계 최고의 커피라고 과장해서 선전하는 광고판에 별다른 의미가 없다는 사실을 누구나 안다. 하지만 광고에 대해 잘 생각해 보면 그 말이 정말로 맞다. 즉 광고에서 하는 말이 사실인지 아닌지 누구도 털끝만큼도 신경 쓰지 않는다는 뜻이다.

어떤 문구들에 나는 항상 귀를 쫑긋 세운다. 가령 "맹세컨대", "의심의 여지가 없는 사실", "이건 100퍼센트 진짜예요", "솔직히 말해서", "당신에게 터놓고 말하는데" 따위의 말이 그렇다. 왜 그는 자신의 정직함을 약속하거나 증명하거나 선언해야 한다고 느낄까? 그들은 당신이 의심하리라고 예상하는 게 틀림없다. 당신이 의심하기 시작하면 절반의 진실이나 청하지도 않은 약속에 당신은 경계심을 품게 될 테니 말이다.

### 위험 신호 #6 돈에 관한 마술적인 생각

자기 계발 코치나 영적 지도자 대다수는 우리 생각이 우리 삶에 벌어지는 모든 일의 원인이라는 생각을 받아들인다. 예컨대 부를 긍정적으로 생각하고 풍요롭게 살아가는 자기 모습을 상상하면 돈이 우리 앞에 나타날 가능성이 더 커지고 부가 우리에게 모여든다고 설파한다. 개신교 신자에게는 번영 복음이고, 영적 깨달음을 추구하는 이들에게는 끌어당김의 법칙Law of Attraction으로 알려진 가르침이다.

이런 가르침은 그 성격상 입증되지 않은 일화적 증거를 제시한다. 풍요로움을 진짜로 경험한 사람들은 자신들의 이야기를 나누기를 간절히 원한다. 자신들이 겪은 행운 이야기를 들으면 사람들이 자신들을 좋게 인식하기 때문이다. 즉 영적이고 깨어 있으며 순응하고 하느님에게 사랑을 받는 존재로 인정받을 수 있기 때문이다. 우리는 한때 완전히 망했는데 신용카드를 내려놓자 더 큰 힘이 자신을 도왔다며 자신의 믿음을 증명한 사람들 이야기를 쉽게 들을 수 있다. 반면에 여전히 가난하고 빚더미에 허덕이는 사람들은 자신들의 이야기를 드러내 놓고 밝히고 싶어 하지 않는다. 자신의 실패가 자신은 자격이 없으며 더 큰 힘으로부터 사랑받지 못함을 뜻하기 때문이다.

바버라 에런라이크Barbara Ehrenreich는 자신의 책《긍정의 배신》에서 이런 종류의 마술적 사고에 관해 썼다.

> "휴가를 보내러 뉴욕에서 온 여동생은 피아노 의자에 수제 가죽 가방을 털썩 내려놓으며 '이 예쁜 가방 좀 봐. 난 이런 사람이야.'라고 말했다.《시크릿》Secret DVD를 본 여동생은 자기가 그 가방을 가질

자격이 있으며 원하기만 하면 자기 것이라는 생각으로 신용카드를 그었다."[9]

거액의 돈을 쓰라고 부추김을 당하는 상황에서 끌어당김의 법칙의 기운을 감지했다면 잠시 숨을 돌려라. 설령 당신이 끌어당김의 법칙이라는 전제를 받아들인다 해도 어떻게 당신이 자신의 믿음 때문에 자기 이익을 챙기려는 사람들에게 취약해질 수 있는지를 알 수 있다.

우리가 살펴보고 있는 다른 위험 신호와 마찬가지로 이 위험 신호도 움직일 수 없는 확실한 증거는 아니다. 하지만 지금 진행되는 일이 정당한지를 주의 깊게 살피고 확인하라는 충고 정도는 된다. 배타성이 관련돼 있다면 (그런 경우가 흔하다) 곧바로 플래티넘 팀Platinum Team에 뛰어들 필요가 없다. 그리고 아마 카드를 긁기 전에 돈을 눈앞에 실체화할 수 있을지도 모른다.

### 위험 신호 #7 당신의 단호한 거부를 무시하는 행동

나는 앞서 당신에게 끈기를 가지라고, 점잖은 초식공룡이 되라고 권했다. 하지만 점잖은 초식공룡은 점잖게 어울리거나 나중에 또 찾아도 좋을지 허락을 구한다. 점잖은 초식공룡은 이제 그만 가달라거나 더는 묻지 말아 달라고 요청을 받으면 그렇게 한다. 당신이 누군가의 요청에 단호하게 아니라고 대답하면 그들은 당신을 가만 둬둬야 한다. 그들이 끈질기게 들러붙는다면 당신은 그들이 당신이 원하는 것에는 전혀 신경 쓰지 않는다는 사실을 알게 될 것이다. 이는 큰 위험 신호다. 당신이 그들의 감정을 배려하려고 애쓰면서 모호하게 말했다면 작은 오해가 있었는지 의아해 할 수도 있다. 당신은 그 오해가 자기 탓이라고 여긴다. 하지만 단호하게 아니라는 답변을 들은 다음에도 끈기를 보인다면 이는 큰 위험 신호다.

## 위험 신호 #8 냉온탕 오가기

다른 사람을 대할 때 친절함과 냉혹함을 왔다 갔다 하는 방식은 심리학적으로 가장 폭력적인 방식이다. 만약 당신에게 폭력적으로 대하는 누군가(부모나 파트너나 상사일 수도 있겠다)와 가까운 관계라면 당신은 희망과 공포를 섞어 놓은 독한 칵테일 같은 상황에 익숙할 것이다. '이번에 일을 제대로 하기만 하면 만사가 제대로 풀릴 거야.' 만약 상대방이 계속 냉혹한 태도를 보인다면 당신은 최소한 무엇을 기대하고 그러는 건지 알고 싶을 테다. 당신은 마음의 준비를 할 수도 있다. 하지만 상대방의 의도를 알지 못하면 절대 긴장을 풀지 못하며 끊임없는 스트레스로 불평만 늘어놓게 된다. 당신은 눈앞의 상황을 새로운 일상으로 받아들인다. 폭력적인 관계에 붙들려 있는 사람들은 대부분 자신이 처한 관계의 본색을 제대로 알아차리지 못한다.

때로는 두 사람으로 이뤄진 한 팀에서 감정의 롤러코스터가 나타나기도 한다. 당신이 수많은 영화에서 봐왔던 좋은 경찰과 나쁜 경찰이라는 판에 박힌 이야기다. 1940년대에도 이 전략은 이미 한물간 방법으로 여겨졌고 더는 경찰 심문에서 활용할 수 있는 전략이 아니다. 하지만 조직 사기나 사람을 조종하려는 영업 상황에서는 여전히 흔한 전략이다.

휴가 시설 등을 공동으로 소유하고 공동으로 이용하는 타임셰어형 주택 구매 권유 행사는 고압적인 방법을 사용하기로 악명이 높다. 나는 사람들이 어떻게 그 시간 내내 앉아 있을 수 있는지 궁금했다. 해변에서 휴가를 즐기던 중에 나는 내 친구와 함께 최고급 리조트에서 타임셰어형 주택을 판매하는 권유 행사에 참석했다. 그 자리에서 나는 스쿠버 다이빙 체험을 무료로 제공하겠다는 약속을 받았다. 분명 멋진 제안이었다. 행사 전에 나는 카를로스라는 이름의 친절한 영업 담당자와 멋진 아침 식사를 함께하면서 한담을 나눴다. 행사가 끝나고 우리는 아름다운 리조트를 탐방했고 카를로스는 우리에게 투자를 권유했다. 우리는 정중하게 거절했다. 카를로스는 가격을 낮췄다. 우리는 다시 거절했다. 거기까지는 정말 나쁘지 않았다. 우리는 이제 스쿠버 다이빙을 하러 갈 참이었다.

하지만 그들은 우리에게 스쿠버 다이빙 무료 이용권을 내줄 생각이 없었다. 행사의 관리자가 일이 어떻게 진행되고 있는지를 확인하려고 들어오자 카를로스는 그에게 우리가 관심 없어 한다고 말했다. 관리자는 다람쥐를 응시하는 매처럼 나를 노려보고선 테이블 맞은편 카를로스의 자리에 앉았다. 관리자는 우리가 욕심 많은 두 얼굴의 위선적인 사람들이고 애당초 주택 구매 기회를 진지하게 고려해 볼 마음도 없으면서 공짜 스쿠버 다이빙을 노리고 자신들에게 사기를 치려 한다고 우리를 다그쳤다.

물론 관리자의 말에도 일리는 있었지만 우리는 다르게 주장했다. 하지만 상황은 정확히 관리자가 의도했던 바대로 흘러가고 있었다. 관리자는 우리를 비난함으로써 우리가 자신을 방어해야 하는 수세적 입장에 처하도록 만들고 있었다. '물론 우리는 리조트에 관심이 있어. 그래, 이 리조트가 멋진 휴가지라는 점은 분명하고 타임셰어형은 합리적인 가격에 리조트를 즐길 수 있는 좋은 방법이지.' 즉 우리는 타임셰어형 주택의 장점을 하나하나 따져 봐야 할 뿐만 아니라 계약서에 서명할 만큼 죄책감을 느끼기에 충분했다. 그렇지만 우리의 대답은 '아니요'였다. 관리자는 펜을 집어던지고선 몹시 화가 난 채로 자리를 박차고 나갔다.

그때까지 한쪽에서 전전긍긍하며 상황을 지켜보던 카를로스는 우리에게 정중히 사과를 하면서 제발 잠시만 기다려 달라고 부탁했다. 카를로스는 상사를 쫓아 나갔다. 카를로스는 돌아와서 끔찍한 하루를 보내고 있을 상사를 대신해 다시 사과했다. 그리고 직물 담요와 럼주 한 병을 화해의 선물로 우리에게 건넸다. 그런 다음 상사의 기분이 좋지 않으니 자신이 지금껏 누구에게도 제시하지 않았던 낮은 금액을 제시했다. 덧붙여 우리가 이 놀라운 거래를 한다면 상사가 기뻐할 것이라고 말했다.

상황에 따라서는 나쁜 경찰이 실제로 존재하지도 않는 유령일 때도 있다. 당신과 지금 이야기를 나누는 사람이 당신이 원하는 것을 당신에게 주고 싶어 해도 그건 그 사람에게 달려 있지 않다. 한번은 작은 기업을 운영하는 사람을 위해 일을 한 적이 있는데 그 사람 명함에는 이사보 Assistant Director라고 적혀 있었다. 내가 이렇게 물었다. "그래서 누가 이사 예요?" 그가 이렇게 대답했다. "그런 거 없어요. 사람들이 나를 좋은 사람으로 봐줬으면 했을 뿐이에요."

그다지 좋지 않은 사람이 그림 안에 있거나 액자 밖에 있을 때면 좋은 사람은 겉으로 보이는 모습과 다를 수 있다.


### 위험 신호 #9 이상야릇한 느낌
개인 안전(과 개인 폭력) 분야에서 세계 최고 전문가 중 한 사람인 개빈드 베커Gavin de Becker는 개인 범죄 피해자 수백 명을 인터뷰하면서 공통점을 발견했다. 그들은 하나같이 자신들이 아무 탈 없이 걸어 나올 수 있을 것 같다는 이상야릇한 느낌을 받았다고 했다.[10] 이들의 악어 뇌는 '여긴 뭔가 이상해'라고 계속 신호를 보내오고 있었지만 곧이어 부정하는 마음이 들어와서는 그 신호가 그렇게 중요하지 않다고 해명했다. 우리는 다른 사람을 나쁘게 생각하고 싶지 않아서 이런저런 변명을 늘어놓는다. 그리고 무례하게 굴기도 전에 죽는다. 때로는 정말 말 그대로 그렇다.

불편한 감정이 목숨을 살리는 구명줄이 될 수도 있지만 또 실수를 저지르거나 추악한 편향에 사로잡히기 쉽게 만들기도 한다. 당신의 잠재의식에 내재한 경보 시스템은 당신과 당신의 부족을 안전하게 지키도록 설계돼 있지만 과보호하는 경향도 있다. 우리가 이상야릇한 느낌을 무시하라고 배우는 까닭은 그런 느낌이 알고 보니 틀린 경우가 너무 잦아서다. 한밤중에 계단에서 삐걱거리는 소리가 났지만 그저 당신의 아이가 물 한잔을 가져온 것일 때도 있다. 그러면 다음에 또 집에서 무슨 소리가 들려 잠에서 깨더라도 대수롭지 않게 생각하고 다시 잠을 청할 수 있다.

우리는 이렇게 나뉜 양쪽 모두에서 무서운 이야기를 듣는다. 이상야릇한 기분을 무시하면 치명적인 결과를 가져온다. 하지만 과잉 반응 역시 비극으로 이어진다. 내면의 본능적인 경고가 진짜 위험을 알리는지 아니면 그저 원초적이고 편견에 사로잡힌 공포를 알리는 것인지를 분간하기 어려울 수 있다. '나랑 달라! 우리 중 누구와도 달라!'

내 강의를 청강했던 한 영국 외교관은 2005년 7월 7일 런던에서 발생했던 폭탄 테러의 여파로 자신이 겪었던 일을 우리에게 들려줬다. 당시 지하철역 세 곳과 2층버스 한 대에 설치된 폭탄이 터져 52명이 사망하고 700여 명이 부상을 당했다. 테러가 끝난 건지 확실하지 않았던 런던 시민들은 신경이 바짝 곤두선 상태였다. 한번은 그가 지하철을 타고 있을 때 잘 차려입은 중동 사람처럼 보이는 남자가 지하철에 함께 탔다. 이방인은 기도 모자를 쓰고 더플백을 메고 있었다. 그런데 갑자기 그가 자리에 앉아 코란을 펴놓고서 기도를 하기 시작했다. 외교관은 혈압이 치솟는 걸 느꼈다. '저 더플백 안에 뭐가 들었지? 왜 지금 기도를 하는 거야? 이제 막 자기 임무를 수행하려는 자살 폭탄 테러범일까? 차장에게 경고해야 하나? 경보기를 당겨야 하나? 만일 내가 틀렸다면 어쩌지? 만약 저 남자가 그냥 독실한 신자라면 어쩔 건데?'

외교관은 경보기를 울리진 않았지만 자신의 목적지에 닿기 전 열차에서 내리면서 혼란스러움과 부끄러움을 느꼈다. 또한 자신이 겪은 상황의 아이러니를 알아차렸다. 외교관 또한 잘 차려입었고 중동 사람을 닮은 외모를 가졌으며 더플백 대신에 커다란 서류 가방을 소지하고 있었다. 그 역시 다른 사람들에게 이상야릇한 기분을 느끼게 했을지도 모를 일이었다.

나에겐 타당한 예감과 그렇지 않은 예감을 구분하고, 어디에나 들어맞는 뛰어난 조언 따위는 없다. 이는 깊고 혼탁한 악어 뇌의 영역이다. 당신에게는 직감적 반응과 공포를 다룰 의식적 통제력이 없다. 우리는 모두 어떤 방식으로든 편향돼 있고 당신이 자신의 편향 몇 가지를 알아볼 수 있는 법을 배울 수 있다고 해서 그런 편향을 통제하기란 불가능하다. 당신이 통제할 수 있는 것은 예감에 대한 자신의 행동뿐이다. 당신은 계속 자기 삶을 살아가는 사람들에 대한 자신의 반응 그리고 기를 쓰고 당신의 삶에 간섭하려는 사람들에 대한 자신의 반응을 구분할 수 있다.

당신에게 영향력을 행사하려고 애쓰는 사람에 대해 당신이 이상야릇한 기분을 느끼거나 당신이 여기에 열거된 다른 위험 신호 가운데 하나를 알아차렸다면 더 많은 것을 세심히 살펴라. 아니면 필요한 만큼 단호하게 '아니요'라고 말하고 자리를 벗어나라. 항상 나쁜 행위자의 영향에서 벗어나 있는 사람은 없다. 심지어 그런 영향에 저항하도록 고도의 훈련을 받은 사람이라도 마찬가지다. 악어 뇌에 과부하가 걸리면 판사 뇌에 이르기 힘들다는 사실을 명심하라. 그렇다고 자책하지는 말아라. 조금만 연습하면 자기 주변의 위험 신호에 더 잘 주파수를 맞출 수 있게 되고, 자신의 육감을 강화해서 주변을 어슬렁거리고 있을지 모를 상어들을 찾아낼 수 있다.

# 천사와 악마

마리는 그동안 내가 만났던 사람 중에서 가장 멋진 사람이었다. 나는 열여섯이었고 마리는 나보다 두 살 많았다. 우리 둘 다 부모님과 떨어져한 해를 보내려고 이탈리아의 한 지역 가정에서 머물고 있었다. 나는 프랑스 영화의 팬이었는데 마리는 마치 그중 한 편에 출연했던 사람처럼보였다. 마리는 별다르게 노력하지 않아도 관심을 한 몸에 받았다. 그렇게 타고났다. 마리가 나를 바라보면 나는 발가벗은 것처럼 느꼈다. 그리고 물론 마리는 예뻤다. 눈은 고양이처럼 반짝였고 속눈썹은 숱이 많고짙었다. 풀어헤친 머리는 길고 윤기가 흘렀다. 입술은 도톰했고 이 하나가 비뚤어져 있었는데 그마저 완벽했다. 그녀는 바짝 마르지 않았고 그사실을 누가 어떻게 생각하건 하나도 신경 쓰지 않았다. 그녀 자신에 대해서도 마찬가지였다.

미국에 있었을 때 내 친구들과 나는 세상사에 무관심한 체할 수 있었다. 하지만 모든 반응, 모든 사람 그리고 우리가 한 모든 일에 민감하게 행동했다. 나는 마리를 만나기 전까지 자신의 강박적인 자기 검열을 알아차리지도 못했다. 반면 마리는 자기답게 사는 데 뛰어난 사람이었다. 나 역시 마리처럼 되고 싶었지만 다른 누군가가 되려고 애쓴다고 해서 더 나답게 살 수 있는 건 아니라는 사실을 알았다. 나는 잠깐이지만 담배를 배웠다. 마리가 마주친 시선을 피하지 않은 채로 상대에게 담배 연기를 뿜지 않도록 고개를 살짝 기울여 뱉어 내는 모습이 정말 멋져 보였기 때문이다.

11월에 미국의 추수감사절이 돌아오자 한 무리의 교환학생들이 미국인 친구 집에서 연휴를 보내려고 안코나에서 만났다. 미국인 친구가 머물고 있었던 집의 주인 가족은 집을 떠나 있었고 그 친구와 나는 난생처음 칠면조를 요리해 봤다. 고작 큰 다리 하나 요리하는 데 몇 시간이 걸렸고 맛은 끔찍했다. 하지만 네덜란드 친구가 와인 몇 병을 가져온 덕분에 마실 거리는 넉넉했다. 우리는 술에 취해 우스꽝스러운 행동으로 무언극을 벌였다. 우리는 애들처럼 웃었다. 진짜 애들이었으니까.

늦은 오후, 나는 마리와 함께 친구들에게 인사를 건네고 버스정류장까지 20분 정도 걸어갔다. 약간 알딸딸하고 으슬으슬했다. 버스를 기다리고 또 기다렸다. 버스가 도착하기로 예정된 시간은 이미 한참 전에 지났고 무언의 온기를 느껴보겠다고 마리의 담배만 피워 댔다. 우리가 어떻게 할지 이야기를 나누고 있는데 짙은 색의 메르세데스 벤츠가 조용히 멈춰 섰다. 조수석 창문이 내려가고 잘생긴 얼굴이 보였다.

"춥죠? 어디까지 가요?" 그가 웃으며 말했다.

억양이 강한 말투였다. 이탈리아 사람은 아니었다. 머리는 곱슬곱슬

한 검은색에 피부는 그을렸고 하얀 이가 반짝거렸다.

"역까지 가는 버스를 기다리고 있어요."

잘생긴 남자가 자기 동료에게 뭔가 말을 하더니 우리를 보고 히죽 웃으며 이렇게 말했다. "마침 우리도 그 방향이네요." 남자는 차에서 내려 뒷문을 열어 주면서 예의 바르게 머리를 숙였다. "타요."

마리와 나는 서로를 쳐다봤다. 그러고는 어깨를 한 번 으쓱했다. 남자가 우리에게 작업을 거는 거겠지만 마리는 한 번 쳐다보는 행동으로 접근을 막았다. 역까지는 고작 10분 거리였지만 버스는 올 기미도 보이지 않았고 날은 더럽게 추웠다. 우리는 차에 올라탔다.

운전자가 우리를 반겼지만 이탈리아어를 아는 것처럼 보이지 않았다. 운전자는 선글라스를 쓰고 운전에 집중하고 있었다. 잘생긴 남자는 잡담하다가 우리가 어디에서 왔고 이탈리아에 머문 지 얼마나 됐는지 물었다. 우리는 대답하는 대신에 남자들이 어디에서 왔는지 물었고 남자는 우리에게 알아맞혀 보라고 했다. 우리가 추측을 말하자 남자가 웃음을 터뜨렸다. 남자는 우리가 예쁘다고 말하면서 이렇게 농담을 던졌다. "그런데 그렇게 똑똑하지는 않은 듯? 아니, 아니요, 당신들 아주 똑똑하네요."

마리가 뭔가 잘못됐음을 처음으로 눈치챘다. "우리는 역으로 가야 해요." 역은 도심에 있었지만 차는 이미 해안 고속도로에 접어들었다.

"이 길이 역으로 가는 길 맞아요." 잘생긴 친구는 우리를 안심시키려 애썼다.

"아니요." 마리는 단호하게 말했다. "이 길이 아니에요. 우리는 기차를 타고 집으로 돌아가야 해요."

남자는 짜증 섞인 목소리로 말했다. "알았어요. 미안해요. 인정해요. 내가 이 친구에게 경치 좋은 길로 가자고 했어요. 하지만 두 사람을 역에 데려다줄 거예요. 알겠지만 우리는 휴가를 보내러 여기 왔어요. 그리고 이탈리아 사람들이 그다지 친절하지 않다는 사실만 느끼고 있었죠. 그런데 당신 두 사람은 아주 친절했어요. 우리에게 말도 하기 싫을 만큼 마음 상하지 않았길 바라요. 그냥 같은 여행자 처지에 잠깐만 시간을 내주면 안 될까요? 나쁜 뜻은 하나도 없어요."

나는 신경이 곤두서 있었다. 마리가 우리가 머무는 민박집 가족이 우리를 기다리고 있다고 설명하는 동안 나는 마리가 앉은 쪽 문손잡이가 없다는 사실을 알아차렸다. 내 쪽도 마찬가지였다. 나는 버튼을 눌러 창문을 내린 다음 도와 달라고 소리치려 했지만 창문은 잠겨 있었다. 나는 마리의 다리를 툭 치고 마리의 눈길을 이끌었다. 마리가 내 눈길을 따라 자기 쪽 문을 보았다.

"이 망할 손잡이는 어디 간 거죠?"

유괴범은 차를 정비소에서 방금 가져온 바람에 정비공이 아직 정비를 완전히 끝내지 못했다고 해명하기 시작했다.

마리는 남자의 말을 끊고서 이렇게 말했다. "이 망할 놈의 차 세우고 우리 내려줘요."

남자는 오해를 일으켜 미안하다고 사과하면서 우리가 겁먹지 않았길 바란다고 말했다. 하지만 나는 그들이 우리에게 하려고 한 짓과 그리고 우리가 그들을 화나게 했더라면 상황이 얼마나 더 나빠졌을지를 떠올리며 아주 겁을 먹고 있었다.

하지만 마리는 벌컥 화를 내며 앞좌석을 쾅 치고선 있는 힘껏 소리를 질렀다. "이 망할 차 세워! 차 세우라고! 차 세우라니까, 이 괴물 같은 놈들아!"

유괴범은 이제 매력 공세를 내려놨다. "가만히 있어, 이 미친 여자야!"

마리가 고함을 지르며 발길질을 해대자 운전자가 자기네 나라말로 욕설을 퍼부으면서 고속도로를 벗어났다. 마리는 격노했고 나는 경외심이 들었다. 운전자가 길가에 차를 대고 더는 잘생기지 않은 남자가 내려 문을 열어 줬다. "정말 제대로 미쳤네. 당신도 그거 알지?"

우리는 차에서 내려 마치 금붕어처럼 찬 공기를 크게 들이마셨다.


동물 훈련 분야에서 전해지는 말이 하나 있다. '입 달린 건 뭐든 문다.' 어떤 생명체가 단지 작거나 귀여우니까 당신에게 상처를 입히지 못할 거라고 지레짐작해서는 절대 안 된다. 나는 마리가 낯선 사람에게 그것도 다 자란 성인 남성에게 목소리를 높일 수 있으리라고는 상상도 못 했다. 그렇게 못된 모습이라니 생각지도 못한 일이었다. 심지어 겁먹은 상태에서 말이다. 하지만 마리는 벌꿀오소리였고 용이었으며 악마였다. 마리는 나 역시 입 달린 동물이라는 사실을 가르쳐 줬다.


리플리가 열 살 때 일이다. 우리는 호텔 야외 식당에서 아침을 먹고 있었다. 우리가 앉은 구역에는 우리 말고 아무도 없었다. 그때 한 남자가 접시를 들고 걸어오더니 인사를 건네며 날씨 이야기를 했다. 나는 정말 화창한 날씨라고 맞장구를 쳐줬다. 남자는 대화를 이어 가려고 애를 썼지만 나는 딱 부러지게 대답하면서 그가 '꺼져'를 나타내는 정중한 보편적 신호를 알아차렸으면 했다.

"합석해도 되겠죠?"

"아니요, 됐어요. 우리끼리 먹을게요."

남자는 자리를 잡고 앉으려 했다. "걱정하지 마세요, 다른 뜻은 없어요. 그냥 꼬마 숙녀들과 이야기하는 걸 좋아할 뿐이에요."

나는 일어서서 손을 앞으로 내밀어 멈추라는 몸짓을 하고서는 목소리를 높여 말했다. "합석해도 좋다고 말한 적 없어요. 당신을 초대한 적도 없고 우리는 당신이 이 자리에 있는 걸 원치 않아요. 가주세요."

남자는 내게 미쳤다는 말을 던지고는 자리를 떴다. 리플리는 놀랐지만 깊은 인상을 받은 모양이었다. 이제 리플리는 자신도 목소리를 높일 수 있으며 불쾌한 사람에게 물러서라고 말하지 않다가 자기 목숨이 위험해질 필요가 없다는 사실을 안다.

좋은 사람은 자신을 지키지 못한다는 뜻이 아니다. 그리고 수호자가 된다고 해서 꼭 천사처럼 보이는 것도 아니다.

제 9장

# 더 크고
# 더 나은 꿈을 꾸자

더욱더 영향력 있는 사람이 되는 길을 따라가다 보면 어떤 지점에서 자신이 전보다 더 큰 꿈을 꿀 준비가 돼 있다는 사실을 알게 되기도 한다. 이윽고 자기 주변의 세상을 둘러보고선 이렇게 묻는다. '어떻게 하면 이 세상을 훨씬 더 좋은 곳으로 만들 수 있을까?' 이때 아이디어 하나가 떠오르기도 한다. 아이디어가 당신 관심을 끌려고 냄비를 두드려 대는 것만큼 요란하지 않을 수도 있고 아주 멋지고 소중한 당신의 인생으로 대체 뭔 짓을 하려는 거냐며 당신에게 혀를 찰 수도 있다. 아이디어가 반딧불이처럼 조용할 수도 있다. 하지만 당신은 마법을 느끼고 놀라워한다. '누구? 나?'라면서 말이다.

　더 크고 더 나은 당신의 아이디어는 창의적일 것이다. 당신만 쓸 수 있는 책이거나 다음에 유니콘 기업이 될 신생기업이거나 세계를 뒤바꿀 영화일 것이다. 어쩌면 당신의 큰 꿈은 삶의 기반이거나 플랫폼이거나 운동일지도 모른다. 어쩌면 그것은 위험을 무릅쓰고 당신이 자신을 위해 쌓아 올린 정돈된 삶에서 걸어 나가 당신이 살아 있다고 느끼게 만드는 것을 찾게 만들지도 모른다. 어쩌면 당신의 큰 꿈은 사회정의를 이루고 기후위기를 해결하며 모든 사람이 깨끗한 물과 의료와 교육에 접근할 수 있도록 하는 것처럼 충분히 가치 있는 큰 문제와 씨름하는 것일지도 모른다. 어쩌면 그 꿈은 별이나 한 번도 탐사되지 않은 심해에 이를지도 모르겠다.

이런 꿈을 좇을 준비가 됐을 때 당신은 내외부적으로 호적수와 마주할 것이다. 그리고 자신이 뜻대로 사용할 수 있는 모든 영향력 도구가 필요할 것이다. 골치는 아파지겠지만 아름다울 것이다. 영향력을 연구하는 일이 과학이라면 영향력을 실천하는 일은 기예다.

## 튀니지가 한 번 더 역사를 쓰게 하자

2010년 말, 북아프리카 연안에 자리한 튀니지는 23년째 자인 엘 아비딘 벤 알리Zine El Abidine Ben Ali의 독재 통치로 고통받고 있었다. 튀니지 청년의 30퍼센트가 실업자였다. 모두가 빚에 시달렸고 너무 가난해서 결혼은 꿈도 꾸지 못한 채 자기 가족을 부양해야 하는 부담을 짊어지고 있었다. 무허가 과일 노점상으로 생활하는 무함마드 부아지지Mohamed Bouazizi라는 이름의 청년도 그중 한 사람이었다. 당국이 부아지지의 저울을 몰수하자 그는 절망에 빠져 시장에게 면담을 요청했지만 거절당했다. 시청 청사 앞 거리에서 부아지지는 자기 온몸에 휘발유를 끼얹고 불을 붙였다.

구경꾼 무리가 경악하며 지켜보는 가운데 그는 이렇게 울부짖었다. "당신네는 나더러 어떻게 살라는 겁니까?"

이 사건은 아랍의 봄Arab Spring에 불을 붙인 횃불이었다.

5천 명의 사람들이 부아지지의 장례식에 참석했다. 그곳에서부터 정부를 향한 항의가 커졌고 봉기가 번져 나갔다. 5천 명이 만 명이 되고, 도시의 모든 광장으로 쏟아져 나온 군중들은 벤 알리 대통령의 사퇴를 요구했다. 1월 14일, 벤 알리는 튀니지에서 도망쳤고 아랍 세계 최초로 진정한 민주적 선거에서 후임자가 선출됐다. 튀니지에서 일어난 항의 시위는 아랍 전역에 항의 시위와 봉기를 일으켰고 이집트, 리비아, 예멘의 국민은 물리적인 힘을 써서 자기 나라 독재자들을 축출했다. 함께 모인 사람들은 거리낌 없이 자기 의견을 표출하며 변화를 요구했다. 전 세계가 숨죽이고 사태를 지켜보고 있었다.

이때 뉴스 보도에 단골로 등장했던 사람 가운데 벨라베스 벤크레다Belabbes Benkredda라는 알제리계 독일인 전략가가 있었다. 벤크레다의 아버지는 알제리 혁명의 독립투사였지만 그는 독일에서 나고 자랐다. 독일에서 반항아가 된다는 건 머리를 기르고 록 밴드에서 노래하는 일 따위에 불과했다. 벤크레다 역시 마찬가지였다. 벤크레다는 영국에서 국제관계학을 공부하고 두바이로 가서 편한 직장을 잡고 정부의 공보 비서관으로 일했다. '아랍의 봄' 사태가 일어나기 전에 벤크레다는 자기 일이 주는 지적 도전과 외국인으로서 누리는 생활방식의 안락함을 즐기고 있었다. 하지만 막 태어나는 민주주의를 보면서 벤크레다는 이런 속삭임을 들었다. '너 지금 뭐 하는 거야?' 아랍의 민주주의는 젊고 연약했으며 얻을 수 있는 도움이란 도움은 모두 필요한 상태였다.

벤크레다는 일을 그만두고 무나타라 이니셔티브Munathara Initiative라는 비영리단체를 만들었다. '무나타라'가 아랍어로 '토론'을 의미한다는 데서 알 수 있듯이 이 단체의 사명은 토론을 통해 시민참여를 끌어올리는 것이었다. 벤크레다는 그동안 저축해 뒀던 돈을 쏟아붓고 열정을 바쳐 30일 만에 첫 번째 쇼를 방송에 내보냈다. 다음 몇 해 동안 이 단체는 아랍 전역으로 세를 넓혀 갔다. 이 단체는 여성과 청소년과 부당한 대우를 받아 왔던 소수자를 대상으로 토론 훈련 워크숍을 후원했다. 온라인 토론 대회 우승자들이 유명인들과 맞붙는 TV 쇼를 수백만 명이 시청했다.

성공에는 좋은 일과 나쁜 일이 함께 뒤따랐다. 벤크레다는 매들린 올브라이트Madeleine Albright(미국의 외교학자이자 정치인으로 1997~2001년 미국 최초의 여성 국무장관으로 재직했다.—옮긴이)가 수여하는 민주주의 상을 받았지만 그의 단체는 표현의 자유에 관심이 없는 아랍에미리트 연합국United Arab Emirates 정부에 의해 문을 닫았다. 벤크레다는 활동 기반을 튀니지로 옮겨 정부에 맞섰다.

나는 참가자를 까다롭게 선발하기로 이름난 예일대학교의 리더십 프로그램인 월드 펠로World Fellow의 초청으로 벤크레다가 프로그램에 참석했던 때에 그를 만났다. 그는 내 강의를 청강했다. 벤크레다는 블레이저 재킷을 입고 주머니에는 손수건을 꽂은 차림으로 강의실 뒤쪽에 앉아서 영향력이 큰 사람들이 흔히 그러하듯이 강의에 열심히 귀를 기울였다. 강의실 밖에서 서로를 알아 가던 중에 나는 벤크레다가 미래에 대한 혜안이 있고 마음이 잘 맞는 사람이라는 사실을 알게 됐다. 주머니에 손수건을 꽂은 차림새였지만 알고 보면 어떤 사투리든 흉내 낼 수 있는 사차원이었다. 게다가 좋은 아빠였다.

우리는 둘 다 이혼한 상태였기에 동갑내기 딸들을 데리고 핼러윈 때 '사탕 안 주면 장난칠 거예요' 놀이를 하며 함께 돌아다녔다. 일이 끝나면 함께 탁구를 쳤다. 우리는 이야기하고 또 이야기했으며 듣고 또 듣다가 사랑에 빠졌다. 벤크레다를 보면서 나는 그가 큰 꿈을 꾼다는 것에 경탄해마지 않는다. 이것은 내가 목격하게 됐던 한 가지 꿈에 관한 이야기다.

2019년, 튀니지는 아랍 지역에서 여전히 유일한 진짜 민주주의 국가였고 두 번째 선거를 바로 코앞에 두고 있었다. 당시 선거는 튀니지를 비롯해 더 넓은 지역에서 자유롭고 공정한 선거 과정의 표준을 세울 전대미문의 기회였다. 토론이 굉장히 중요한 부분이 될 수 있었다. 나는 워싱턴 D.C. 밖에서 자랐지만 민주주의와 대통령 후보 토론을 당연하게 여겼다. 물론 우리는 투표했고 당연히 토론을 지켜봤다. 비록 선택할 정당이 단 두 개뿐이었지만 말이다. 혁명 후 튀니지에서는 70개의 정당이 결성됐고 심지어 정당에 소속되지 않은 후보도 선거에 출마할 수 있었다. 토론이 없다면 사람들은 그처럼 많은 후보자를 비교하는 건 둘째치고 후보자 모두의 이야기를 들어 볼 기회조차 없었을 것이다. 최소 저항 경로를 따르는 악어 뇌는 익숙한 얼굴에 투표할 테고 튀니지 선거는 후보의 인지도로 결정될 터였다.

벤크레다는 궁금했다. '대통령 후보 TV 토론을 편성하려면 뭐가 필요하지?' 벤크레다는 과거에 이런 일을 해본 적이 한 번도 없었다. 공정하게 말하자면 아랍 세계의 그 누구도 마찬가지였을 것이다. 좋은 아이디어가 떠올랐을 때 벤크레다는 더 냉정한 목소리가 이렇게 속삭이는 걸

들었다. '네가 뭐라도 되는 줄 알아?' 잠시 벤크레다는 무력감에 빠져 아무 행동도 할 수 없었다. 하지만 벤크레다는 용기를 내서 항상 그래왔듯이 자신에게 물었다. '어떻게 하면 이 상황을 훨씬 좋게 만들 수 있지?' 미국에서는 정치적 반향실echo-chamber(밀폐된 방 안에서 소리를 내면 자신에게 소리가 되돌아오듯 비슷한 의견을 가진 사람들이 모여 같은 정보를 주고받다가 왜곡되거나 잘못된 정보를 확대, 증폭시켜 그 정보에 갇히게 되는 인지 편향을 뜻한다.—옮긴이) 효과가 문제였으나 튀니지와 비교될 바가 아니었다. 튀니지에는 13개 방송국이 뉴스를 내보낸다. 한 가족 다섯 명이 각각 다른 다섯 개의 뉴스 채널을 시청하다가 각자가 서로 다른 견해와 서로 다른 사실을 얻는다 해도 전혀 이상할 것이 없었다. 그만큼 튀니지에는 사람들이 공통으로 느끼는 정치 현실이라는 게 아예 없었다. 심지어 미국에서처럼 단순히 의견이 둘로 나뉘는 일도 없었다. 벤크레다는 궁금했다. '대통령 후보자 토론을 전 방송국에서 동시에 방송하도록 하려면 뭐가 필요하지?' 과거에는 이런 일이 한 번도 없었는데 왜 없었을까?

벤크레다의 커다란 꿈이 성공할 가능성은 거의 없었다. 벤크레다는 과거 거대한 규모는 둘째치고 어떠한 규모로도 협력해 본 적 없는 개인과 단체에 당신네 자존심은 문 앞에 내려 두고 함께 협력하자고 요구했다. 벤크레다는 정당과 정부와 미디어에 토론의 중요성을 역설했다. 그리고 프로젝트 중 무엇이라도 시작하려면 돈이 필요했다.

예전에는 독일 연방 외무청Federal Foreign Office of Germany이 무나타라를 후원했지만 벌써 몇 년 지난 일인 데다가 벤크레다는 독일에서의 삶의 기반이며 인맥을 모두 떠나 온 상태였다. '그냥 부탁하고, 다시 부탁하고, 또 부탁하자.' 전화를 들고 사전 약속도 없이 무작정 전화를 걸어 전화

교환원에게 중동과 북아프리카 지역의 문화 관련 업무 주관 부처를 연결해 달라고 부탁했다. 교환원이 통화를 연결해 주면 벤크레다는 역사적 기회를 가능한 한 짧게 설명했다. 누구도 두려움을 느끼지 않도록 작은 발걸음, 즉 국회의원 입후보자 TV 토론이라는 더 작은 프로젝트를 제안하는 것부터 시작했다. 벤크레다는 도움을 얻으려면 무엇을 해야 할지 물었고 기적처럼 제안서를 보내라는 권유를 받았다. 벤크레다는 허겁지겁 자료를 모아 자기 꿈을 간단히 보여 주는 스무 쪽짜리 문서를 작성했다.

자금 후원자와 정치인과 정부 관료와 방송 협력자들의 마음을 움직일 실낱같은 기회를 잡으려면 벤크레다에게는 설득력 있는 프레임이 필요했다. 벤크레다는 '튀니지가 한 번 더 역사를 쓰게 하자'Let Tunisia make history once more라는 프레임을 생각해 냈다. 아랍 세계 최초로 후보자 토론을 TV로 방송하는 역사를 만드는 기념비적인 기회였지만 충분히 감당할 만한 것이었다. 튀니지는 '아랍의 봄'이 탄생한 곳으로 이미 한번 역사를 만들어 낸 적이 있었다. 민주주의 혁명을 성공적으로 감당해 냈다면 토론 하나쯤은 당연히 감당할 수 있는 문제였다. 게다가 '~ 하게 하자'let라는 말은 '그 사람들이 정말로 할 수 있을까?'라는 신비로움과 긴장감을 더했다.

벤크레다는 거대한 제안을 몇 차례 수정한 끝에 독일 연방 외무청에서 프로젝트에 자금을 지원하겠다는 긍정적인 답변을 얻었다. 이를 계기로 영향력 있는 다른 사람들이 돕고 나섰다. 중동 방송 네트워크Middle East Broadcasting Networks의 TV 기자이자 제작자로 일하던 파드와 지디Fadwa Zidi는 큰 감명을 받아 두바이에서 날아와 늦게까지 일하면서 제작 계획을 세우느라 자신의 휴가를 다 써 버렸다. 2주간의 휴가가 끝나 갈 무렵 지디는 자기가 그냥 집으로 돌아가면 놓치게 될 기회를 곰곰이 생각했다. 지디와 벤크레다에게도 존 스컬리와 스티브 잡스가 맞았던 그 순간이 찾아왔다. 벤크레다는 지디에게 아직 월급도 주지 못하는 형편이었다. 하지만 지디는 결국 무나타라와 모든 토론 프로그램을 담당하는 최고 운영 책임자이자 제작 총괄 책임자가 되겠다는 꿈을 믿으며 계속 남아 있었다. 토론들이 가능하다면 지디는 토론을 화려한 볼거리로 만들 터였다.

벤크레다는 '튀니지가 한 번 더 역사를 쓰게 하자' 프로젝트를 튀니지 선거관리위원회, 국영방송사, 민간 TV 신디케이트의 단체장에게 제안했다. 또한 대통령 후보자 동시 토론이라는 큰 아이디어를 스위스 외무부와 오픈 소사이어티 재단Open Society Foundations에 제안했다. 벤크레다는 미국과 칠레, 자메이카에서 선거 토론을 조직했던 사람들로부터 조언을 받았다. 그중 한 유명한 정치 풍자가의 지원을 받았다. 풍자가는 벤크레다에게 조언해 주면서 저항 세력이 마음을 바꿔 먹을 때까지 못살게 굴었다. 온갖 어려움에도 연합체가 결성됐다.

사람들이 더 흥분하고 벤크레다가 자신의 프로젝트에 힘과 열정을 더 많이 쏟을수록 그는 더 큰 것을 얻고자 했다. 그리고 잃는 것도 컸다. 용기를 내서 큰 꿈을 꾸려 할 때 사람들은 자신의 마음을 넓게 열어 놓는다. 벤크레다의 꿈이 이뤄질 것처럼 보이기 시작하자 내 걱정은 커져만 갔다. 하루하루가 롤러코스터를 탄 듯했다. 투병 중이던 튀니지 대통령이 서거하자 선거의 불확실성이 커졌고 결국 선거 일정이 두 달이나 앞당겨지는 사태가 벌어졌다. 시간이 굉장히 촉박해진 나머지 벤크레다는 모든 합의가 완결되기도 전에 언론에 공식 발표를 내야 했다. 나중에 밝혀진 바로는 당시의 발표는 충격적이었지만 효과적인 전략이었다.

두 번의 토론을 열겠다는 정신 나간 상상에서 나아가 대통령 후보자와 국회의원 후보자 토론을 일곱 차례에 걸쳐 연속으로 열고 봄에 후속 토론을 열겠다는 계획으로 꿈이 부풀어 오르자 비용도 30만 달러에서 140만 달러로 치솟았다. 어쨌거나 벤크레다는 비용을 충당하려고 어렵사리 자금 지원 약속을 얻어 냈다. 하지만 실제로 들어온 돈은 한 푼도 없었다. 그 와중에도 계약자를 고용하고 홍보비를 지급해야 했다. 벤크레다는 일시적으로나마 비용을 충당하고자 개인 신용카드를 한도까지 끌어 썼고 우리는 퇴직금을 청산했다. 이후 여러 방송사 파트너들에 대한 조정이 이뤄지고 있다고 여겨질 때쯤 한 방송사에서 계약을 파기하고 토론 아이디어를 도용해 자기들만 쓰고자 했다. 하지만 이 사실을 알아차리자마자 벤크레다는 기자회견 일정을 잡고 전 세계에 공식 토론 계획을 공표했다. 계약을 파기하려고 한 경쟁 방송사는 다시 협력자가 되겠다고 돌아섰다.

토론 계획이 급물살을 타자 대통령 선거의 틀이 잡혀 가고 있었다. 모두 26명의 후보가 선거에 나섰는데 여성 후보 두 명을 비롯해 현직 총리와 국방부 장관 그리고 전직 대통령 한 명이 포함돼 있었다. 벤크레다는 자기 팀과 함께 각 후보자에게 꼭 첫 번째 토론에 나올 것, 1차 투표가 끝나고 최고 득표 후보 두 명이 나오면 최종 토론에 나올 것을 약속해 달라고 설득했다. 후보자들은 인지도와 자신의 정책을 알릴 기회였으므로 손해볼 것이 없었다. 하지만 잠재적인 비용 또한 분명했다. 이미 널리 알려진 후보자라면 얻을 게 별로 없고, 토론에 능숙하지 못하다면 지지율을 잃을 수도 있었다. 벤크레다는 후보자들의 체면을 세워 주는 제 2안, 즉 빈 연단 규칙을 계획했다. '우리는 당신 이름이 적혀 있는 연단이 비어 있는 모습을 보고 싶지 않습니다. 그런 일이 일어나지 않았으면 합니다. 나와서 우리와 함께해 주세요.'

빈 연단 전략은 성공을 거뒀고 26명의 후보자 가운데 24명이 참석에 동의했다. 절대 참석이 불가능한 두 사람을 제외하면 전원이었다. 한 후보자는 체포를 피하려고 나라를 떠나 있는 상태였다. 유력 후보였던 다른 한 후보자는 돈세탁과 탈세 혐의로 감옥에 있었다. 그는 나빌 카로우이Nabil Karoui라는 미디어계의 거물로, 화려한 팡파르를 울리며 가난한 가정에 식료품 자루들을 가져다주던 행동 때문에 우스갯소리로 나빌 마카로니Nabil Macaroni라고 불리기도 했다.

벤크레다는 튀니지가 진짜로 역사를 다시 쓰고 있다는 소식을 세계에 알려야 했다. 벤크레다는 국제 언론으로 관심을 돌렸다. 기자회견이 인터뷰로 이어졌고 또다시 벤크레다의 기념비적 프레임에 공명하는 더 많은 인터뷰와 머리기사로 이어졌다. 벤크레다는 매일같이 TV에 나와 튀니지의 새로운 역사를 홍보했다. 하지만 토론 자체가 튀니지어와 아랍어로만 방송될 예정이어서 전 세계 언론사는 다음날 공식 번역이 올라올 때까지 기다려야만 했다. 하지만 뉴스에서 진실의 순간은 언제나 그 뉴스가 공개될 때다. 벤크레다와 지디는 튀니지 최고의 프랑스어 통역사와 영어 통역사를 채용했고, 외교관과 외신 기자들에게 공동 시청 모임에 와서 실시간으로 통역된 토론을 들어 보라고 권했다. 또한 실시간 중계를 누구나 접속할 수 있는 웹에 올렸다. 비로소 토론이 진행되는 진실의 순간에 이야기가 쓰여질 수 있었다.

첫 번째 대통령 후보자 토론이 방영된 2019년 9월 7일, 가정과 카페와 물담배 바와 미용실의 TV는 모두 토론회에 채널이 맞춰져 있었다. 수많은 공동 시청 모임이 수도 튀니스의 도심 거리에서 이뤄졌고 시청자들은 후보자들이 반짝이는 푸른색과 붉은색 무대 위에 설치된 여덟 개의 반투명 연단에 자리 잡는 모습을 지켜봤다. 루이지 데 수사Louise de Souza 영국 대사와 올리비에 푸아브르 다르보Olivier Poivre d'Arvor 프랑스 대사가 CNN, BBC, AFP 소속 기자들과 그 밖에 수백 명의 사람과 함께 벤크레다의 공동 시청 모임에 참석했다. 전 세계 뉴스 채널들이 이 역사적 사건을 보도하고 있었다. 유권자의 절반이 넘는 300만 명의 튀니지 국민과 아랍 세계 다른 지역의 수백만 명이 각 후보자의 주장을 들었다.

특히 한 후보가 시청자들의 관심을 사로잡았다. 카이스 사이에드Kais Saied는 머리가 벗겨지기 시작한 헌법학 교수였다. 사이에드는 자기 아파트에서 선거운동을 하고 있던 무소속 후보였다. 사이에드는 튀니지

방언이 아니라 딱딱하고 공식적인 표준 아랍어로 말했다. 행동이 얼마나 딱딱했던지 사람들은 사이에드에게 '로보캅'이라는 별명을 붙였다. 1차 투표가 진행되고 사이에드는 18퍼센트, 카로우이는 16퍼센트의 표를 얻었다. 두 사람은 결선 투표에서 서로 대결할 준비를 했다.

벤크레다의 꿈은 가망성이 그리 크지 않았지만 결실을 거뒀을 뿐만 아니라 너무나도 잘 진행되고 있었다. 여전히 수감 중이었던 카로우이는 1차 토론 참여가 금지되는 바람에 자신이 선두 자리를 내주는 대가를 치렀다고 주장하면서 선거 결과에 불복할 것이라고 협박했다. 아마도 그의 주장은 사실이었을 것이다. 사이에드는 카로우이가 수감돼 있는 동안 선거운동을 자제하는 데 동의했다. 토론 문제도 있고 선거에서 누가 이길지 알 수 없는 상황에서 벤크레다는 카로우이의 석방을 옹호하는 기명 칼럼을 냈고 그동안 지디는 감옥에서 토론을 방송할 비상계획을 세웠다.

결국 카로우이는 10월 9일에 석방됐다. 최종 대면 토론은 선거운동의 마지막 날 밤인 10월 11일에 열릴 예정이었다. 선거까지 단 48시간만 남겨 둔 시점에 두 시간짜리 토론으로 튀니지 공화국의 차기 대통령이 누가 될지가 판가름날 것이라는 의미였다. 카로우이 대 사이에드의 토론을 보는 일은 쉬웠다. 다른 방송을 아예 볼 수 없었기 때문이다. 모든 TV와 라디오 방송국이 하나도 빠짐없이 두 후보자의 토론을 내보냈다. 아마도 튀니지 역사에서 사람들이 가장 많이 본 TV 이벤트였을 것이다. 1,100만 명의 국민 가운데 650만 명이 이 토론을 보기 위해 채널을 맞췄고 이 숫자에는 라디오 청취자와 온라인 실시간 생방송 시청자는 포함되지 않았다. 범아랍권 채널들과 전 세계에 방송을 송출하는 통신사와 함께 이집트, 모로코, 리비아, 이라크 그리고 알제리 같은 다른 나라의 수백만 시청자가 토론 방송을 시청했다. 시야를 넓혀 보자면 미국 역사상 어떤 TV 이벤트도 전체 인구 중 이렇게 많은 시청률에 도달하지 못했다. 닐 암스트롱Neil Armstrong이 달에 첫걸음을 내디딘 사건 정도가 이에 버금갈 뿐이었다.

토론이 시작된 순간부터 사이에드가 더 준비돼 있고 더 설득력 있는 후보라는 사실은 분명해졌다. 비록 딱딱하기는 해도 격식을 차리는 그의 태도는 권위를 부여했다. 카로우이는 횡설수설했고 준비되지 않은 대답을 내놓기도 했다. 카로우이는 더듬거리며 말했고 공약이 모호했다. 남편의 어설픈 토론 때문에 대통령직에 당선되지 못할지도 모른다는 사실을 알아차린 카로우이의 부인 살와 스마오우이Salwa Smaoui는 지디와 제작팀이 생방송을 지휘하고 있던 방에 난입했다. 스마오우이와 그녀의 변호사는 즉시 방송을 중단하라고 요구했다. 제작팀은 거부했다. 스마오우이는 자기 남편에게 쪽지를 건네줄 수 있는지 물었고, 제작팀은 요청을 받아들이지 않았다. 쇼는 계속됐으며 카로우이의 토론은 나아지지 않았다.

이틀 후인 10월 13일 득표율 73퍼센트라는 압도적인 지지로 카이스 사이에드는 튀니지의 대통령으로 선출됐다. 나빌 카로우이는 패배를 인정했고 축하 성명을 냈다. 튀니지는 다시 한번 역사를 썼다. 이 나라의 문제가 기적처럼 풀리지는 않았지만 이 토론에 자극을 받아 알제리가 곧바로 자국 최초의 방송 토론회를 개최했고 아랍 지역의 다른 국가의 유권자들은 이렇게 묻기 시작했다. '우리는 왜 안 돼?' '여기서는 왜 안 돼?'

벨라베스 벤크레다는 우리가 앞서 논의했던 여러 아이디어와 전략을 활용해 자신의 불가능한 꿈을 이뤘다. 벤크레다는 거절을 포용하고 저항을 관리했으며 합의를 위해 협상하고 훼방꾼들을 식별하고 처리했다. 또한 가치를 만들어 내고 그 가치를 이해하기 쉽게 만들었으며 진실의 순간을 최대한 활용하고 카리스마를 보였으며 설득력 있는 프레임을 제시했다. 하지만 그 과정에서 벤크레다는 자신이 어떤 특정한 영향력 도구를 사용하고 있다고 의식하지 못했다. 실제 연습을 통해 영향력 도구들이 이미 제2의 천성이 됐기 때문이다. 판사 뇌 대신에 악어 뇌가 빛을 발했다. 여러 중요한 갈림길에서 벤크레다는 어떤 도구도 사용하지 않았다. 벤크레다는 그저 꿈을 크게 꾸고 대담한 질문을 던지며 점잖은 초식공룡이 됐을 뿐이다. 심지어 벤크레다가 부탁할 필요가 없는 때도 있었다. 벤크레다는 사람들이 '그래요'라고 말하고 싶은 아이디어를 가진 사람이 돼 있었다. 사람들이 벤크레다에게 연락을 해서는 이렇게 물었다. "어떻게 도와드리면 되죠?" 벤크레다의 큰 꿈이 성공을 거둔 데는 엄청난 노력과 수많은 협력자의 도움이 있었고 엄청난 행운이 뒤따른 덕이 크다. 큰 꿈은 항상 이런 식이다.

이런 성공은 벤크레다에게 다시 한번 '내가 그럴 가치가 있는가'라는 질문에 직면하도록 이끌었다. 당신의 꿈이 커지고 당신이 더 큰 성공을 거둘수록 마음속에서 장애물이 나타나 당신의 길을 막을 가능성이 더 커진다. 성공은 당신의 머리를 헤집어 놓을 수 있다. 그러면 당신은 다시는 또 다른 훌륭한 아이디어를 갖지 못할 거라고 걱정한다. 또 자신이 거둔 성공이 그저 한 번의 요행수에 지나지 않을지 모른다고 걱정한다. 하지만 이 또한 여행의 일부다. 나는 지금껏 내가 했던 일보다 더 큰 일을 하려고 시도할 때마다 똑같은 의문을 느끼며, 내가 아는 사람 가운데 제일 똑똑하고 성공적인 사람들이 똑같은 의문을 두고 씨름하는 모습을 봤다. 나는 위대함이 주는 두려움에 대해 이야기해 준 소설가 닐 게이먼Neil Gaiman의 일화에서 위안을 얻는다. 어쩌면 당신에게도 위안이 될지 모르겠다.

몇 해 전에 나는 너무 운 좋게도 훌륭하고 멋진 사람들의 모임에 초대를 받은 적이 있다. 예술가, 과학자, 작가 그리고 뭔가 대단한 것을 발견한 사람들이었다. 나는 그들이 내가 뭔가 정말 대단한 일들을 이뤄 낸 사람들 가운데 끼어 있을 깜냥이 되지 않는다는 사실을 금방 알아차리게 될 거라고 느꼈다.

거기서 둘째 날 밤이었나 셋째 날 밤이었나, 나는 홀 뒤편에 서 있었고 이제 막 음악 연주가 시작되려는 참이었다. 나는 정말 근사하고 정중한 노신사 한 분과 우리 이름이 같다는 이야기부터 해서 이런저런 이야기를 나누기 시작했다. 노신사분이 사람들이 모여 있는 홀을 가리키며 말을 내뱉었다. "저 사람들을 보고 있자니 내가 대체 여기서 뭐 하는 거지? 이런 생각이 들어요. 저 사람들은 정말 대단한 일들을 해냈어요. 난 그냥 갔다 오라고 한 곳에 갔을 뿐이고요." 그리고 내가 말했다. "맞아요. 하지만 신사분께서는 달에 간 첫 번째 사람이잖아요. 제 생각엔 그게 중요한 일 같은데요."

그러고 나니 기분이 훨씬 나아졌다. 닐 암스트롱조차 자신이 뭔가를 사칭하는 사람 같다고 느낄 정도면 아마 모두가 그럴 것이기 때문이다. 아마 그 자리에 다 큰 어른은 하나도 없었을지 모른다. 오직 열심히 노력하고 행운이 따랐고 그러다가 약간 자기 능력을 뛰어넘은 사람들뿐이었다. 우리 모두 할 수 있는 한 최선을 다하는 것이야말로 우리가 진정으로 바라는 전부다.

당신이 실험하고 위험을 감수하면서 이 세상에서 자신의 영향력을 펼칠 때 성공하리라는 보장은 어디에도 없다. 이 사실을 이미 알고 있다. 당신이 통제할 수 없는 요인이 너무도 많다. 하지만 당신은 닐 게이먼, 닐 암스트롱, 벨라베스 벤크레다, 데이비스 응우옌, 데런 브라운, 이선 브라운, 글로리아 스타이넘, 제니퍼 로렌스, 지아 장, 마누스 맥카프리, 곤도 마리에, 나탈리 마, 프린스, 샤킬 오닐, 스타니슬라프 페트로프, 수카리 브라운 등 당신이 존경하는 그 누구처럼 되길 선택할 수 있다. 당신은 최선을 다할 수 있다. 당신의 사랑이 빛나게 하라.

# 당신, 나, 우리

우리가 걷는 길이 엇갈리고 뒤엉키고 흩어졌다가 다시 연결되면서 우리는 더 큰 전체, 그러니까 사방으로 퍼져 나가는 살아 있는 영향력의 그물을 만든다. 당신은 이미 집단적 힘의 일부다. '영향력'이라는 말의 어원은 라틴어인 '인플루에레'influere로, '흘러들다'to flow in라는 의미다. 흐르는 강물처럼 말이다. 당신의 영향력은 다른 사람으로부터 흘러와서 다른 사람에게 흘러가고 또 그들에게서 다른 사람으로 흘러간다. 이렇게 계속된다. 당신을 고양하거나 당신이 훌륭한 아이디어를 떠올리는 데 도움을 줬던 사람들을 당신이 알 때도 있고 그렇지 못할 때도 있다. 작지만 부드러운 권유, 용감하고 헌신적인 개인의 희생, 친절한 개인의 행동, 사고와 운명의 장난이 모두 우리를 연결한다.

이런 그물의 존재를 깨닫는 일은 '자신만의 모험을 선택하세요'choose-your-own-adventure(2인칭 시점에서 쓰인 어린이용 게임 북으로, 독자의 선택에 따라

이야기 전개와 결말이 바뀐다. 국내에서는 《끝없는 게임》이라는 제목으로 발간되기도 했다.—옮긴이) 류의 책을 시작하는 일과 같다. 영웅으로 나아갈 수도 있고, 조력자로 옆에서 돕는 역할을 할 수도 있고, 협력자라는 입장을 계속 지킬 수도 있고 아니면 그 이야기가 끝나기까지 기다릴 수도 있다. 중간에 마음을 바꿀 수도 있다. 훌륭한 아이디어라고 모두 당신에게 맞는 것은 아니다. 하지만 앞으로 나아가기로 선택했으면 이제 더 크게 그리고 더 좋게 그 아이디어를 실행할 수 있다.

단 한 명의 영웅으로 역사가 바뀌는 일은 거의 없다. 혼자 힘으로 세상을 구하겠다고 망토를 걸치고 날아다니거나 거미줄에 매달려 흔들거리는 사람은 없었다. 오히려 "이게 앞으로 우리가 할 일이다"라는 말을 퍼뜨리는 천사 같은 사람들 무리만 있었다. 아니면 이들은 그저 앞장서서 그 일을 해냈을 뿐이다. 1943년에 덴마크인은 힘을 모아 홀로코스트에서 자기네 유대인 이웃의 99퍼센트를 구해 냈다. 덴마크인은 한밤중에 유대인을 작은 낚싯배에 태워 스웨덴이나 그 밖에 안전한 곳으로 실어 날랐다. 2005년에는 케이준 네이비Cajun Navy(허리케인 카트리나 당시 홍수 피해자를 돕기 위해 선박이나 물품 등을 자발적으로 지원했던 자원봉사단을 말한다.—옮긴이)는 힘을 모아 미국 역사상 최악의 허리케인 중 하나였던 허리케인 카트리나Hurricane Katrina에서 자기네 이웃 만 명을 구조했다. 리베카 솔닛Rebecca Solnit이 《어둠 속의 희망》에서 쓰고 있듯이 "수백 명의 보트 소유자가 다락방, 지붕, 물에 잠긴 저소득층 주택단지, 병원, 학교 건물에서 발이 묶인 사람들, 그러니까 싱글맘, 막 걷기 시작한 어린아이, 할아버지들을 구조했다. … 이들 중 누구도 '내가 이 사람들을 전부 구할 순 없어'라고 말하지 않았다. 하나같이 이렇게 말했다. '난 누군가를 구할 수 있어. 그게 뜻깊고 중요한 일이지. 그러니까 생명의 위험을 무릅쓰고 정부 당국을 무시하더라도 이 일을 하겠어.' 그리고 이들은 실제로 그렇게 행동했다."[1]

당신이 세상의 모든 싸움을 감당할 수는 없다. 하지만 당신이 자신만의 싸움을 선택했을 때 이 책에 실린 도구와 아이디어들이 당신의 성공 가능성을 높이고 그 과정을 더 즐겁게 만들어 줄 협력자를 구하는 데 도움이 됐으면 한다. 마거릿 미드Margaret Mead는 영향력에 관해 이야기하면서 이런 유명한 말을 남겼다. "깨어 있고 헌신적인 소수의 시민이 이 세계를 바꿀 수 있다는 사실을 절대 의심하지 마라. 실제로 이제껏 세상을 바꿔온 것은 이들뿐이었다."[2]

함께 그리고 충분히 큰 꿈을 가지면 우리는 마법이 일어나도록 할 수 있다. 우리는 기후변화의 흐름을 역전시킬 수 있다. 우리는 여러 세대에 걸쳐 계속 사람들을 가난하고 병들고 모욕당하도록 만들어 왔던 카스트 제도를 뿌리 뽑을 수 있다. 우리는 최악의 질병을 치료하는 기술적 해법을 찾기 위해 협력할 수 있다. 우리는 하나가 돼 어둠을 직시하고 우리의 두려움에서 벗어날 수 있다.

온 세상을 바꾸지 않아도 좋다. 세상을 구하지 않아도 괜찮다. 하지만 우리는 각자 누군가에게 변화를 가져다줄 수 있다. 당신은 자기가 사는 지역사회에 도움이 될 수 있다. 당신은 자신의 지도자에게 일터에서, 학교에서, 마을에서 사람들의 삶이 더 편해지게 만들어 줄 정책을 통과시키라고 로비를 할 수 있다. 교회나 모스크나 사원의 신도들을 조직해서 어려운 사람들을 보호하고 도울 수 있다. 가족 사이의 갈등을 중재할 수 있다. 멘토든 교사든 역할 모델이 될 수도 있다.

이 책이 유용하다고 생각했다면 당신이 배운 것을 다른 사람과 함께 나눴으면 하는 것이 내 바람이다. 도구를 알려 주고, 이야기를 나누고, 아이디어를 상의하라. 잠깐만 시간을 내서 당신이 자신의 영향력을 실행에 옮긴 이야기를 알려 줬으면 한다. 내게 당신의 사랑 이야기를 듣는 것보다 더 큰 만족감을 주는 건 없다. 거래를 통해 종이 클립을 결국 자동차로 바꾼 마누스 맥카프리와 톰 파월, '네트'라고 말했던 스타니슬라프 페트로프, 후원을 부탁하는 전화를 걸었던 벨라베스 벤크레다, 오류기 모양 도넛을 만들었던 재키, 큰일을 해내고 그 보상을 나눴던 제니퍼 로렌스, 이 모두가 사랑 이야기다. 그들은 '아마 함께라면 아마 이것'이라고 말하는, 강하지만 또 상처받기 쉬운 사람들이다. 당신이 이 책으로 할 일 또한 사랑 이야기일 수 있다. 당신이나 나나 우리가 쓸 장작을 패고 우리가 지낼 오두막을 짓고 담장을 수리하는 외로운 개척자가 아니다. 우리는 혼자 할 필요가 없다. 나는 당신을 대변할 수도 없고 그걸 원하지도 않는다.

추운 겨울이면 나는 리플리와 함께 장작불과 코코아를 즐기지만 겨울철에 가장 행복했던 순간은 생각지도 않은 순간에 찾아왔다. 동네에서 눈 때문에 우편 트럭 한 대가 꼼짝도 못 하게 됐고 우리는 도움을 주려고 차를 세웠다. 눈구덩이는 깊었고 우편 트럭의 바퀴는 헛심만 쓰며 계속 돌아가고 있었다. 인근 주민들이 삽과 판지를 들고 나왔고 열 명이 힘을 합쳤다. 우리는 있는 힘껏 트럭을 밀었다. 몇몇은 장화가 마찰력을 잃은 탓에 진창에 넘어지기도 했지만 다시 일어섰다. 마침내 우리는 우편 트럭을 길 위로 끌어냈다.

우편 배달원은 차창으로 손을 흔들어 우리에게 감사를 표하고서는 우편 배달을 계속하기 위해 차를 몰고 떠났다. 하이파이브를 하는 모두의 얼굴은 발갛게 상기돼 있었다. 우리가 같이 일하면서 그렇게 힘들지 않았던 이유는 춥고 젖은 상태로 안간힘을 써 댔지만 그 일이 재미있었기 때문이다. 우리가 열심히 일했던 이유는 춥고 축축했음에도 한 팀으로 일하겠다는 선택이 그 일을 재미있게 만들어 줬기 때문이다.

다 큰 어른들이 함께 노는 방식은 간혹 일이라고 불린다. 물론 우리가 항상 일을 이런 식으로 생각하는 건 아니다. 때로는 성공하기도 하고 때로는 심장이 덜컥 내려앉는 기분을 맛보기도 한다. 때로는 영감이 번뜩이며 찾아들고 타이밍은 완벽하고 행운은 우리 편이고 천국의 문이 우리에게 틈을 보이기도 한다. 그리고 마치 바람을 타고 우리가 볼 수 있는 곳 저 너머로 실려 가는 민들레 홀씨처럼 언제나 우리 영향력의 씨앗이 떠다니고 있다. 우리 의사와 상관없이 우리는 씨앗을 심고 있다. 우리는 역사를 쓰고 있다.

# 우리 친구해요

이 책을 쓰면서 내내 즐거웠다. 이 책을 당신이 즐겁게 읽었다면 당신의 훌륭한 아이디어를 행동으로 옮겨 보길 바란다. 그리고 그 일이 어떻게 흘러가는지 정말 듣고 싶다.

원한다면 zoechance.com을 시작으로 우리가 서로 연결될 방법은 무수히 많다. 무료로 제공되는 대규모 온라인 강좌가 있는데 이 책에서 제시된 몇 가지 자료를 토대로 한 실생활 도전 과제도 함께 제공된다. 소식지도 있다. 여기에는 영향력 관련 팁과 영향력의 길에 들어선 다른 사람들이 제공하는 영감을 담고 있다. 세계 각지에서 진행되는 이벤트, 예일에서 진행되는 워크숍 그리고 이제 막 부화한 그 밖의 훌륭한 아이디어와 협력 활동이 있다.

이런 아이디어가 퍼져 나가는 걸 돕고 싶다면 정말로 감사한 일이겠다. 당신이 어떻게 좋은 일을 이뤄냈는지 (심지어 작은 발걸음이라도 괜찮다) 소셜미디어에 공유할 수도 있다. 내가 당신과 함께 축하할 수 있도록 해시태그 #영향력은_당신의_초능력influenceisyoursuperpower을 달아 주길 바란다. 짧더라도 서평을 남겨 준다면 정말 멋진 일이겠다. 당신이 속한 조직이나 모임을 위해 이 책을 사고 싶다면 할인해 드릴 수 있다. 어쩌면 당신에게는 다른 아이디어가 있을지도 모르겠다. 그리고 강연, 자문,

미디어나 연구 협력과 관련된 초청을 하고 싶다면 zoechance.com에 들러 주길 바란다. 나는 꽤 바쁘고 '아니요'라고 말하는 데 능하다. :-)

이 책이 당신에게 어떤 도움이 되고 있는지 개인적인 쪽지를 나누고 싶다면 이메일로 연락해 주길 바란다(friends@zoechance.com).

사랑을 담아, 조이

추신: 사진 속 여자애가 리플리다(그 옆은 마지못해 리플리의 남자친구가 돼 준 개빈이다).

# 토론 과제

인생사 많은 일이 그렇듯이 이 책도 친구와 함께할 때 더 재미있다. 여기에 아이디어를 토론할 때 마중물이 돼 줄 열 개의 질문이 있다.

1. 왜 사람 사이의 영향력은 초능력이나 마찬가지인가?

2. 당신이 보기에 영향력과 조종의 차이는 무엇인가?

3. 만약 당신이 이미 24시간 '아니요' 챌린지나 '마법의 질문'처럼 이 책에서 새롭게 배운 것을 시도했다면 그 시도는 어떻게 진행됐는가? 당신은 무엇을 배웠는가?

4. 이 책에서 당신이 시험해 보고 싶은 전략은 무엇인가?

5. 당신은 어떤 상황에서 부탁하거나 자신을 옹호하는 일이 어렵다고 생각하는가? 돈 이야기를 할 때인가? 남녀 관계에서인가? 특정한 사람에게 그런가? 어떤 상황에서 그런 일을 쉽다고 여기는가?

6. 거절은 당신에게 어떤 의미가 있는가? 당신은 어떻게 거절을 다시 프레이밍할 수 있을까?

7. 연봉 인상이나 승진을 요청해 본 적이 있다면 그때 어떤 경험을 했는가? 미래에 다르게 해보고 싶은 것이 있는가?

8. 제8장에서 다룬 '어둠의 마법' 중에서 어느 하나라도 관련된 적이

있는가? 무슨 일이 일어났고, 다른 사람에게 어떻게 조언하고 싶은가?

9. 만약 당신이 지금보다 더 큰 영향력을 발휘할 수 있다면 무엇을 할 것인가?

10. 당신이 이 책이나 이 대화에서 배운 한 가지를 실천하겠다는 실행 의도를 정하라.

# 감사의 말

이 책이 독자들의 손에 쥐어지기까지 각자 나름의 특별한 능력을 지닌 영웅들로 이뤄진 완벽한 팀의 힘이 컸다.

우리 저술 및 편집팀에 감사드린다. 우리는 이 책을 가능한 한 최고의 책으로 만드는 데 필요한 일이라면 무엇이든 하겠다고 다짐했고 마침내 그 다짐대로 해냈다. 거의 마무리됐다고 생각했을 무렵 결과가 만족할 만큼 좋지 않았던 탓에 처음부터 다시 시작해야 했다. 우리는 미쳐 돌아 버릴 수도 있었지만 오히려 서로에게서 최선을 끌어냈다. 힐러리 레드먼, 당신의 리더십 스타일은 이 책이 전하는 메시지를 완벽하게 구현하고 있다. 우리를 다독여 높은 기준을 고수하게 했고, 우리에게 시간 왜곡을 열어 줬으며, 랜덤하우스에 열정을 불러일으켰고, 마치 외과의사처럼 주말마다 당직을 서면서 여기저기 주의를 기울여 원고를 잘라 내고 이어 붙여 줬다. 당신은 모든 작가가 꿈에 그리는 그런 편집자다. "원고를 한 번 훑어봐도 될까요?"라고 말했던 앤 마리. 힐리, 당신은 내가 만난 작가 중에서 유일하게 아무 두려움도 없는 사람이다. 아무 조건 없는 당신의 사랑 덕분에 우리 주변에서 세계가 산산이 무너져 내릴 때도 우리 프로젝트는 굳건히 유지됐다. 내게 사랑이라는 말은 홈스쿨링과 이사와 죽음과 가족 휴가 내내 당신이 보여 준 따뜻함과 노고 외에 다른 것이 아니었다. 당신은 오래전에 그 이상을 뛰어넘었다. 나마스테. 피터 구자르디, 우리들의 마법사, 당신은 혼돈 속에서 질서를 보고 어둠 속에서 밝은 점을 찾았고 엉킨 실타래를 풀고 어려운 질문을 던지고 마법의 천으로 우리 원고를 닦아 윤을 내줬다. 당신은 사랑으로 열심히 그리고 늦게까지 일해 줬고 작가가 받을 수 있는 가장 아름다운 것을 내게 선사했다. 나는 당신에게 글을 정말 어떻게 써야 하는지를 배웠다.

앨리슨 맥킨과 셀레스트 파인에게 감사한다. 신데렐라 이야기 속 요정 같은 내 에이전트로 여러 해 동안 나와 함께 일했고, 모두가 열성을 발휘하도록 만든 통에 나는 결국 내가 해낸 일을 스스로 받아들이지 못하는 가면 증후군에 빠지고 말았다. 당신들은 내가 하기도 전에 내가 정말로 무슨 책을 써야 하는지 간파했고, 그 제안이 매력적으로 들리도록 만드는 데 도움을 줬고, 끊임없이 도움을 줬다(그리고 부두교 숫자점과 사탕반지는 정말 마법을 부렸다). 당신들이 내 삶을 바꿔 놓았다.

뛰어난 연구팀이자 팩트체크팀이었던 새라 정, 소피 칼도어, 아나 빅토리아 길에게 감사한다. 당신들은 땅을 파서 새로운 보석을 발굴하고 진짜와 가짜를 가려내어 이 책이 탄탄한 과학에 기반을 둘 수 있도록 그 힘들고도 지저분한 일을 맡아 줬다. 당신들은 이미 세상을 바꾸고 있다. 새라는 뉴질랜드의 지속 가능성 정책에 원주민의 목소리를 담아냄으로써, 소피는 극단주의 심리학에서 새로운 경지를 개척함으로써 그리고 아나는 대중 담론을 움직여 코스타리카 대법원에 영향을 줌으로써 말이다. 당신들은 모두의 영감이고 나에게는 가장 확실한 영감이다. 당신들이 쓴 책을 읽게 될 날이 오기를 즐거운 마음으로 고대하고 있다.

표지를 만들어 준 로드리고 커랠에게 감사한다. 당신 작품이 정말 마음에 든다.

책을 쓰는 동안 자신의 재능을 기부해 줬던 조언자들과 협력자들에게 감사한다. '나쁜 영향력'을 주제로 대화를 나눴던 캐서린 맥카운에게 감사한다. 이 대화는 이 책의 제8장으로 발전했다. 제안서 편집과 관련해서 많은 것을 가르쳐 줬던 데디 펠먼에게 감사한다. 짧지만 의미 있는 협업을 통해 '좋음'에 대해 내가 생각하는 방식을 바꿔 준 이먼 돌런에게 감사한다. 대단한 책을 써야 한다는 생각에서 나를 구해 준 라이언 홀리데이에게 감사한다. 당신 덕에 다시 시작할 수 있었다. 제2장에 실린 과학적 내용을 검토해 주고 나를 설득해 이 책과 내 삶 모두에서 과학에 대한 높은 기준을 고수하게 해줬던 셰인 프레더릭에게 감사한다.

앤절라 더크워스, 아트 마크먼, 애슐리 메리먼, 찰스 두히그, 마이크 노턴 그리고 닉 크리스타키스에게 감사한다. 나는 최대한 당신들의 조언을 따랐다. 이 책이 날아오를 방법에 대해 아이디어를 내준, 내가 제일 좋아하는 어릿광대 조 캐버나에게 감사한다. 셰번 힉스에게 감사한다. 난 여전히 물총 콘셉트가 좋다. 지혜와 우정과 추진력을 보여 준 BLING의 동료 작가들에게 감사한다. 내 아이디어에 대해 훌륭한 의견을 내준 브레인스토밍팀의 분 라이, 에밀리 고든, 메이슨 라비노위츠, 니트야 카누리와 슬레이트 발라드에게 감사한다.

이 아이디어가 퍼져 나갈 가치가 있음을 알아봐 주고 지금 그렇게 노력하고 있는 영향력 전문가들에게 감사한다. 우리 프로젝트가 명성을 얻도록 뛰어난 재기와 열정을 발휘해준 니콜 듀이, 레이철 로키키, 레이철 파커와 멜라니 데나로에게 감사한다. 현명한 조언과 사업 수완을 알려 주고 내게 도서 마케팅을 가르쳐 준 아일렛 그루엔스펙트, 에마니 글리와 바버라 필리언에게 감사한다. 이 책이 독자 손에 쥐어지도록 만들어 준 랜덤하우스의 영업팀에게 감사한다. 전략적 조언과 축복을 주고 역할 모델이 돼 준 톰 페리에게 감사한다. 열성을 다해서 입소문을 내는 데 도움이 돼 준 편 팀에게 감사한다.

특별한 에이전트들로 이뤄진 국제영업팀에도 감사한다. 이들은 내가 세다가 중간에 잊을 만큼 많은 나라에 이 책이 출판되도록 해줬다. 데니스 크로닌, 도나 두버글래스, 제시카 캐시먼, 조엘 듀, 로리 스카프와 토비 언스트에게 감사한다. 당신들은 마법을 일으켰다. 수재나 애벗을 비롯한 다른 국제 출판 종사자들에게 감사한다. 당신들의 기대가 다양하고도 높았던 탓에 겁이 나기도 했지만 내가 최선을 다할 동기가 되기도 했다. 예일의 글로벌 온라인 강의에서 이 책의 아이디어에 생명을 불어넣어 줬던 예일 코세라 팀의 벨린다 플랫, 세라 에핑어, 톰 스틸린스키와 릭 리언에게 감사한다. 당신들과 함께 일한 게 얼마나 큰 선물이었는지 모르겠다.

스테파니 던슨에게 감사한다. 현명하고 점잖은 글쓰기 코치인데 어쩐 일인지 나에게 '정원 가꾸기'를 가르쳐 줬다. 다른 작가 동료인 에이미 대넌밀러, 앤 마리 힐리(다시 한번 더), 애슐리 메리먼, 크리스타 도란, 크리스틴 츠미엘레브스키, 데이비드 챈스, 데이비드 테이트, 도이너 물란, 존 곤잘레스, 카일 젠슨, 마고 스타이너, 메리앤 팬털론, 나탈리 마와 테레사 샤힌에게 감사한다. 당신들 덕분에 즐겁게 글을 쓸 수 있었다. 비공식적인 공동작업 장소와 커피를 제공해 준 시더허스트 카페의 테리와 톰에게 감사한다.

그 외에도 도움을 줬던 자이드리 브래딕스, 탠젤러 미첼과 에린 와인에게 감사한다. 고통스러운 교열작업을 맡아 준 뮤리얼 요르겐슨과 루이지 콜라조에게 감사한다.

나와 함께 이 책의 아이디어에 관한 워크숍에 참가해 준 학생들, 강의 조교들 그리고 '영향력 및 설득 숙련과정'의 담당 조교들에게 감사한다. 나는 지금껏 여러분이 내게서 배운 것보다 더 많은 것을 여러분에게서 배웠다. 탁월한 업무팀장이었던 스티븐 디온에게 감사한다.

내 연구는 앞선 연구들로부터 영감을 얻었는데 그 모든 연구를 수행했던 대가들 모두에게 감사드린다. 당신들이 없었다면 아무것도 없었을 것이다.

나는 이 프로젝트에 직접 관여하지는 않았지만 깊은 영향을 준 사람들에게도 역시 큰 신세를 지고 있다.

내가 글을 쓸 수 있도록 내 삶을 돌봐 준 사람들에게 감사한다. 캐런 챈스, 내 어머니이자 영적인 스승이고 절친이며 이혼 후에도 아이들을 공동으로 양육하셨다. 엄마 덕에 이 작업을 할 수 있었다. 그리고 이 책에 관해 우리가 나눈 대화 그 모두가 이 책에 담겨 있다. 맨디 킨, 코치이자 치어리더이고 교사이자 오랜 친구로서 내 행복과 성공의 많은 부분은 모두 당신 덕분이다. '마법의 질문'은 그저 시작에 불과했다. 시오마라 사카자에게 감사한다. 당신은 혼돈에서 질서를 만들어 내고 믿음이 무엇인지를 내게 보여 줬다.

아이디어들이 이 책 너머까지 퍼져 나가도록 내게 도움을 준 모든 이들에게 감사한다. 나조차 자신을 믿지 못할 때 나를 믿어 줬던 스턴 스피킹 팀에게 감사한다. 예일대학교의 SOM 커뮤니케이션 팀에게도 감사한다. 이들은 누구보다 먼저 이 책의 독자가 돼 줬고 내 강의를 세계와 공유할 수 있도록 해줬다. 꿈을 크게 꾸고 즐기라며 나에게 영감을 줬던 멘토들, 밥 고프, 댄 애리얼리, 제프 아치, 킴 벤스턴, 마크 영, 마이크 노턴(다시 한번 더)과 롭 셔먼에게 감사한다. 이 도움은 앞으로 차차 갚아 나갈 작정이다. 케이티 오렌스타인과 오프-에드 프로젝트에 감사한다. 퍼블릭 보이스 펠로십이 내가 자신의 목소리를 찾는 데 얼마나 도움이 됐는지 모른다. 평생 감사할 것이다.

내가 이 책을 쓰고 내가 사랑하는 일을 더 많이 할 수 있도록 내 직업을 소명으로 바꾸는 데 도움을 준 앤드루 메트릭, 에디 핀커, 갈 자우버만, 짐 배런, 네이선 노벰스키, 라비 다르와 테드 스나이더에게 감사한다.

친절하면서 동시에 영향력 있는 사람이 되는 법을 내게 가르쳐 준 친구들과 가족들 모두에게 감사한다. 크리스티, 제스, 젠, 몰리, 탈리, 탈룰라와 테레사(다시 한번 더)에게 감사한다. 이들은 내가 끈기를 발휘하도록 했고 내게 웃음을 줬다. 아빠, 제이, 미카와 셰인(다시 한번 더), 당신들의 사랑과 응원에 항상 감사한다. 룰루, 멀티버스 끝까지 갔다고 되돌아왔다! 아미라, 우리가 처음 만났을 때부터 쭉 너의 새엄마가 되고 싶었단다. 수석 고문이자 가장 큰 꿈을 꾸는 몽상가이고 진정한 사랑인 벤크레다, 몇 번이고 당신과 다시 결혼할 것이다. 이 아이디어에 동참해 준 사랑하는 독자들에게도 감사한다. 이런 아이디어들이 당신을 더욱 영향력 있는 존재로 만든다면, 아니 그 길을 따라가는 과정에서 다른 사람을 돕는 데 도움이 된다면 사랑이 담긴 우리의 노고가 제대로 쓰인 것이리라.

독자들을 위해 연구용 주석을 작성하면서 세부 사항과 정확성에 되도록 많은 신경을 썼다. 이미 초고에서 여러 유명한 실험을 뺐는데, 새로운 데이터로 인해 원래 실험의 결과에 의문이 제기됐기 때문이다. 하지만 이 책에서 인용한 연구라도 그 일부는 장래에 재현 불가능한 것으로 밝혀지기도 할 것이다. 그리고 물론 향후의 연구는 우리가 영향력을 훨씬 더 잘 이해하는 데 도움이 될 것이다. 그런 까닭에 수시로 이 주석을 zoechance.com에 업데이트할 생각이다. 도움이 되길 바란다.

### 제1장: 사람들이 '그래요'라고 말하고 싶은 사람이 되기

1) 나는 이들 중 일부에게 '영향력'influence이라는 단어를 들었을 때 머릿속에 떠오른 단어가 무엇인지를 물었다. 대부분(73퍼센트) '지도자', '강력한', '유용한' 같은 긍정적인 단어를 사용했다. 하지만 영향력 대신에 '영향력 전략'influence strategy이나 '영향력 전술'influence tactic에 대해서 질문하자, 이들 대부분(57퍼센트와 83퍼센트) '조종하는', '교활한', '강압적인', '은밀한', '공격적인' 같은 부정적 서술어를 사용했다.

2) 내가 이 책의 모든 내용에 동의하지는 않지만 뛰어난 책이다. 로버트 치알디니는 영향력에 관해 가장 유명한 여러 연구를 수행한 연구자다. 책을 쓰기 전에 자동차 영업직원으로 위장 근무를 하기도 했다. 크리스 보스는 전직 FBI 인질 협상전문가였다. Robert B. Cialdini, *Influence, New and Expanded: The Psychology of Persuasion* (New York: Harper Business, 2021)[로버트 치알디니, 《설득의 심리학 1: 사람의 마음을 사로잡는 6가지 불변의 법칙》, 황혜숙 옮김(21세기북스, 2019)]: Chris Voss and Tahl Raz, *Never Split the Difference: Negotiating as If Your Life Depended on It* (New York: Harper Business, 2016)[크리스 보스, 탈 라즈, 《우리는 어떻게 마음을 움직이는가: FBI 설득의 심리학》, 이은경 옮김(프롬북스, 2016)].

3) Nalini Ambady, Debi LaPlante, Thai Nguyen, Robert Rosenthal, Nigel Chaumeton, and Wendy Levinson, "Surgeons' Tone of Voice: A Clue to Malpractice History," *Surgery* 132, no. 1 (2002): 5-9, https://doi.org/10.1067/msy.2002.124733.

4) John Antonakis, Marika Fenley, and Sue Liechti, "Can Charisma Be Taught? Tests of Two Interventions," *Academy of Management Learning and Education* 10, no. 3 (2011): 374–96, https://doi.org/10.5465/amle.2010.0012.


## 제1과 ½장: '테물'을 찾아서

1) Jack M. Weatherford, *Genghis Khan and the Making of the Modern World* (New York: Crown, 2004) [잭 웨더포드, 《칭기스칸, 잠든 유럽을 깨우다》, 정영목 옮김(사계절, 2005)].
2) 안타깝게도, 박사과정 학생들이 범하는 가장 큰 실수는 대학원에 진학하겠다는 결정이다. 박사과정 학생 중 50퍼센트가 과정을 끝마치지 못하는데 그 이유는 대학원이 자신들이 기대했던 것과 다르기 때문이었다. Robert Sowell, Ting Zhang, and Kenneth Redd, Ph.D. *Completion and Attrition: Analysis of Baseline Program Data from the Ph.D. Completion Project*, Council of Graduate Schools, 2008, https://cgsnet.org/phd-completion-and-attrition-analysis-baseline-program-data-phd-completion-project.


## 제2장: 영향력은 우리 생각처럼 작동하지 않는다

1) Alfred N. *Whitehead, An Introduction to Mathematics* (New York: Henry Holt, 1911) [알프레드 노스 화이트헤드, 《화이트헤드의 수학이란 무엇인가》, 오채환 옮김(궁리, 2009)].
2) 행동경제학 분야의 바이블이 있다면 바로 이 책이 그렇다. Daniel Kahneman, *Thinking, Fast and Slow* (New York: Farrar, Straus and Giroux, 2011) [대니얼 카너먼, 《생각에 관한 생각》, 이창신 옮김(김영사, 2018)].
기사 형식으로 쓰인 카너먼의 연구를 읽고 싶다면 《머니볼》Moneyball[마이클 루이스, 《머니볼》, 김찬별, 노은아 옮김(비즈니스맵, 2011)]의 저자가 쓴 이 책도 훌륭하다. Michael Lewis, *The Undoing Project: A Friendship That Changed Our Minds* (New York: W. W. Norton, 2017) [마이클 루이스, 《생각에 관한 생각 프로젝트》, 이창신 옮김(김영사, 2017)].
그리고 '시스템 1'과 '시스템 2'에 대한 현재 어떤 논의가 이뤄지고 있는지 더 깊이 살펴보고 싶다면 다음 논문이 당신의 관심을 끌 것이다. 키스 스타노비치Keith Stanovich와 리처드 웨스트Richard West는 독창적인 연구자들로서 '시스템 1'과 '시스템 2'라는 프레임의 명칭을 만들어 냈을 뿐만 아니라 여타의 이중 처리이론을 이 포괄적 프레임 아래 망라하기도 했다. Jonathan St. B. T. Evans and Keith

E. Stanovich, "Dual-Process Theories of Higher Cognition: Advancing the Debate," *Perspectives on Psychological Science* 8, no. 3 (2013): 223–41, https://doi.org/10.1177%2F1745691612460685.

3) J. Ridley Stroop, "Studies of Interference in Serial Verbal Reactions," *Journal of Experimental Psychology* 18, no. 6 (1935): 643–62, https://doi.org/10.1037/h0054651.

4) Colin M. MacLeod and K. Dunbar, "Training and Stroop-like Interference: Evidence for a Continuum of Automaticity," *Journal of Experimental Psychology: Learning, Memory, and Cognition* 14, no. 1 (1988): 126–35, https://doi.org/10.1037/0278-7393.14.1.126.

5) John A. Bargh and Tanya L. Chartrand, "The Unbearable Automaticity of Being," *American Psychologist* 54, no. 7 (1999): 462–79, https://doi.org/10.1037/0003-066X.54.7.46.

6) 이 연구는 행동과학 연구자들 사이에서 토론과 논쟁의 주제였다. 보고된 결과는 재현실험에서 볼 것이라고 기대한 결과보다 더 극적이었지만 연구자들이 이 결과를 반박하면서 분석을 여러 차례 거듭했을 때 패턴이 일관되게 나타났다(행동과학에 친숙하다면 출간된 실험이 두 변수 사이에서 나타나는 일반적이고 현실적인 관계를 과장하는 일이 그리 낯설지 않을 것이다. 사실 이런 행동이 표준이기도 하다).
원래의 논문은 다음을 보라. Shai Danziger, Jonathan Levav, and Liora Avnaim-Pesso, "Extraneous Factors in Judicial Decisions," *Proceedings of the National Academy of Sciences* 108, no. 17 (2011): 6889–92, https://doi.org/10.1073/pnas.1018033108.
비판으로는 다음을 보라. Keren Weinshall-Margel and John Shapard, "Overlooked Factors in the Analysis of Parole Decisions," *Proceedings of the National Academy of Sciences* 108, no. 42 (2011): E833, https://doi.org/10.1073/pnas.1110910108.
Andreas Glöckner, "The Irrational Hungry Judge Effect Revisited: Simulations Reveal That the Magnitude of the Effect Is Overestimated," *Judgment and Decision Making* 11, no. 6 (2016): 601–10. (글뢱크너는 이 효과의 크기에 합리적인 의문을 제기한다.) http://journal.sjdm.org/16/16823/jdm16823.pdf.
저자들의 반응("원 실험의 결과가 모든 분석에서 재현된다. 사건 판결과 식사 시간은 여전히 사면 결정을 예측하는 강력한 요인이다.")은 다음을 보라. Shai Danziger, Jonathan Levav, and Liora Avnaim-Pesso, "Reply to Weinshall-Margel and Shapard: Extraneous Factors in Judicial Decisions Persist," *Proceedings of the National Academy of Sciences* 108, no. 17 (2011): E834, https://doi.org/10.1073/pnas.1112190108.

7) Nalini Ambady and Robert Rosenthal, "Half a Minute: Predicting Teacher

Evaluations from Thin Slices of Nonverbal Behavior and Physical Attractiveness," *Journal of Personality and Social Psychology* 64, no. 3 (1993): 431–41, https://doi.org/10.1037/0022-3514.64.3.431.

8) Nalini Ambady, Mary Anne Krabbenhoft, and Daniel Hogan, "The 30-Sec Sale: Using Thin-Slice Judgments to Evaluate Sales Effectiveness," *Journal of Consumer Psychology* 16, no. 1 (2006): 4–13, https://doi.org/10.1207/s15327663jcp1601_2.

9) Nalini Ambady, Debi Laplante, Thai Nguyen, Robert Rosenthal, Nigel Chaumeton, and Wendy Levinson, "Surgeons' Tone of Voice: A Clue to Malpractice History," *Surgery* 132, no. 1 (2002): 5–9, https://doi.org/10.1067/msy.2002.124733.

10) Nalini Ambady and Robert Rosenthal, "Thin Slices of Expressive Behavior as Predictors of Interpersonal Consequences: A Meta-Analysis," *Psychological Bulletin* 111, no. 2 (1992): 256–74, https://doi.org/10.1037/0033-2909.111.2.256.

11) Alexander Todorov, Anesu N. Mandisodza, Amir Goren, and Crystal C. Hall, "Inferences of Competence from Faces Predict Election Outcomes," *Science* 308, no. 5728 (2005): 1623–26, https://doi.org/10.1126/science.1110589.
훨씬 더 놀라운 사실은 아이들의 판단이 거의 정확했다는 점이다. 스위스 아이들에게 한 쌍의 얼굴들을 보여 주고 자기 배의 선장이 되면 가장 좋은 사람을 고르라고 했더니 이 아이들의 선택이 실제 프랑스 의원선거 결선 투표 결과의 71퍼센트를 예측했다. 정확성은 나이와 무관했다. John Antonakis and Olaf Dalgas, "Predicting Elections: Child's Play!" *Science* 323, no. 5918 (2009): 1183, https://doi.org/10.1126/science.1167748.

12) 약어 뇌에 의존해서 결정을 내리는 사람이 자기 결정에 더 만족하며 그 결정이 자신의 진정한 자아를 반영한다고 느낀다. Sam J. Maglio and Taly Reich, "Feeling Certain: Gut Choice, the True Self, and Attitude Certainty," *Emotion* 19, no. 5 (2019): 876, https://doi.org/10.1037/emo0000490.
그리고 이들은 더 자발적으로 이런 결정을 지키려 한다. Sam J. Maglio and Taly Reich, "Choice Protection for Feeling-Focused Decisions," *Journal of Experimental Psychology: General* 149, no. 9 (2020): 1704–18, https://doi.org/10.1037/xge0000735.

13) Ambady and Rosenthal, "Thin Slices of Expressive Behavior as Predictors of Interpersonal Consequences: A Meta-analysis." *Psychological Bulletin* 111, no. 2 (1992): 256–274, https://doi.org/10.1037/0033-2909.111.2.256.

14) 위험, 스트레스 및 의사결정의 신경생물학을 다룬 책으로, 대단히 흥미로운 내용을

담고 있다. John Coates, *The Hour Between Dog and Wolf: How Risk Taking Transforms Us, Body and Mind* (New York: Penguin, 2012) [존 코츠, 《리스크 판단력: 위험은 '개와 늑대 사이의 시간'에 시작된다》, 문수민 옮김(책읽는수요일, 2013)].

15) Paul Rozin and April E. Fallon, "A Perspective on Disgust," *Psychological Review* 94, no. 1 (1987): 23–41, https://doi.org/10.1037/0033-295X.94.1.23.

16) 이 멋진 책은 실제로 교묘한 속임수를 쓰는 마술의 신경과학을 다룬다. Stephen Macknik, Susana Martinez-Conde, and Sandra Blakeslee, *Sleights of Mind: What the Neuroscience of Magic Reveals About Our Everyday Deceptions* (New York: Henry Holt, 2010) [스티븐 매크닉, 수사나 마르티네스 콘데, 《왜 뇌는 착각에 빠질까: 뇌과학이 들려주는 속임수의 원리》, 오혜경 옮김(21세기북스, 2012)].

17) Kristine R. Ehrich and Julie R. Irwin, "Willful Ignorance in the Request for Product Attribute Information," *Journal of Marketing Research* 42, no. 3 (2005): 266–77, https://psycnet.apa.org/record/2005-09529-008.

18) Zoe Chance, Michael I. Norton, Francesca Gino, and Dan Ariely, "Temporal View of the Costs and Benefits of Self-Deception," *Proceedings of the National Academy of Sciences* 108, no. 3 (2011): 15655–59, https://doi.org/10.1073/pnas.1010658108.

Zoe Chance and Michael I. Norton, "The What and Why of Self-deception," Current Opinion in *Psychology* 6 (2015): 104–7, https://doi.org/10.1016/j.copsyc.2015.07.008.

Zoe Chance, Francesca Gino, Michael I. Norton, and Dan Ariely, "The Slow Decay and Quick Revival of Self-deception," *Frontiers in Psychology* 6 (2015): 1075, https://doi.org/10.3389/fpsyg.2015.01075.

19) Eldar Shafir, "Choosing versus Rejecting: Why Some Options Are Both Better and Worse Than Others," *Memory and Cognition* 21, no. 4 (1993): 546–56, https://doi.org/10.3758/BF03197186.

20) 이 강력한 캠페인에서는 다른 동물들의 동영상도 찾아볼 수 있다. 픽셀 1개당 개체 수라는 최초의 개념은 세계자연기금World Wildlife Fund을 위해 하쿠호도Hakuhodo C&D의 미카이 요시유키Yoshiyuki Mikami, 호시노 나미Nami Hoshino, 모치즈키 카즈히로Kazuhiro Mochizuki가 만들어 냈다.

21) Michael S. Gazzaniga, "Cerebral Specialization and Interhemispheric Communication: Does the Corpus Callosum Enable the Human Condition?" *Brain* 123, no. 7 (2000): 1293–1326, https://doi.org/10.1093/brain/123.7.1293.

1) '하루 다섯 번' 캠페인과 일반적으로 습관에 관해 가장 권위 있는 과학이 겪은 대 실패를 상세히 설명한 책으로는 Wendy Wood, *Good Habits, Bad Habits: The Science of Making Positive Changes That Stick* (New York: Farrar, Straus and Giroux, 2019)[웬디 우드,《해빗: 내 안의 충동을 이겨내는 습관 설계의 법칙》, 김윤재 옮김(다산북스, 2019)]을 보라.

더 간략한 버전은 다음을 참조하라. Wendy Wood and David T. Neal, "Healthy Through Habit: Interventions for Initiating and Maintaining Health Behavior Change," *Behavioral Science and Policy* 2, no. 1 (2016): 71–83, https://doi.org/10.1353/bsp.2016.0008.

2) Jenny Hope, "Millions Spent on 5-a-Day Mantra but Now We're Eating Even LESS Vegetables," *Daily Mail*, April 9, 2010, https://www.dailymail.co.uk/health/article-1264937/Millions-spent-5-day-mantra-eating-LESS-vegetables.html.

Sarah Stark Casagrande, Youfa Wang, Cheryl Anderson, and Tiffany L. Gary, "Have Americans Increased Their Fruit and Vegetable Intake? The Trends Between 1988 and 2002," *American Journal of Preventive Medicine* 32, no. 4 (2007): 257–63, https://doi.org/10.1016/j.amepre.2006.12.002.

3) 양육 연구를 다루는 이 책이 상당히 흥미로워서 나는 아이들을 키우는 친구 여럿에게 이 책을 선물했다. Po Bronson and Ashley Merryman, *NurtureShock: New Thinking About Children* (New York: Twelve, 2009) [포 브론슨, 애쉴리 메리먼,《양육쇼크: 아이들에 대한 새로운 생각》, 이주혜 옮김(물푸레, 2014)].

원래의 맥매스터 연구는 다음을 보라. Helen Thomas, "Obesity Prevention Programs for Children and Youth: Why Are Their Results So Modest?" *Health Education Research* 21, no. 6 (2006): 783–95, https://doi.org/10.1093/her/cyl143.

4) Matthew Dixon, Nick Toman, and Rick DeLisi, *The Effortless Experience: Conquering the New Battleground for Customer Loyalty* (New York: Portfolio/Penguin, 2013) [매튜 딕슨, 닉 토만, 릭 델리시,《기업이 고객에게 원하는 단 한 가지》, 홍유숙 옮김(센시오, 2022)].

더 간략한 버전은 다음을 보라. Matthew Dixon, Karen Freeman, and Nicholas Toman, "Stop Trying to Delight Your Customers," *Harvard Business Review* (July–August 2010), accessed March 13, 2021, https://hbr.org/2010/07/stop-trying-to-delight-your-customers?registration=success.

5) Peter Henderson, "Some Uber and Lyft Riders Are Giving Up Their Own Cars: Reuters/Ipsos Poll," Reuters, May 25, 2017, https://www.reuters.com/

article/us-autos-rideservices-poll/some-uber-and-lyft-riders-are-giv-
ing-up-their-own-cars-reuters-ipsos-poll-idUSKBN18L1DA.

6) Frank J. Schwebel and Mary E. Larimer, "Using Text Message Reminders in Health Care Services: A Narrative Literature Review," *Internet Interventions* 13 (2018): 82–104, https://doi.org/10.1016/j.invent.2018.06.002.

7) *Building Behavioral Design Capacity in Financial Health*, Ideas 42, December 13, 2019, http://www.ideas42.org/blog/project/behavioral-design-project/.

8  Katie A. Kannisto, Marita H. Koivunen, and Maritta A. Välimäki, "Use of Mobile Phone Text Message Reminders in Health Care Services: A Narrative Literature Review," *Journal of Medical Internet Research* 16, no. 10 (2014): E222, https://doi.org/10.2196/jmir.3442.

9) Elyse O. Kharbanda, Melissa S. Stockwell, Harrison W. Fox, Raquel Andres, Marcos Lara, and Vaughn I. Rickert, "Text Message Reminders to Promote Human Papillomavirus Vaccination," *Vaccine* 29, no. 14 (2011): 2537–41, https://doi.org/10.1016/j.vaccine.2011.01.065.

10) William Humphrey Jr., Debbie Laverie, and Alison Shields, "Exploring the Effects of Encouraging Student Performance with Text Assignment Reminders," *Journal of Marketing Education* 43, no. 1 (2021): 91–102, http://dx.doi.org/10.1177/0273475319836271.

11) Alissa Fishbane, Aurelie Ouss, and Anuj K. Shah, "Behavioral Nudges Reduce Failure to Appear for Court," *Science* 370, no. 6517 (2020): 1–10, https://doi.org/10.1126/science.abb6591.

12) Katherine L. Milkman, Julia A. Minson, and Kevin G. M. Volpp, "Holding the Hunger Games Hostage at the Gym: An Evaluation of Temptation Bundling," *Management Science* 60, no. 2 (2014): 283–99, https://doi.org/10.1287/mnsc.2013.1784.

제3장: 세상을 구한 한 마디, "아니요"

1) 이 역사적 사건은 1998년에 유리 보틴체프Yuriy Vsyevolodovich Votintsev 전 미사일 방어 사령관의 회고록이 출간되면서 대중에게 알려지게 됐다. 페트로프에 따르면, 당시 자신의 상관이었던 보틴체프는 자신의 행동에 대해 "칭찬도 책망도 하지 않았다." 하지만 보틴체프는 이듬해에 조기 전역했다. 2013년에 드레스덴 평화상Dresden Peace Prize을 받았고 2017년에 사망했다. 나는 그를 다룬 다큐멘터리로 상을 받은 이 작품을 좋아한다. Peter Anthony (dir.), *The Man Who Saved the World*

(Statement Film, 2014), http://themanwhosavedtheworldmovie.com.

2)  Elwyn Brooks White, *Letters of E. B. White* (New York: Harper & Row, 1976).

3)  Adam Grant, *Give and Take: A Revolutionary Approach to Success* (New York: Penguin Books, 2013) [애덤 그랜트, 《기브앤테이크: 주는 사람이 성공한다》, 윤태준 옮김(생각연구소, 2013)].

4)  A. Grant, personal communication, July 5, 2021.

5)  스트레스와 소진이 사회 전체에 미치는 영향을 다룬 책으로 이보다 더 설득력 있는 책은 없다. Sendhil Mullainathan and Eldar Shafir, *Scarcity: Why Having Too Little Means So Much* (New York: Henry Holt, 2013) [센딜 멀레이너선, 엘다 샤퍼, 《결핍의 경제학: 왜 부족할수록 마음은 더 끌리는가》, 이경식 옮김(알에치코리아, 2014)].

6)  Robert F. Lusch and Ray R. Serpkenci, "Personal Differences, Job Tension, Job Outcomes, and Store Performance: A Study of Retail Managers," *Journal of Marketing* 54 (1990): 85–101, https://doi.org/10.1177%2F002224299005400106.

7)  Naomi I. Eisenberger and Matthew D. Lieberman, "Why Rejection Hurts: A Common Neural Alarm System for Physical and Social Pain," *Trends in Cognitive Sciences* 8, no. 7 (2004): 294–300, https://doi.org/10.1016/j.tics.2004.05.010.

8)  마음이 따뜻해지는 이 영상은 여기에서 볼 수 있다. Jia Jiang, *Rejection Therapy Day 3—Ask for Olympic Symbol Doughnuts. Jackie at Krispy Kreme Delivers!* (2012), accessed June 13, 2021, https://www.youtube.com/watch?v=7Ax2CsVbrX0. 그리고 그가 거절당한 일에 대해 더 많은 내용을 읽고 싶다면 다음을 보라. Jia Jiang, *Rejection Proof: How I Beat Fear and Became Invincible Through 100 Days of Rejection* (New York: Harmony, 2015) [지아 장, 《거절당하기 연습: 100번을 거절당하니 실패가 두렵지 않았다》, 임지연 옮김(한빛비즈, 2017)].

9)  제8장을 확인하라. 코츠는 또한 쥐를 대상으로 한 회복력 연구와 '강화된 개인'에 관한 연구를 설명하고 있다. John Coates, *The Hour Between Dog and Wolf: How Risk Taking Transforms Us, Body and Mind* (New York: Penguin, 2012).

10) 이 숫자는 내가 여러 영업 훈련 담당자와 영업 책임자에게서 들은 것이다. 이에 대한 학문적인 근거나 명망 있는 컨설팅 근거 자료를 찾으려 했지만 결국 찾지 못했다. 혹시 알고 있다면 알려주길 바란다.

11) Susan Cain, *Quiet: The Power of Introverts in a World That Can't Stop Talking* (New York: Random House, 2012) [수전 케인, 《콰이어트: 시끄러운 세상에서 조용히 세상을 움직이는 힘》, 김우열 옮김(알에치코리아, 2021)].

1) Jessica McCrory Calarco, *Negotiating Opportunities: How the Middle Class Secures Advantages in School* (New York: Oxford University Press, 2018).

2) Linda Babcock and Sara Laschever, *Women Don't Ask: Negotiation and the Gender Divide* (Princeton, N.J.: Princeton University Press, 2003 [린다 뱁콕, 사라 래시버, 《여자는 어떻게 원하는 것을 얻는가》, 김보영 옮김(한국경제신문사, 2012)].

3) David A. Frederick, H. Kate St. John, Justin R. Garcia, and Elisabeth A. Lloyd, "Differences in Orgasm Frequency Among Gay, Lesbian, Bisexual, and Heterosexual Men and Women in a U.S. National Sample," *Archives of Sexual Behavior* 47 (2018): 273 – 88, https://doi.org/10.1007/s10508-017-0939-z.

   모금이나 자선 기부에서 '그냥' 부탁하는 행동이 가지는 힘을 과소평가해서는 안 된다. 예컨대 유산 담당 변호사가 자기 의뢰인에게 그저 유산을 기부할 의향이 있는지 물으면 유증 횟수가 두 배에서 때로는 세 배까지 늘어난다. Michael Sanders and Sarah Smith, "A Warm Glow in the After Life? The Determinants of Charitable Bequests" (working paper no. 14/326, Centre for Market and Public Organisation, University of Bristol, Bristol, UK, June 2014), http://www.bristol.ac.uk/media-library/sites/cmpo/migrated/documents/wp326.pdf.
   Hugh Radojev, "Over 80 Per Cent of Public Donate to Charity Because They Are Asked, Says Survey," *Civil Society News,* May 12, 2017.

4) Jaewon Yoon, Grant Donnelly, and Ashley Whillans, "It Doesn't Hurt to Ask (for More Time): Employees Often Overestimate the Interpersonal Costs of Extension Requests" (working paper no. 19-064, Harvard Business School, Cambridge, Mass., 2019), https://www.hbs.edu/ris/Publication%20Files/19-064%20(3)_5758eb4a-6e1c-47dc-a4af-c21a958460d7.pdf.

5) Francis J. Flynn and Vanessa K. Bohns, "Underestimating One's Influence in Help-Seeking," in Douglas T. Kenrick, Noah J. Goldstein, and Sanford L. Braver, *Six Degrees of Social Influence: Science, Application, and the Psychology of Robert Cialdini* (New York: Oxford University Press, 2012), 14 – 26, https://doi.org/10.1093/acprof:osobl/9780199743056.003.0002.
   버네사 본스는 요청 및 도움에 관한 오해와 관련해 흥미로운 다른 연구 연구뿐만 아니라 우리 자신의 영향력에 대한 우리 자신의 오해에 관한 연구를 수행한 바 있다. Vanessa K. Bohns, *You Have More Influence Than You Think* (New York: W. W. Norton, 2021).

6) Jo Cutler and Daniel Campbell-Meiklejohn, "A Comparative fMRI Meta-Analysis of Altruistic and Strategic Decisions to Give," *Neuroimage* 184

(2019): 227–41, https://doi.org/10.1016/j.neuroimage.2018.09.009.

Lena Rademacher, Martin Schulte-Rüther, Bernd Hanewald, and Sarah Lammertz, "Reward: From Basic Reinforcers to Anticipation of Social Cues," in M. Wöhr and S. Krach, eds., *Social Behavior from Rodents to Humans, Current Topics in Behavioral Neurosciences,* vol. 30 (Cham, Denmark: Springer, 2015), 207–21, https://doi.org/10.1007/7854_2015_429.

7)  Ricky N. Lawton, Iulian Gramatki, Will Watt, and Daniel Fujiwara, "Does Volunteering Make Us Happier, or Are Happier People More Likely to Volunteer? Addressing the Problem of Reverse Causality When Estimating the Wellbeing Impacts of Volunteering," *Journal of Happiness Studies* 22 (2021): 599–624, https://doi.org/10.1007/s10902-020-00242-8.

Francesca Borgonovi, "Doing Well by Doing Good: The Relationship Between Formal Volunteering and Self-reported Health and Happiness," *Social Science and Medicine* 66, no. 11 (2008): 2321–34, https://doi.org/10.1016/j.socscimed.2008.01.011.

Stephanie L. Brown, Randolph M. Nesse, Amiram D. Vinokur, and Dylan M. Smith, "Providing Social Support May Be More Beneficial Than Receiving It: Results from a Prospective Study of Mortality," *Psychological Science* 14 (2003): 320–27, https://doi.org/10.1111%2F1467-9280.14461.

Stephen G. Post, "Altruism, Happiness, and Health: It's Good to Be Good," *International Journal of Behavioral Medicine* 12 (2005): 66–77, https://doi.org/10.1207/s15327558ijbm1202_4.

8)  Elizabeth W. Dunn, Lara B. Aknin, and Michael I. Norton, "Spending Money on Others Promotes Happiness," *Science* 319, no. 5870 (2008): 1687–88, https://doi.org/10.1126/science.1150952.

Lara B. Aknin, Christopher P. Barrington-Leigh, Elizabeth W. Dunn, et al., "Prosocial Spending and Well-being: Cross-cultural Evidence for a Psychological Universal," *Journal of Personality and Social Psychology* 104, no. 4 (2013): 635, https://doi.apa.org/doi/10.1037/a0031578.

Elizabeth W. Dunn, Claire E. Ashton-James, Margaret D. Hanson, and Lara B. Aknin, "On the Costs of Self-interested Economic Behavior: How Does Stinginess Get Under the Skin?" *Journal of Health Psychology* 15, no. 4 (2010): 627–33, https://doi.org/10.1177%2F1359105309356366.

9)  Lara B. Aknin, J. Kiley Hamlin, and Elizabeth W. Dunn, "Giving Leads to Happiness in Young Children," *PLoS One* 7, no. 6 (2012): E39211, https://doi.org/10.1371/journal.pone.0039211.

10)  물론 당신은 같은 사람에게 반복적으로 터무니없는 부탁을 하지 않을 것이다. 하

지만 당신은 이를 이미 알고 있다.

11) Robert B. Cialdini, Joyce E. Vincent, Stephen K. Lewis, Jose Catalan, Diane Wheeler, and Betty Lee Darby, "Reciprocal Concessions Procedure for Inducing Compliance: The Door-in-the-Face Technique," *Journal of Personality and Social Psychology* 31, no. 2 (1975): 206–15, https://doi.org/10.1037/h0076284.

2020년에 수행된 재현연구는 다음을 보라. Oliver Genschow, Marieka Westfal, Jan Crusius, Leon Bartosch, Kyra Isabel Feikes, Nina Pallasch, and Mirella Wozniak, "Does Social Psychology Persist over Half a Century? A Direct Replication of Cialdini et al.'s (1975) Classic Door-in-the-Face Technique," *Journal of Personality and Social Psychology* 120, no. 2 (1975): E1–E7, https://doi.org/10.1037/pspa000026.

12) KerryAnn O'Meara, Alexandra Kuvaeva, Gudrun Nyunt, Chelsea Waugaman, and Rose Jackson, "Asked More Often: Gender Differences in Faculty Workload in Research Universities and the Work Interactions That Shape Them," *American Educational Research Journal* 54 (2017): 1154–86, https://doi.org/10.3102/0002831217716767.

## 제4장: 카리스마의 유별난 특징

1) James W. Pennebaker, *The Secret Life of Pronouns: What Our Words Say About Us* (New York: Bloomsbury Press, 2011) [제임스 페니베이커, 《단어의 사생활: 우리는 모두, 단어 속에 자신의 흔적을 남긴다》, 김아영 옮김(사이, 2016)].

대명사에 관한 책 한 권을 전부 읽고 싶지 않다면 페니베이커의 연구 일부를 요약한 글을 다음에서 찾아볼 수 있다. James W. Pennebaker, "The Secret Life of Pronouns," *New Scientist* 211, no. 2828 (2011): 42–45, https://doi.org/10.1016/S0262-4079(11)62167-2.

이런 권력 및 지위 효과는 상황에 좌우되는 면이 굉장히 크다. 예컨대 연구자들은 온라인 게시판 커뮤니티에 글을 거의 올리지 않는 사람들은 (따라서 그 커뮤니티에서 지위가 낮고 또 그렇게 여겨진다) '나'라는 단어를 더 자주 사용한다는 사실을 알아냈다. Amanda Dino, Stephen Reysen, and Nyla R. Branscombe, "Online Interactions Between Group Members Who Differ in Status," *Journal of Language and Social Psychology* 28, no. 1 (2009): 85–93, https://doi.org/10.1177%2F0261927X08325916.

1인칭 대명사가 낮은 지위를 나타내는 유일한 언어학적 '실마리'는 아니다. 다른 하나는 전문 용어의 사용이다. Zachariah C. Brown, Eric M. Anicich, and Adam D. Galinsky, "Compensatory Conspicuous Communication: Low Status Increases Jargon Use," *Organizational Behavior and Human Decision Processes* 161 (2020): 274–90, http://dx.doi.org/10.1016/j.obhdp.2020.07.001.

그리고 학계에서 이메일 서명에 '박사'(Dr. 또는 PhD)를 사용하는 것도 마찬가지다. Cindy Harmon-Jones, Brandon J. Schmeichel, and Eddie Harmon-Jones, "Symbolic Self-Completion in Academia: Evidence from Department Web Pages and Email Signature Files," *European Journal of Social Psychology* 39, no. 2 (2009): 311–16, https://doi.org/10.1002/ejsp.541.

2) David M. Markowitz, "Academy Awards Speeches Reflect Social Status, Cinematic Roles, and Winning Expectations," *Journal of Language and Social Psychology* 37, no. 3 (2018): 376–87, https://doi.org/10.1177%2F0261927X17751012.

3) Ewa Kacewicz, James W. Pennebaker, Matthew Davis, Moongee Jeon, and Arthur C. Graesser, "Pronoun Use Reflects Standings in Social Hierarchies," *Journal of Language and Social Psychology* 33, no. 2 (2014): 125–43, https://doi.org/10.1177%2F0261927X13502654.

4) Stephanie Rude, Eva-Maria Gortner, and James Pennebaker, "Language Use of Depressed and Depression-vulnerable College Students," *Cognition and Emotion* 18, no. 8 (2004): 1121–33. https://www.tandfonline.com/doi/abs/10.1080/02699930441000030.

5) Eric Lofholm, *The System: The Proven 3-Step Formula Anyone Can Learn to Get More Leads, Book More Appointments, and Make More Sales* (Rocklin, CA: Eric Lofholm International, 2013), 59.

6) Diana I. Tamir and Jason P. Mitchell, "Disclosing Information About the Self Is Intrinsically Rewarding," *Proceedings of the National Academy of Sciences* 109, no. 21 (2012): 8038–43, https://doi.org/10.1073/pnas.1202129109.

7) Karen Huang, Michael Yeomans, Alison Wood Brooks, Julia Minson, and Francesca Gino, "It Doesn't Hurt to Ask: Question-Asking Increases Liking," *Journal of Personality and Social Psychology* 113, no. 3 (2017): 430–52, https://psycnet.apa.org/doi/10.1037/pspi0000097.

8) Arthur Aron, Edward Melinat, Elaine N. Aron, Robert Darrin Vallone, and Renee J. Bator, "The Experimental Generation of Interpersonal Closeness: A Procedure and Some Preliminary Findings," *Personality and Social Psychology Bulletin* 23, no. 4 (1997): 363–77, https://doi.org/10.1177%2F0146167297234003.

9) Dennis P. Carmody and Michael Lewis, "Brain Activation When Hearing One's Own and Others' Names," *Brain Research* 1116, no. 1 (2006): 153–58, https://doi.org/10.1016/j.brainres.2006.07.121.
당신의 뇌는 당신이 자고 있을 때도 당신 이름에 특별한 반응을 보인다. Fabien Perrin, Luis García-Larrea, François Mauguière, and Hélène Bastuji, "A Differential Brain Response to the Subject's Own Name Persists During Sleep," *Clinical Neurophysiology* 110, no. 12 (1999): 2153–64, https://doi.org/10.1016/S1388-2457(99)00177-7.

10) Casey A. Klofstad, Rindy C. Anderson, and Stephen Nowicki, "Perceptions of Competence, Strength, and Age Influence Voters to Select Leaders with Lower-pitched Voices," *PLoS One* 10, no. 8 (2015): E0133779, https://doi.org/10.1371/journal.pone.0133779.

11) Cara C. Tigue, Diana Borak, Jillian O'Connor, Charles Schandl, and David Feinberg, "Voice Pitch Influences Voting Behavior," *Evolution and Human Behavior* 33 (2012): 210–16, https://doi.org/10.1016/j.evolhumbehav.2011.09.004.

12) Casey Klofstad, Rindy Anderson, and Susan Peters, "Sounds like a Winner: Voice Pitch Influences Perception of Leadership Capacity in Men and Women," *Proceedings of the Royal Society B: Biological Sciences* 279, no. 1738 (2012): 2698–704, http://dx.doi.org/10.1098/rspb.2012.0311.

13) 기자였던 로버트 스타인Robert Stein은 '두 명의 마릴린'을 만났던 일에 관해 쓰고 있다. 하나는 조용하고 수줍음을 타고 심지어 무대 뒤에서는 아름답지도 않았던 마릴린 먼로와 다른 하나는 대중에 알려진 관능적인 금발 미녀였다. "가까이서 보면 그녀의 얼굴은 테크니컬러의 홍조라고는 전혀 없는 창백하고 연약한 모습이었다. 그녀의 눈에서는 스크린에서 뿜어져 나오던 자신감이라고는 전혀 찾아볼 수 없었다." 지하철에서 아무도 그녀를 알아보지 못했다. 하지만 다시 거리로 나오자 그녀는 "코트를 벗고 머리를 풍성하게 보이도록 손질하고서 포즈를 취하면서 등을 구부렸다. 순식간에 그녀는 사람들에 둘러싸였고 사람들이 서로를 밀쳐대는 통에 두려웠던 몇 분이 지고서야 그녀는 다시 코트를 걸치고 점점 늘어나는 군중을 헤치고 빠져나왔다." Robert Stein, "Do You Want to See Her?" *American Heritage* 56, no. 6 (November/December 2005), https://www.americanheritage.com/do-you-want-see-her.
올리비아 폭스 카반Olivia Fox Cabane이 이 이야기와 그 밖에 멋진 이야기들을 공유해 줬다. Olivia Fox Cabane, *The Charisma Myth: How Anyone Can Master the Art and Science of Personal Magnetism* (New York: Portfolio/Penguin, 2013) [올리비아 폭스 카반, 《카리스마, 상대를 따뜻하게 사로잡는 힘》, 이세진 옮김(갈매나무, 2013)].

14) 사람들이 죽음보다 대중 앞에서 말하기를 더 두려워한다는, 널리 회자되는 '사실' 이 있다. 물론 이는 사실이 아니다. 몇몇 연구에서 사람들에게 목록 중에서 자신들 이 두려워하는 것에 체크 표시해 달라고 요청했는데 더 많은 사람이 다른 어떤 것 보다 '대중 앞에서 말하기'에 표시한 것으로 밝혀졌다. 하지만 일반적으로 우리는 눈앞에 직면하지 않으면 그 일을 두려워하지 않는다(죽음이나 상어 따위보다 대중 앞 에서 말하기가 더 자주 언급되는 이유다). 그리고 이런 목록은 자신이 가치가 없다든가 사랑받지 못한다든가 하는 현실적이고 가장 깊은 공포를 등한시한다. 사람들이 대 부분 대중 앞에서 말하기에 다소의 불편함과 불안감을 가지고 있는 게 맞지만 대 중 앞에서 말하기를 죽기보다 더 두려워한다는 '사실'은 잘못된 조사 설계가 만들 어 낸 가공의 산물에 지나지 않는다.

브로드웨이 스타들과 토니상 후보로 지명됐던 배우들을 포함해 성공적으로 경력 을 이어가고 있는 전문 배우들을 대상으로 실시된 조사에서 84퍼센트가 무대 공 포증을 겪고 있다고 보고됐다. 전문적인 강사이자 전직 배우인 나 역시 무대 공 포증이 있다. Gordon Goodman and James C. Kaufman, "Gremlins in My Head: Predicting Stage Fright in Elite Actors," *Empirical Studies of the Arts* 32, no. 2 (2014): 133–48, https://doi.org/10.2190%2FEM.32.2.b.

15) 잠시 멈춤이 중요하다는 건 알았지만 제러미 도너번Jeremey Donovan이 객원 강사 및 발표 코치로 우리 강의를 찾아 왔을 때까지 그게 얼마나 중요한지 몰랐다. 나 는 그의 책을 읽은 후 그에게 팬레터를 써 보냈고 제러미는 대부분 잠시 멈춤에 관 한 내용으로 학생들을 코칭하게 됐다. 그의 코칭은 큰 변화를 불러왔다. Jeremey Donovan, *How to Deliver a TED Talk: Secrets of the World's Most Inspiring Presentations* (New York: McGraw-Hill Education, 2013) [제러미 도너번, 《TED 프리젠테이션: 세계가 감동하는 TED, 12가지 비밀》, 김지향 옮김(인사이트앤뷰, 2020)].

16) Joey Asher, 15 *Minutes Including Q and A: A Plan to Save the World from Lousy Presentations* (Atlanta: Persuasive Speaker Press, 2010).

## 제4와 ½장: 진실의 순간들

1) 알려진 바에 따르면 프록터 앤 갬블이 '진실의 순간'이라는 개념을 만들어 냈다고 하지만 실제로 영향력이라는 맥락에서 이 문구를 만들어 낸 사람은 스칸디나비아 항공의 전직 최고경영자였던 얀 칼손Jan Carlzon이었다. Jan Carlzon, *Moments of Truth* (New York: Harper Perennial, 1989).

2) 상을 받은 이 천재적인 '레인코드' 캠페인은 지오메트리 글로벌Gemetry Gobal의 케 니 블루멘샤인Kenny Blumenschein, 폴 호Paul Ho, 션 첸Sean Chen과 폴 신Paul Sin이 주 도했다.

3) 상을 받은 이 천재적인 캠페인은 리오 버넷 테일러 메이드Leo Burnett Taylor Made의 마르셀로 레이스Marcelo Reis, 길레미 자하라Guilherme Jahara, 로드리고 자텐Rodrigo Jatene, 마르셀로 리제리오Marcelo Rizério, 크리스티안 폰타나Christian Fontana가 주도했다. 이 캠페인은 단 여섯 개의 페이스북 포스팅만으로 소셜미디어상에서 1억 7,200만 명에게 다가갔고 2,200만 달러의 홍보 효과를 거뒀다. 총비용으로 6천 달러밖에 쓰지 않고도 역사상 세계에서 가장 성공적인 광고 투자 중 하나로 이름을 남겼다(이 내용을 공유해 준 셰인에게 감사의 마음을 전한다).

사람들이 장기 기증자가 될지를 결정하는 가장 큰 요인은 여전히 용이성이다. 국가별 장기 기증률의 거의 모든 차이는 용이성, 즉 옵트-인opt-in(죽기 전에 기증 의사를 밝힌 사람만을 대상으로 장기기증을 허용하는 제도—옮긴이) 대 옵트-아웃opt-out(장기기증을 거부한다는 의사를 밝히지 않았다면 기증 여부를 밝히지 않은 사람까지 잠재적 기증자로 추정해 장기기증을 가능하게 하는 제도—옮긴이) 정책의 차이로 설명할 수 있다. 네모 칸에 아무 표시도 하지 않는 것만큼 쉬울 리 없겠지만, 네모 칸에 옵트-인이나 옵트-아웃을 체크 표시하기는 쉽다. Eric J. Johnson and Daniel Goldstein, "Do Defaults Save Lives?" *Science* 302, no. 5649 (2003): 1338–39, https://doi.org/10.1126/science.1091721.

4) Nira Liberman and Yaacov Trope, "The Role of Feasibility and Desirability Considerations in Near and Distant Future Decisions: A Test of Temporal Construal Theory," *Journal of Personality and Social Psychology* 75, no. 1 (1998): 5–18, https://doi.org/10.1037/0022-3514.75.1.5.
Yaacov Trope and Nira Liberman, "Temporal Construal," *Psychological Review* 110, no. 3 (2003): 403–21, https://doi.org/10.1037/0033-295x.110.3.403.

5) David W. Nickerson and Todd Rogers, "Do You Have a Voting Plan?: Implementation Intentions, Voter Turnout, and Organic Plan Making," *Psychological Science* 21, no. 2 (2010): 194–99, https://doi.org/10.1177/0956797609359326.

6) 이 발칙한 캠페인은 남아프리카에 소재한 로우 불Lowe Bull의 매튜 불Matthew Bull, 로저 폴스Roger Paulse, 마일즈 로드Myles Lord, 제이슨 켐펜Jason Kempen이 주도했다.


## 제5장: 인생을 바꾸는 단순한 프레임의 마법

1) 정말 그렇다. 데런 브라운은 상을 받은 무대 공연자이기도 하지만 심리학, 마법 그리고 행복을 다룬 재미있고 지적인 책을 여러 권 쓰기도 한 베스트셀러 작가다. 강의 시간에 우리는《마음의 속임수》Tricks of the Mind에서 가짜 독심술에 대해 배웠고, 영향력의 어두운 측면을 알기 위해 〈푸시〉The Push를 시청했다. 당신이 심리학

덕후라면 밀그램 실험Milgram experiment을 재현한 〈하이스트〉The Heist를 재미있게 볼 수 있겠다(하지만 내가 가장 좋아하는 쇼는 〈종말과 공포〉Apocalypse다. 브라운 역시 이 쇼가 자신이 가장 좋아하는 쇼라고 내게 밝혔다). Derren Brown, *Tricks of the Mind* (London: Transworld, 2006).

2) 이 영상은 온라인에서 찾아볼 수 있고 친구들을 상대로 이 실험을 실행해 볼 수도 있다. 친구들이 꽤 흥분할 거다. Daniel J. Simons and Christopher F. Chabris, "Gorillas in Our Midst: Sustained Inattentional Blindness for Dynamic Events," *Perception* 28, no. 9 (1999): 1059–74, https://doi.org/10.1068/p281059.

3) Sendhil Mullainathan and Eldar Shafir, *Scarcity: Why Having Too Little Means So Much* (New York: Henry Holt, 2013).

4) 아직 프랭크 런츠에 대해서 모른다면 그가 광범위한 쟁점에 대해서 미국 정치에 미친 영향력에 놀랄 것이다. 내가 이 책을 쓰고 있을 때 런츠는 톰 프리든Tom Frieden 전 CDC(미국 질병통제예방센터) 국장과 협력해 백신 접종을 망설이는 트럼프 지지 자들이 코로나 백신을 접종하도록 해 줄 프레임을 찾고 있었다(이들이 가장 큰 효과 를 본 메시지는 '지금까지 이 백신이 제공된 의사의 90퍼센트 이상이 백신 접종을 선택했다' 는 것이었다). Frank Luntz, *Words That Work: It's Not What You Say, It's What People Hear* (New York: Hachette Books, 2008). [프랭크 런츠,《먹히는 말: 단숨 에 꽂히는 언어의 기술》, 채은진 옮김(쌤앤파커스, 2007)]

5) Grant E. Donnelly, Cait Lamberton, Stephen Bush, Zoe Chance, and Michael I. Norton, " 'Repayment-by-Purchase' Helps Consumers to Reduce Credit Card Debt" (working paper no. 21-060, Harvard Business School, Cambridge, Mass., 2020), http://dx.doi.org/10.2139/ssrn.3728254.

6) David Gal and Blakeley B. McShane, "Can Small Victories Help Win the War? Evidence from Consumer Debt Management," *Journal of Marketing Research* 49, no. 3 (2012): 487–501, https://doi.org/10.1509%2Fjmr.11.0272. Ran Kivetz, Oleg Urminsky, and Yuhuang Zheng, "The Goal-Gradient Hypothesis Resurrected: Purchase Acceleration, Illusionary Goal Progress, and Customer Retention," *Journal of Marketing Research* 43, no. 1 (2006): 39–58, https://doi.org/10.1509%2Fjmkr.43.1.39. Yan Zhang and Leilei Gao, "Wanting Ever More: Acquisition Procedure Motivates Continued Reward Acquisition," *Journal of Consumer Research* 43, no. 2 (2016): 230–45, https://doi.org/10.1093/jcr/ucw017.

7) 스파크 뉴로Spark Neuro의 연구자들은 '기후위기', '환경파괴'(이 표현은 '기후위기'보 다 공화당 지지자들에게 더 높은 정서적 반응을 불러왔다), '환경붕괴'(environmental collapse)와 '기후불안정'(weather destabilization)을 테스트했다. 이 내용은 여기에서 읽어 볼 수 있다. Kate Yoder, "Why Your Brain Doesn't Register the Words

'Climate Change,'" *Grist*, April 29, 2019, https://grist.org/article/why-your-brain-doesnt-register-the-words-climate-change/.

8) 치알디니는 이 이야기를《설득의 심리학》의 후속작에서 공유해 줬다. 뛰어난 책이다. Robert Cialdini, *Pre-Suasion: A Revolutionary Way to Influence and Persuade* (New York: Simon and Schuster, 2016). [로버트 치알디니,《초전 설득: 절대 거절할 수 없는 설득 프레임》, 김경일 옮김(21세기북스, 2021)]

9) Bluma Zeigarnik, "On Finished and Unfinished Tasks," in W. D. Ellis, ed., *A Source Book of Gestalt Psychology* (London: Routledge and Kegan, 1938), 300–314.

10) Marie Kondo, *The Life-Changing Magic of Tidying Up: The Japanese Art of Decluttering and Organizing* (Berkeley, Calif.: Ten Speed Press, 2014). [곤도 마리에,《정리의 힘》, 홍성민 옮김(웅진지식하우스, 2020)]

## 제6장: 내 안의 두 살배기

1) Arne Öhman, Anders Flykt, and Francisco Esteves, "Emotion Drives Attention: Detecting the Snake in the Grass," *Journal of Experimental Psychology: General* 130, no. 3 (2001): 466–78, https://doi.org/10.1037/0096-3445.130.3.466.

2) Nobuyuki Kawai and Hongshen He, "Breaking Snake Camouflage: Humans Detect Snakes More Accurately Than Other Animals Under Less Discernible Visual Conditions," *PLoS One* 11, no. 10 (2016): E0164342, https://doi.org/10.1371/journal.pone.0164342.

3) 독창적이고 우아한 '전망이론'을 다룬 논문으로는 Daniel Kahneman and Amos Tversky, "Prospect Theory: An Analysis of Decision Under Risk," *Econometrica* 47, no. 2 (1979): 263–92, https://doi.org/10.1142/9789814417358_0006.
저자들은 여러 학문 분과에 걸친 150편의 논문에 실린 600개의 연구의 측정 자료를 취합한 결과, 평균 손실 회피 계수mean loss aversion coefficient가 1.8에서 2.1 사이에 있다는 사실을 발견했다. Alexander L. Brown, Taisuke Imai, Ferdinand Vieider, and Colin F. Camerer, "Meta-analysis of Empirical Estimates of Loss-Aversion" (CESifo working paper no. 8848, 2021), https://ssrn.com/abstract=3772089.
이 책을 쓰는 시점에 현실 세계에서 손실 회피가 우세한가를 둘러싼 논쟁이 있기도 했다. David Gal and David D. Rucker, "The Loss of Loss Aversion: Will It Loom Larger Than Its Gain?" *Journal of Consumer Psychology* 28, no. 3

(2018): 497–516, https://doi.org/10.1002/jcpy.1047.

4)  이 연구에서 반발 효과는 오로지 남자아이들에게서만 나타났다. 젠더 차이를 발견
    한 연구도 있고 그렇지 않은 연구도 있다. 나이 차이 역시 역할을 하며, 사람에 따
    라서 다른 사람보다 더 반발이 강한 경우도 있다. Sharon S. Brehm and Marsha
    Weinraub, "Physical Barriers and Psychological Reactance: 2-yr-olds' Re-
    sponses to Threats to Freedom," *Journal of Personality and Social Psychol-
    ogy* 35, no. 11 (1977): 830–36, https://psycnet.apa.org/doi/10.1037/0022-
    3514.35.11.830.
    다음 논문은 반발 이론을 다룬 여러 연구를 요약하고 있다. Anca M. Miron
    and Jack W. Brehm, "Reactance Theory—40 Years Later," *Zeitschrift für
    Sozialpsychologie* 37, no. 1 (2006): 9–18, https://doi.org/10.1024/0044-
    3514.37.1.9.
    (당신도 알다시피) '비싸게 구는' 사람들이 더 매력적일 수 있다. Erin R.
    Whitchurch, Timothy D. Wilson, and Daniel T. Gilbert, " 'He Loves Me,
    He Loves Me Not …': Uncertainty Can Increase Romantic Attraction,"
    *Psychological Science* 22, no. 2 (2011): 172–75, https://doi.org/10.1177%
    2F0956797610393745.
    또한, 금지된 대상은 더 좋게 기억되고 더 빨리 인식된다. Grace Truong, David
    J. Turk, and Todd C. Handy, "An Unforgettable Apple: Memory and Atten-
    tion for Forbidden Objects," *Cognitive, Affective, and Behavioral Neurosci-
    ence* 13, no. 4 (2013): 803–13, https://link.springer.com/article/10.3758/
    s13415-013-0174-6.

5)  B. F. Skinner, *About Behaviorism* (New York: Knopf, 1974). [B. F. 스키너, 《스키
    너의 행동심리학》, 이신영 옮김(교양인, 2017)]

6)  때때로 특정한 문제를 강렬하게 느끼는 사람들은 훨씬 더 극단적인 관점을 채택
    함으로써 모순되는 정보에 대응하는데 이를 '역화 효과'라고 한다. 이 효과가 처
    음으로 보고됐을 때 엄청난 미디어의 관심을 끌었고 사람들은 이 효과가 일반적
    이라고 짐작했다. 하지만 이제는 그렇지 않다는 사실을 안다. Zak L. Tormala
    and Richard E. Petty, "What Doesn't Kill Me Makes Me Stronger: The Ef-
    fects of Resisting Persuasion on Attitude Certainty," *Journal of Personal-
    ity and Social Psychology* 83, no. 6 (2002): 1298, https://psycnet.apa.org/
    doi/10.1037/0022-3514.83.6.1298.
    Brendan Nyhan and Jason Reifler, "When Corrections Fail: The Per-
    sistence of Political Misperceptions," *Political Behavior* 32, no. 2 (2010):
    303–30, https://doi.org/10.1007/s11109-010-9112-2.
    Todd Wood and Ethan Porter, "The Elusive Backfire Effect: Mass Atti-
    tudes' Steadfast Factual Adherence," *Political Behavior* 41, no. 1 (2019):

135–63, https://doi.org/10.1007/s11109-018-9443-y.

Brendan Nyhan, "Why the Backfire Effect Does Not Explain the Durability of Political Misperceptions," *Proceedings of the National Academy of Sciences* 118, no. 15 (2021): e1912440117, https://doi.org/10.1073/pnas.1912440117.

7)  Raj Raghunathan, Rebecca W. Naylor, and Wayne D. Hoyer, "The Unhealthy = Tasty Intuition and Its Effects on Taste Inferences, Enjoyment, and Choice of Food Products," *Journal of Marketing* 70, no. 4 (2006): 170–84, https://doi.org/10.1509%2Fjmkg.70.4.170.

8)  Julia A. Minson and Benoît Monin, "Do-gooder Derogation: Disparaging Morally Motivated Minorities to Defuse Anticipated Reproach," *Social Psychological and Personality Science* 3, no. 2 (2012): 200–207, https://doi.org/10.1177%2F1948550611415695.

9)  나는 이것을 전직 FBI 인질 협상전문가인 크리스 보스에게 배웠다. 보스는 '왜'라고는 적게 묻고 '어떻게'와 '무엇을'을 더 많이 묻도록 내게 영향을 줬다. 강의에서 우리는 심야 FM DJ 목소리로 연습하다가 빵 터지기도 한다. Chris Voss and Tahl Raz, *Never Split the Difference* (New York: Harper Business, 2016).

10)  Leon Festinger and James M. Carlsmith, "Cognitive Consequences of Forced Compliance," *Journal of Abnormal and Social Psychology* 58 (1959): 203–10, https://doi.org/10.1037/h0041593.

11)  이 연구는 아일릿 그니지Ayelet Gneezy, 스티븐 스필러Stephen Spiller와 댄 애리얼리 Dan Ariely가 수행했고,《상식 밖의 경제학》Predictably Irrational에서 보고됐다. 내 학생들이 공짜로 5달러 지폐를 주려고 하는 비슷한 실험을 진행했는데 학생들이 다가가 사람의 약 절반 정도가 돈 받기를 거부했다. Dan Ariely, *Predictably Irrational: The Hidden Forces That Shape Our Decisions* (New York: Harper Collins, 2009). [댄 애리얼리,《상식 밖의 경제학》, 장석훈 옮김(청림출판, 2018)]

12)  이 간단한 아이디어가 상황을 완전히 바꿔 놓는다. 나는 이것을 마이크 팬털론Mike Patalon에게 배웠다. 마이크는 예일대학교 병원 응급센터ER 소속 심리학자로서 단 몇 분만 주어지면 사람들이 중독에서 벗어나는 일처럼 어려운 일을 해내도록 설득했다. 훌륭한 책을 쓰기도 했다. Michael Pantalon, *Instant Influence: How to Get Anyone to Do Anything—Fast* (New York: Little, Brown, 2011).
    마이크의 작업은 동기 면담, 즉 사람들에게 질문을 던져 자기 삶에 변화를 일으키도록 사람들을 설득하는 분야의 연구에 바탕을 두고 있다. William R. Miller and Stephen Rollnick, *Motivational Interviewing: Helping People Change* (New York: Guilford Press, 2012).

13)  그녀가 쓴 기사가 내가 '점잖은 초식공룡'을 우연히 발견한 유일한 곳이다. 나는 점 잖게 계속하는 행동을 대표하는 이 프레임을 좋아하고 내 학생들도 마찬가지다.

Jessica Winter, "The Kindly Brontosaurus," *Slate*, August 14, 2013, https://slate.com/human-interest/2013/08/the-kindly-brontosaurus-the-amazing-prehistoric-posture-that-will-get-you-whatever-you-want.html.

**제6과 ½장: 귀 기울여 듣기**

1) 거짓 극화 편향은 악어 뇌의 지름길에서 비롯된다. 일단 우리가 어떤 것을 우리 머릿속에서 범주별로 조직하게 되면 우리는 그런 범주 간의 차이를 과장한다. 이 저자들이 지적하듯, 심지어 다양한 자주색의 색조를 '빨강'이나 '파랑'으로 분류하면 그런 색조들은 실제와 더 다르게 나타난다. Jacob Westfall, Leaf Van Boven, John R. Chambers, and Charles M. Judd, "Perceiving Political Polarization in the United States: Party Identity Strength and Attitude Extremity Exacerbate the Perceived Partisan Divide," *Perspectives on Psychological Science* 10, no. 2 (2015): 145 – 58, https://doi.org/10.1177/1745691615569849. 이 이미지는 다음 논문에서 가져왔다. Samantha L. Moore-Berg, Lee-Or Ankori-Karlinsky, Boaz Hameiri, and Emile Bruneau, "Exaggerated Meta-Perceptions Predict Intergroup Hostility Between American Political Partisans," *Proceedings of the National Academy of Sciences* 117, no. 26 (2020): 14864 – 72, https://doi.org/10.1073/pnas.2001263117.
거짓 동의 편향false consensus bias도 있다. 우리는 우리를 좋아하거나 우리가 좋아하는 사람들이 실제보다 더 우리 생각에 동의할 것이라고 상상한다. Sharad Goel, Winter Mason, and Duncan J. Watts, "Real and Perceived Attitude Agreement in Social Networks," *Journal of Personality and Social Psychology* 99, no. 4 (2010): 611, https://psycnet.apa.org/doi/10.1037/a0020697.

2) Yudkin, Hawkins, and Dixon, "The Perception Gap: How False Impressions Are Pulling Americans Apart." (More in Common white paper, June 2019), https://psyarxiv.com/r3h5q/download?format=pdf.를 보라.
또한 기후에 관해서는 다음을 보라. Adina T. Abeles, Lauren C. Howe, Jon A. Krosnick, and Bo MacInnis, "Perception of Public Opinion on Global Warming and the Role of Opinion Deviance," *Journal of Environmental Psychology* 63 (2019): 118 – 29, https://doi.org/10.1016/j.jenvp.2019.04.001.
미디어 보도도 이 문제에 한몫한다. Matthew Levendusky and Neil Malhotra, "Does Media Coverage of Partisan Polarization Affect Political Attitudes?" *Political Communication* 33, no. 2 (2016): 283 – 301, https://doi.org/10.1080/10584609.2015.1038455.
그리고 소셜미디어 역시 이 문제에 한몫하는데 이는 격분과 혐오처럼 도덕적-감정적 내용을 담은 메시지가 악어 뇌의 주의를 더 끌고 더 높은 참여를 추동하기 때문이다. William J. Brady, Julian A. Wills, John T. Jost, Joshua A. Tucker, and Jay J. Van Bavel, "Emotion Shapes the Diffusion of Moralized Content in Social Networks," *Proceedings of the National Academy of Sciences* 114, no. 28 (2017): 7313-18, https://doi.org/10.1073/pnas.1618923114.

3) Daniel Yudkin, Stephen Hawkins, and Tim Dixon, "The Perception Gap." 자신의 인식 차이를 다음 링크에서 테스트해 볼 수 있다. (June 2021): https://perceptiongap.us.

4) Juliana Schroeder, Michael Kardas, and Nicholas Epley, "The Humanizing Voice: Speech Reveals, and Text Conceals, a More Thoughtful Mind in the Midst of Disagreement," *Psychological Science* 28, no. 12 (2017): 1745-62, https://doi.org/10.1177%2F0956797617713798.

5) Matthew D. Lieberman, Naomi I. Eisenberger, Molly J. Crockett, Sabrina M. Tom, Jennifer H. Pfeifer, and Baldwin M. Way, "Putting Feelings into Words," *Psychological Science* 18, no. 5 (2007): 421-28, https://doi.org/10.1111%2Fj.1467-9280.2007.01916.x.

6) 당신이 누군가와 공통되는 뭔가를 상기시키면 그것이 임의적이라 해도 당신은 그 사람들을 더 가깝게 느끼게 된다. Jay J. Van Bavel, Dominic J. Packer, and William A. Cunningham, "Modulation of the Fusiform Face Area Following Minimal Exposure to Motivationally Relevant Faces: Evidence of In-Group Enhancement (Not Out-Group Disregard)," *Journal of Cognitive Neuroscience* 23, no. 11 (2011): 3343-54, https://doi.org/10.1162/jocn_a_00016.

7) Lisa J. Burklund, J. David Creswell, Michael R. Irwin, and Matthew D. Lieberman, "The Common and Distinct Neural Bases of Affect Labeling and Reappraisal in Healthy Adults," *Frontiers in Psychology* 5 (2014): 221, https://doi.org/10.3389/fpsyg.2014.00221.

**제7장: 창의적 협상**

1) 이 회사의 고위 경영자 중 한 사람이다. Ginger Graham, "If You Want Honesty, Break Some Rules," *Harvard Business Review* 80, no. 4 (2002): 42-47, 124, https://hbr.org/2002/04/if-you-want-honesty-break-some-rules.

2) *"Salary and Compensation Statistics on the Impact of COVID-19,"* Randstad, 2020, https://rlc.randstadusa.com/for-business/learning-center/future-workplace-trends/randstad-2020-compensation-insights.

3) Jessica McCrory Calarco, *Negotiating Opportunities: How the Middle Class*

*Secures Advantages in School* (New York: Oxford University Press, 2018).

4) *Reinvent Opportunity: Looking Through a New Lens*, Accenture, 2011, https://www.accenture.com/t20160127T035320Z__w__/us-en/_acnmedia/Accenture/Conversion-Assets/DotCom/Documents/About-Accenture/PDF/1/Accenture-IWD-Research-Embargoed-Until-March-4-2011.pdf. 액센츄어 조사에 대한 세부 사항을 좀 더 살펴보면 사람들의 25퍼센트가 자기 기대보다 많은 금액을 받았고, 이에 더해 38퍼센트는 기대했던 만큼 연봉이 인상됐으며, 17퍼센트는 더 많은 금액을 받았지만 원했던 만큼은 아니었고, 5퍼센트는 연봉이 인상되지는 않았지만 다른 형태의 인센티브를 얻었다.
단 15퍼센트만이 아무것도 얻지 못했다. Kimberly Weisul, "Easiest Way to Get a Raise and Promotion," CBS News, March 9, 2011, https://www.cbsnews.com/news/easiest-way-to-get-a-raise-and-promotion/.

5) Neil Rackham, "The Behavioral Approach to Differences Among Negotiators," in Roy J. Lewicki, David M. Saunders, and John W. Minton, eds., *Negotiation: Readings, Exercises, and Cases* (Boston: Irwin/McGraw-Hill, 1999), 387-389.

6) 너그러운 최초의 제안이 호혜적인 너그러움을 불러온다. Martha Jeong, Julia A. Minson, and Francesca Gino, "In Generous Offers I Trust: The Effect of First-Offer Value on Economically Vulnerable Behaviors," *Psychological Science* 31, no. 6 (2020): 644-53, https://doi.org/10.1177%2F0956797620916705.
좋은 사람들이 부서 간 협상에서 더 나은 결과를 얻었다. Aukje Nauta, Carsten K. De Dreu, and Taco Van Der Vaart, "Social Value Orientation, Organizational Goal Concerns and Interdepartmental Problem-solving Behavior," *Journal of Organizational Behavior* 23, no. 2 (2002): 199-213, https://doi.org/10.1002/job.136.
컴퓨터 대리인과 협상을 한 사람들이 만족감을 더 크게 느꼈고, 더 기꺼이 친구에게 권하려고 했으며, 컴퓨터 대리인이 따뜻한 경우 더 기꺼이 재협상하려고 했다. Pooja Prajod, Mohammed Al Owayyed, Tim Rietveld, Jaap-Jan van der Steeg, and Joost Broekens, "The Effect of Virtual Agent Warmth on Human-Agent Negotiation," *Proceedings of the 18th International Conference on Autonomous Agents and MultiAgent Systems* (2019): 71-76, http://ii.tudelft.nl/~joostb/files/AAMAS2019.pdf.
하지만 사람이 좋다고 항상 이기는 것은 아니다. 여기에는 반대 사례가 있다. 이 연구에서는 '사람 좋음'은 자신에게 집중하고 자신을 낮추며 불확실성이라고 그리고 '완강함'은 절박함이라고 증명된다. 따라서 진짜 이야기는 더 복잡하다. Martha Jeong, Julia Minson, Michael Yeomans, and Francesca Gino, "Communi-

cating with Warmth in Distributive Negotiations Is Surprisingly Counter-productive," *Management Science* 65, no. 12 (2019): 5813–37, https://doi.org/10.1287/mnsc.2018.3199.

7) Daniel Mochon, "Single-Option Aversion," *Journal of Consumer Research* 40, no. 3 (2013): 555–66, https://doi.org/10.1086/671343.

8) Geoffrey J. Leonardelli, Jun Gu, Geordie McRuer, Victoria H. Medvec, and Adam D. Galinsky, "Multiple Equivalent Simultaneous Offers (MESOs) Reduce the Negotiator Dilemma: How a Choice of First Offers Increases Economic and Relational Outcomes," *Organizational Behavior and Human Decision Processes* 152 (2019): 64–83, https://doi.org/10.1016/j.obhdp.2019.01.007.

9) Itamar Simonson, "Choice Based on Reasons: The Case of Attraction and Compromise Effects," *Journal of Consumer Research* 16, no. 2 (1989): 158–74, https://doi.org/10.1086/209205.

10) Drazen Prelec, Birger Wernerfelt, and Florian Zettelmeyer, "The Role of Inference in Context Effects: Inferring What You Want from What Is Available," *Journal of Consumer Research* 24, no. 1 (1997): 118–25, https://doi.org/10.1086/209498.

11) Carl Shapiro and Hal R. Varian, *Information Rules: A Strategic Guide to the Network Economy* (Boston: Harvard Business School Press, 1998).

## 제7과 ½장: 여성으로 협상하기

1) Jennifer Lawrence, "Why Do I Make Less Than My Male Co-Stars?" *Lenny*, October 13, 2015, https://us11.campaign-archive.com/?u=a5b04a26aae-05a24bc4efb63e&id=64e6f35176&e=1ba99d671e#wage.

2) Diane Domeyer, "*How Women Can Negotiate Salary*," Robert Half Blog, March 2, 2020, https://www.roberthalf.com/blog/salaries-and-skills/how-women-can-negotiate-salary-with-confidence.

3) Benjamin Artz, Amanda H. Goodall, and Andrew J. Oswald, "Do Women Ask?" *Industrial Relations* 57, no. 4 (2018): 611–36, https://doi.org/10.1111/irel.12214.

4) 51개 연구에 대한 메타분석에서 젠더 격차 대부분이 결국 관행으로 굳어진다는 사실이 밝혀졌다. Jens Mazei, Joachim Hüffmeier, Philipp Alexander Freund, Alice F. Stuhlmacher, Lena Bilke, and Guido Hertel, "A Meta-Analysis on Gender Differences in Negotiation Outcomes and Their Moderators,"

*Psychological Bulletin* 141, no. 1 (2015): 85–104, https://doi.org/10.1037/a0038184.

잠비아에서 중학교 여학생들에게 협상 훈련을 통해 개입한 결과, 여학생들이 부모와 협상하는 데 도움을 줌으로써 학교 출석률이 높아졌다. 정보를 통한 개입과 여학생의 역량 강화를 통한 개입은 아무 효과도 없었다. Nava Ashraf, Natalie Bau, Corrine Low, and Kathleen McGinn, "Negotiating a Better Future: How Interpersonal Skills Facilitate Intergenerational Investment," *Quarterly Journal of Economics* 135, no. 2 (2020): 1095–151, https://doi.org/10.1093/qje/qjz039.

5)   나는 스트레스와 경쟁 속에서 스트레스와 젠더 차이의 생물학을 설명하는 포 브론슨과 애슐리 메리먼의 논의에 매료됐다. 이들의 책 제4장과 제5장을 보라. Po Bronson and Ashley Merryman, *Top Dog* (New York: Hachette Books, 2014). [포 브론슨, 애슐리 메리먼, 《승부의 세계: 백전백승을 만드는 경쟁의 과학》, 서진희 옮김(물푸레, 2013)]

6)   이 차이를 보고한 원 글은 이 논문이다. Herminia Ibarra, "Homophily and Differential Returns: Sex Differences in Network Structure and Access in an Advertising Firm," *Administrative Science Quarterly* 37, no. 3 (1992): 422–47, https://doi.org/10.2307/2393451.

7)   이 논의에 관해서는 이 책의 제5장을 보라(하지만 나는 모든 장에서 도움이 될 무엇인가를 배웠다). Tara Mohr, *Playing Big: Find Your Voice, Your Mission, Your Message* (New York: Avery, 2015). [타라 모어, 《나는 더 이상 휘둘리지 않기로 했다: 혼자 일어서는 내면의 힘》, 오세웅 옮김(문학테라피, 2015)]

8)   Linda C. Babcock, *Women Don't Ask* (Princeton, N.J.: Princeton University Press, 2003). Edward W. Miles, "Gender Differences in Distributive Negotiation: When in the Negotiation Process Do the Differences Occur?" *European Journal of Social Psychology* 40, no. 7 (2010): 1200–1211, https://doi.org/10.1002/ejsp.714.

9)   Nina Roussille, "The Central Role of the Ask Gap in Gender Inequality" (University of California at Berkeley working paper, January 2021), https://ninaroussille.github.io/files/Roussille_askgap.pdf.

10)  Barbara Biasi and Heather Sarsons, "Information, Confidence, and the Gender Gap in Bargaining," *AEA Papers and Proceedings* 111 (2021): 174–78, https://doi.org/10.1257/pandp.20211019.

11)  Deborah A. Small, Michele Gelfand, Linda Babcock, and Hilary Gettman, "Who Goes to the Bargaining Table? The Influence of Gender and Framing on the Initiation of Negotiation," *Journal of Personality and Social Psychology* 93 (2007): 600–613, https://doi.org/10.1037/0022-3514.93.4.600.

12) 린다 뱁콕의 연구 덕분에 더 많은 여성이 협상하기 시작했고 더 많은 것을 얻기 위해 협상하고 있다. 이 격차가 좁혀지고는 있지만 여전히 지속하고 있다. Babcock, *Women Don't Ask.*

13) Emily T. Amanatullah and Michael W. Morris, "Negotiating Gender Roles: Gender Differences in Assertive Negotiating Are Mediated by Women's Fear of Backlash and Attenuated When Negotiating on Behalf of Others," *Journal of Personality and Social Psychology* 98, no. 2 (2010): 256–67, https://doi.org/10.1037/a0017094.

## 제8장: 어둠의 마법 방어술

1) 지닌 로스의 책은 이런 경험에서 배운 영적인 교훈을 다룬다. 다른 편에서 감사하는 마음을 찾으려면 무엇이 필요할지 나는 감히 상상조차 하지 못하겠다. Geneen Roth, *Lost and Found: Unexpected Revelations About Food and Money* (New York: Viking, 2011).

2) 사기와 사기꾼에 대해 더 많은 것을 읽고 싶다면 아주 꼼꼼하게 연구됐고 짓궂지만 재미있는 마리아 코니코바의 책을 살펴보라. Maria Konnikova, *The Confidence Game: Why We Fall for It ... Every Time* (New York: Penguin, 2016). [마리아 코니코바, 《뒤통수의 심리학: 속이는 자와 속지 않으려는 자의 심리 게임》, 이수경 옮김(한국경제신문사, 2018)]

3) David Tennant, "Why Do People Risk Exposure to Ponzi Schemes? Econometric Evidence from Jamaica," *Journal of International Financial Markets, Institutions, and Money* 21, no. 3 (2011): 328–46, https://doi.org/10.1016/j.intfin.2010.11.003.

4) 한 사기꾼은 이를 퉁명스럽게 이렇게 말한다. "멍청한 사람들에게는 내게 줄, 아무렇게나 쌓여 있는 5만 달러가 없거든요." Doug Shadel, *Outsmarting the Scam Artists: How to Protect Yourself from the Most Clever Cons* (Hoboken, N.J.: Wiley, 2012).
   Karla Pak and Doug Shadel, *AARP Foundation National Fraud Victim Study* (Washington, D.C.: AARP, 2011), https://assets.aarp.org/rgcenter/econ/fraud-victims-11.pdf.

5) 폴 에크먼은 이 책에서 거짓말 탐지를 하나로 아우르는 연구에 관해 쓰고 있다. Paul Ekman, *Telling Lies: Clues to Deceit in the Marketplace, Politics, and Marriage* (New York: W. W. Norton, 2009). [폴 에크만, 《텔링 라이즈: 상대방의 속마음을 간파하는 힘》, 이아린 옮김(한국경제신문사, 2012)]
   경찰이 대학생보다 성적이 나쁜 이유는 이들이 거의 모든 사람이 거짓말을 한다고 생각하기 때문이다. Saul M. Kassin, Christian A. Meissner, and Rebecca J. Norwick, "I'd Know a False Confession if I Saw One": A Comparative Study of College Students and Police Investigators," *Law and Human Behavior* 29, no. 2 (2005): 211, https://doi.org/10.1007/s10979-005-2416-9.

6)  Alistair Rennie, Jonny Protheroe, Claire Charron, and Gerald Breatnach, *Decoding Decisions: Making Sense of the Messy Middle* (Think with Google white paper, 2020), https://www.thinkwithgoogle.com/_qs/documents/9998/Decoding_Decisions_The_Messy_Middle_of_Purchase_Behavior.pdf.
    연구자들은 자원이 희소한 상황에서는 주관적 가치와 관련이 있는 뇌 영역(안와 전두피질 orbitofrontal cortex)이 더 크게 활성화되지만 고차적인 목표와 계획과 관련이 있는 뇌 영역(배외측 전전두피질dorsolateral prefrontal cortex)은 더 적게 활성화된다는 사실을 알아냈다. 뇌에 기반한 이런 편향, 즉 현재의 기회는 과대평가하면서 미래지향적인 사고는 줄어드는 편향의 결과로 실험 참가자들은 소비재에 기꺼이 더 많은 돈을 쓰려고 했다. Inge Huijsmans, Ili Ma, Leticia Micheli, Claudia Civai, Mirre Stallen, and Alan G. Sanfey, "A Scarcity Mindset Alters Neural Processing Underlying Consumer Decision Making," *Proceedings of the National Academy of Sciences* 116, no. 24 (2019): 11699-704, https://doi.org/10.1073/pnas.1818572116.

7)  맞다. 엄밀히 따지면 세계에서 가장 비싼 커피는 블랙 아이보리다. 블랙 아이보리가 어디에서 만들어지는지 짐작해 볼 수 있는가? 그렇다. 코끼리 똥이다. 하지만 전 세계 시장은 연간 400파운드(약 180킬로그램)에 불과하다.

8)  Konnikova, *The Confidence Game*.

9)  당신이 생각하는 것보다 더한 악의와 탐욕이 '긍정적 사고' 산업에 존재한다(이 가방 이야기는 에런라이크의 여동생 이야기가 아니다. 에런라이크는 다른 누군가의 말을 인용하고 있다). Barbara Ehrenreich, *Bright-Sided: How the Relentless Promotion of Positive Thinking Has Undermined America* (New York: Metropolitan Books, 2009). [바버라 에런라이크, 《긍정의 배신: 긍정적 사고는 어떻게 우리의 발등을 찍는가》, 전미영 옮김(부키, 2011)]

10) 이 책이 당신의 행동을 바꿔줄 것이다. 우리는 강의에서 이 책 제4장에서 다룬 유괴를 역할연기로 실습해 본다. Gavin De Becker, *Protecting the Gift: Keeping Children and Teenagers Safe* (and Parents Sane) (New York: Dell, 2013).


## 제9와 ½장: 당신, 나, 우리

1)  Rebecca Solnit, *Hope in the Dark: Untold Histories, Wild Possibilities*, 3rd

ed. (Chicago: Haymarket Books, 2016). [리베카 솔닛,《어둠 속의 희망: 절망의 시대에 변화를 꿈꾸는 법》, 설준규 옮김(창비, 2017)]

2) Nancy C. Lutkehaus, *Margaret Mead: The Making of an American Icon* (Princeton, N.J.: Princeton University Press, 2018).